THÉATRE COMPLET

DE

ÉMILE AUGIER

IV

**Les Lionnes pauvres
Un beau Mariage — Les Effrontés**

— Édition définitive —

COLLECTION NOUVELLE
CALMANN-LÉVY, Éditeurs

THÉATRE COMPLET

DE

ÉMILE AUGIER

DE L'ACADÉMIE FRANÇAISE

IV

THÉATRE COMPLET

DE

ÉMILE AUGIER

DE L'ACADÉMIE FRANÇAISE

IV

LES LIONNES PAUVRES
UN BEAU MARIAGE — LES EFFRONTÉS

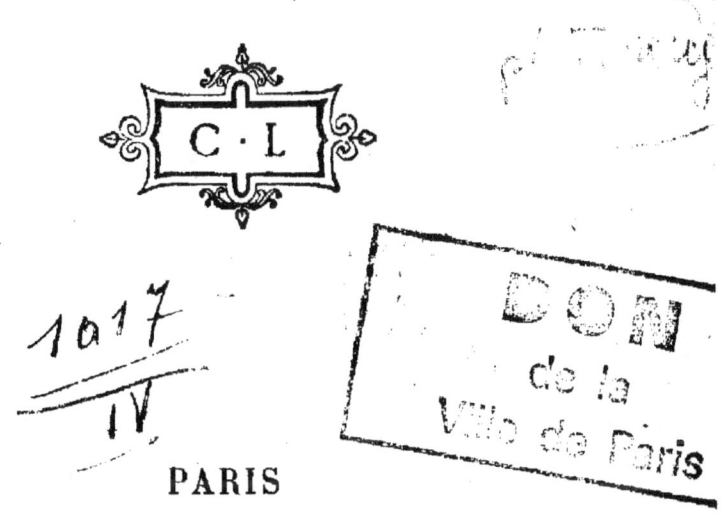

PARIS
CALMANN-LÉVY, ÉDITEURS
3, RUE AUBER, 3

—

Droits de reproduction et de traduction réservés.

LES LIONNES PAUVRES

PIÈCE EN CINQ ACTES

EN PROSE

Représentée pour la première fois, à Paris,
sur le théâtre du VAUDEVILLE, le 22 mai 1858,
et reprise, sur le même théâtre, le 22 novembre 1879.

EN COLLABORATION

AVEC ÉDOUARD FOUSSIER

PRÉFACE

DE LA PREMIÈRE ÉDITION

Aujourd'hui que notre pièce a gagné son procès devant le public et la presse, je me sens fort à l'aise pour parler sans passion des obstacles qu'elle a eus à surmonter avant d'arriver à ses juges naturels.

La résistance obstinée qu'elle a rencontré dans le sein de la commission de censure n'est pas un fait isolé qu'on puisse passer sous silence : c'est tout un système. Que MM. les censeurs me permettent donc de leur présenter quelques observations sur leurs fonctions, dont ils ne me semblent comprendre ni toute la portée ni les limites exactes.

Pour formuler sur-le-champ les deux termes de ma pensée, la censure manquerait autant à son devoir en désarmant la comédie qu'en tolérant qu'elle tournât ses armes contre la société. Cependant, de ces deux écueils, le dernier est le seul qui la préoccupe; quant au premier, elle semble n'y pas attacher d'importance. Singulière contradiction que j'observe chez la plupart de ceux qui parlent de la comédie ! Ils lui concèdent pleinement la puissance de faire le mal; ils lui refusent celle de faire le bien. Il faudrait choisir cependant et les lui reconnaître ou les lui dénier toutes deux. Ses adversaires disent qu'elle n'a jamais corrigé personne : soit;

mais, pour être logiques et justes, ils devraient ajouter qu'elle n'a jamais perverti personne non plus ; auquel cas elle serait simplement un jeu innocent, un divertissement puéril sur lequel l'État n'aurait pas de surveillance à exercer. Or, puisqu'il en exerce une, et très active, c'est qu'il ne voit pas les choses ainsi, et il a raison.

Je ne voudrais pas exagérer le rôle social de la littérature ; mais il y a dans la structure des sociétés une charpente intérieure aussi importante à l'économie générale que la charpente osseuse à celle de l'individu : ce sont les mœurs. C'est par là que les nations se maintiennent, plus encore que par leurs codes et leurs constitutions. Nous en avons eu la preuve au lendemain des révolutions, pendant l'interrègne des lois. Mais les mœurs semblent ne relever que d'elles-mêmes ; elles échappent à l'action gouvernementale ; il n'est décret ni ordonnance qui puisse les réformer. Quel moyen d'influence a-t-on sur elles ?

Vous souvenez-vous des belles expériences de M. Flourens sur la vie des os ? Il a démontré qu'ils se renouvelaient incessamment, en les colorant sous l'action d'une alimentation colorante. Ne pourrait-on pas appeler la littérature l'alimentation colorante de l'esprit public ? Et la partie la plus active, sinon la plus nutritive de la littérature, n'est-ce pas le théâtre ? Les ennemis de l'émancipation intellectuelle lui ont déclaré une guerre spéciale, et je ne veux pas d'autre preuve de son efficacité. N'est-il pas en effet la forme de la pensée la plus saisissable et la plus saisissante ? Il est en rapport immédiat avec la foule ; ses enseignements, bons ou mauvais, arrivent à leur adresse directement et violemment. Vous dites qu'il n'a corrigé personne : je le veux bien ; mais la même objection pourrait s'opposer aux livres de morale et à l'éloquence de la chaire ; d'ailleurs le but n'est pas de corriger quelqu'un, c'est de corriger tout le monde ; le vice individuel n'est pas possible à supprimer, mais on peut en supprimer la contagion ; et de tous les engins de la pensée humaine, le théâtre est le plus puissant, voilà tout.

C'est donc un instrument précieux et dangereux tout à la fois qu'il importe au moins autant de ne pas émousser que de bien diriger. Souvent, j'en conviens, le milieu exact est difficile à tenir. Mais l'inconvénient d'empêcher le bien étant égal à l'avantage d'empêcher le mal, je voudrais que dans le doute la commission de censure s'abstînt, d'autant plus qu'il y a derrière elle une censure bien plus sûre que la sienne, celle du public.

Ce n'est pas ce que font ces messieurs ; et, de bonne foi, sont-ils en position de le faire? D'une part, ils sont tout-puissants, grâce aux règles inflexibles de l'administration; de l'autre, ils ont, et c'est justice, une responsabilité égale à leurs pouvoirs. En cas d'erreur, on leur applique l'axiome de droit : *Imperitia pro culpa habetur.* Aussi, comment voulez-vous qu'ils ne se décident pas pour la compression dans tous les cas ambigus? A défaut d'autre certitude, ils ont au moins celle qu'une pièce supprimée ne fera pas de bruit. Quant à moi, je les plains de tout mon cœur : ces pauvres juges perplexes me font l'effet de sentinelles dans le brouillard; dès qu'une question un peu délicate les approche, ils crient *au large!* — et il n'est amis ni ennemis qui tiennent; ils tirent dessus avec l'intrépidité de la peur.

Mais, bien qu'excusable ou plutôt compréhensible jusqu'à un certain point, cette panique n'en va pas moins à supprimer complètement la comédie de mœurs. Je les entends qui se récrient : « Ouvrons leur catéchisme! » en tête, je trouve écrit : « Il est dangereux de révéler à la société l'existence de ses plaies secrètes. »

D'abord qu'est-ce, à l'avis de ces messieurs, qu'une plaie secrète de la société, sinon une nouvelle forme des vices éternels, c'est-à-dire le domaine légitime de la comédie de mœurs? De quoi veulent-ils donc qu'elle parle? des formes banales et ressassées? Autant la condamner franchement à se taire.

Ensuite qu'entendent-ils par cette *révélation?*

Qu'on dise que la *Gazette des Tribunaux,* par son compte rendu des procès de cour d'assises, fait faire un grand pas à la science du vol en vulgarisant des procédés ingénieux à l'usage des adeptes, c'est possible; encore pourrait-on objecter qu'elle met du même coup les honnêtes gens en garde; mais que le théâtre apprenne quelque chose au public, non ! Sa force, au contraire, consiste à être l'écho retentissant de chuchotements de la société, à formuler le sentiment général encore vague, à diriger l'observation confuse du plus grand nombre. Le spectateur n'applaudit que les types et les situations qu'il reconnaît; ceux qu'il ne reconnaît pas, il les nie et les siffle.

Par conséquent, dans aucun cas, il n'y a *révélation.*

Enfin quel *danger* voient-ils à ce que le théâtre condense les idées qui flottent dans l'air? Une maladie n'est-elle pas à moitié guérie quand on en a précisé le siège, les causes et les résultats? Écoutez ceci : Nicolas Gogol a écrit une comédie contre la vénalité de l'administration russe; la censure de Saint-Pétersbourg l'avait condamnée sous prétexte aussi qu'il est dangereux de révéler..., etc. L'empereur Nicolas en ordonna la représentation sur tous les théâtres de l'empire, estimant utile de signaler cet abus à l'animadversion des honnêtes gens.

Et, à ce propos, il est bon de noter que les empereurs ont l'esprit plus libéral que les censeurs. Sa Majesté Napoléon III apprenant, au sujet des *Lionnes pauvres,* qu'on faisait de la censure littéraire, a formellement condamné tout empiètement de ce genre. C'est un point acquis désormais; en fait de littérature, les censeurs n'auront, selon le joli mot du roi Charles X, que leur place au parterre.

Mais il était temps de les y remettre ! Voyez comme tout s'enchaîne et à quelles aberrations peut conduire une première erreur ! Voilà une commission chargée d'empêcher le théâtre d'offenser la pudeur de l'auditoire et de parler des affaires politiques, en un mot de lui faire respecter la décence et l'ordre public : ce sont là des attributions simples et nettes. Pour avoir mis le pied hors de ce cercle étroit, ils ne savent plus où s'arrêter; comme protecteurs de la décence, ils se sont immiscés dans les questions de morale et de philosophie; comme protecteurs de l'ordre public, ils ne veulent plus qu'on siffle dans les rangs; ils se croient responsables de la chute des pièces, et de cette responsabilité se font un droit de collaboration, revisant le style, rayant certains mots qui ont encouru leur disgrâce, donnant des conseils *dans l'intérêt de l'ouvrage,* imposant des dénouements de leur cru... et quels dénouements ! N'exigeaient-ils pas que, dans *les Lionnes pauvres*, Séraphine, entre le quatrième et le cinquième acte, fût victime de la petite vérole, châtiment naturel de sa perversité ! A cette condition, ils amnistiaient la pièce; c'est là ce qu'ils appellent la moralité du théâtre, — en sorte que *les Lionnes pauvres* auraient pu s'intituler : *De l'utilité de la vaccine*.

Cette bouffonnerie se rattache cependant à une théorie littéraire qui vaut la peine d'être discutée.

La morale au théâtre consiste-t-elle, comme le soutiennent quelques personnes, dans la récompense de la vertu et la punition du vice, ou seulement dans l'impression qu'emporte le spectateur ? Je laisse sur ce chapitre la parole au grand Corneille :

« L'utilité du poème dramatique se rencontre en la naïve peinture des vices et des vertus, qui ne manque jamais à faire son effet quand elle est bien achevée et que les traits en sont si reconnaissables, qu'on ne peut les confondre l'un dans l'autre, ni prendre le vice pour la vertu. Celle-ci se fait alors toujours aimer, quoique malheureuse; et celui-là se fait toujours haïr, bien que triomphant. — Les anciens se sont fort souvent contentés de cette peinture, sans se mettre en peine de faire récompenser les bonnes actions et punir les mauvaises[1]... »

Le système contraire « n'est pas un précepte de l'art, mais un usage que nous avons embrassé, dont chacun *peut se départir à ses périls*. Il était dès le temps d'Aristote, et peut-être qu'il ne plaisait pas trop à ce philosophe, puisqu'il dit *qu'il n'a eu vogue que par l'imbécillité du jugement des spectateurs...*[2] »

Corneille dit encore dans l'épître qui précède la *Suite du Menteur* :

« Comme le portrait d'une laide femme ne laisse pas d'être beau, et qu'il n'est besoin d'avertir que l'original n'en est pas aimable, pour empêcher qu'on l'aime; il en est de même dans notre peinture parlante : quand le crime est bien peint de ses couleurs, quand les imperfections sont bien figurées,

---

1. Premier discours du *Poëme dramatique*.
2. *Ibid.*

il n'est pas besoin d'en faire un mauvais succès à la fin pour avertir qu'il ne les faut pas imiter. »

Telle est, d'ailleurs, la doctrine de la critique tout entière. Elle a unanimement affirmé la moralité des *Lionnes pauvres.* Ses objections n'ont porté que sur des détails d'exécution ; mais quelques-unes sont si considérables, que nous nous croyons en demeure, par déférence même pour la presse, de lui rendre compte des motifs qui nous ont déterminés, sans prétendre par là faire notre apologie.

On nous a demandé pourquoi nous avons placé l'action dans un milieu de petite bourgeoisie et non dans le grand monde; pourquoi nous avons fait de Pommeau un vieillard, et non un mari dans la force de l'âge; pourquoi, enfin, nous avons pris Séraphine après sa chute complète, au lieu de montrer par quelle pente on arrivait dans cet abîme. Toutes ces combinaisons se sont d'abord présentées à notre esprit et peut-être aurions-nous mieux fait de nous en tenir à la première idée, qui est souvent la meilleure; quoi qu'il en soit, voici pour quelles raisons nous l'avons abandonnée :

La peinture de la dépravation graduelle de Séraphine nous a paru aussi dangereuse que tentante. Nous avons craint que le public ne se fâchât tout rouge à la transition de l'adultère simple à l'adultère payé. Cette peinture ne présentant d'ailleurs qu'un intérêt psychologique, il nous a semblé que ce côté de notre sujet pouvait être traité suffisamment en récit, et nous l'avons placé dans la bouche de Bordognon, le théoricien de la pièce. Une donnée aussi scabreuse ne pouvait passer que par l'émotion ; et l'émotion ne pouvait être obtenue que par la situation du mari ; c'est donc là, surtout, que nous avons cherché la pièce.

Dès lors, il s'agissait de choisir le milieu où cette situation serait le plus poignante. Pommeau, homme du grand monde, est évidemment moins dramatique que Pommeau, petit bourgeois; il n'y a plus entre lui et sa femme cette promiscuité de l'argent, qui le rend complice à son insu des hontes de son ménage, en l'abusant sur la provenance même du pain qu'il mange. En outre, il nous a semblé que si nous rétrécissions par là notre cadre, nous élargissions notre idée en montrant cette plaie du luxe, dans les régions où le luxe n'était pas encore descendu avant nos jours.

Enfin, l'ulcère que nous nous proposions de *révéler* n'étant pas l'adultère, mais la prostitution dans l'adultère, il importait d'éviter entre les deux sujets une confusion qui n'eût pas manqué d'avoir lieu par un conflit entre la jalousie d'un jeune mari et sa probité. Un Pommeau de trente ans n'eût pas été vrai, disant : « J'en suis réduit à ne plus compter avec la chute, tant la faute disparait devant l'énormité de la honte. » Si la vieillesse du mari excuse en quelque sorte l'infidélité de la femme, elle n'excuse nullement sa vénalité, et notre sujet nous reste ainsi isolé et entier.

Voilà, bonnes ou mauvaises, les explications que nous pensions devoir à la critique ; je voudrais, pour ma part, que l'usage de ce cordial échange de réflexions s'établit entre elle et les auteurs, convaincu que l'art n'aurait qu'à y gagner.

Qu'on me permette maintenant de prendre la parole pour un fait personnel, et j'aurai tout dit.

C'est encore une explication, que je dois — celle-là — à l'Académie française.

Quand elle m'a fait l'honneur de m'admettre dans ses rangs, elle m'a très spirituellement et très paternellement tancé de mes collaborations, quoique rares et bien choisies ; et voilà qu'à peine entré dans son giron, je retourne à mon péché !

Je suis volontiers de l'avis de M. Le Brun à l'endroit de la collaboration ; mais on n'est pas toujours maître de sa destinée. Voyez en ce cas, par exemple : j'ai pour ami intime un de mes confrères, qui n'a pas plus que moi l'habitude de collaborer. Mais nous ne sommes très mondains ni l'un ni l'autre et passons aisément notre soirée au coin du feu. Là, on cause de choses et d'autres, comme le Fantasio de notre cher de Musset, en attrapant tous les hannetons qui passent autour de la chandelle ; et si parmi ces hannetons il voltige une idée de comédie, auquel des deux appartient-elle ? à aucun et à tous deux. Il faut donc lui rendre la volée ou la garder par indivis.

Il est bien vrai, comme l'observe M. Le Brun, que le public ; trouvant devant lui deux auteurs, ne sait à qui s'adresser, s'embarrasse et dit : « Lequel des deux ? » Nous serions bien embarrassés nous-mêmes de lui répondre, tant notre pièce a été écrite dans une parfaite cohabitation d'esprit. Pour être sûrs de ne pas nous tromper, nous ferons comme ces époux qui se disent l'un à l'autre : « Ton fils! »

Voilà le grand inconvénient de la collaboration; mais, est-ce à dire pour cela qu'il faille renoncer au plaisir de causer, comme d'honnêtes gens, les pieds sur les chenets? Je suis certain que M. Le Brun, ce charmant causeur, hésiterait à me le conseiller.

ÉMILE AUGIER.

A

S. A. I. Mgr LE PRINCE NAPOLÉON

Monseigneur,

Sans votre haute intervention, *les Lionnes pauvres* n'auraient pas vu le jour.

Cette dédicace n'est qu'un bien faible témoignage de notre gratitude.

Il ne vaudrait pas la peine de vous être offert, s'il ne renfermait un hommage plus digne de Votre Altesse Impériale; mais notre comédie a été pour vous l'occasion de défendre et de sauver en principe la liberté de l'art : c'est elle que nous mettons ici sous votre protection.

Daignez agréer,

Monseigneur,

L'expression du profond respect avec lequel nous sommes,

De Votre Altesse Impériale,

Les très humbles et très reconnaissants serviteurs,

ÉMILE AUGIER,
ÉDOUARD FOUSSIER.

Mai 1858.

PERSONNAGES

	1858.	1879.
M. POMMEAU.	MM. Chotel.	MM. Dupuis.
LÉON LECARNIER.	Nertann.	Vois.
FRÉDÉRIC BORDOGNON.	Félix.	Dieudonné.
MADAME SÉRAPHINE POMMEAU.	Mmes Dinah Félix.	Mmes Réjane.
MADAME THÉRÈSE LECARNIER.	Fargueil.	Pierson.
MADAME CHARLOT.	Bodin.	Alexis.
VICTOIRE.	Enjalbert.	Kalb.
MADAME HENRIETTE HULIN.	Duplessy.	De Cléry.
JOSEPH.	Roger.	Bource.
Invités.		

La scène se passe à Paris, de nos jours. — Le premier acte chez Pommeau; le deuxième, chez Léon; le troisième, au bal chez Henriette; le quatrième, chez Pommeau; le cinquième, chez Léon.

LES LIONNES PAUVRES

ACTE PREMIER

Un salon très élégant, chez Séraphine; portes latérales; fenêtre au fond; cheminée au premier plan, à droite, porte sous tenture, à gauche.

SCÈNE PREMIÈRE

VICTOIRE, THÉRÈSE.

THÉRÈSE, entrant.

Madame n'est pas chez elle?

VICTOIRE.

Non, madame, mais je ne pense pas qu'elle tarde à rentrer.

THÉRÈSE.

En tout cas, M. Pommeau n'est pas à son étude, aujourd'hui dimanche.

VICTOIRE.

Le voici précisément qui sort de son cabinet.

Elle sort. — Pommeau entre.

SCÈNE II

POMMEAU, THÉRÈSE.

THÉRÈSE.

Bonjour, mon ami; je viens sans façons attendre mon mari chez vous.

POMMEAU.

Nous le verrons donc, cet homme invisible!

THÉRÈSE.

Il ne faut pas lui en vouloir, il est si occupé!

POMMEAU.

Tant mieux! Pour un avocat qui travaille, il y en a tant qui chôment!

THÉRÈSE.

Séraphine est sortie?

POMMEAU.

Oui... elle est au manège.

THÉRÈSE.

Au manège?

POMMEAU.

Elle prend aujourd'hui sa première leçon d'équitation... par ordonnance du médecin.

THÉRÈSE.

Elle est malade?

POMMEAU.

Non, grâce au ciel ! mais il paraît que sa santé demande...

THÉRÈSE.

De l'amusement.

POMMEAU.

Il y a bien quelque chose comme ça, et je t'avoue que son médecin m'a tout l'air d'un directeur de conscience; mais je n'ai pas chicané l'ordonnance... Qu'elle monte à cheval, je n'y vois pas grand inconvénient, pourvu qu'elle ne tombe pas.

THÉRÈSE.

Est-ce qu'elle va seule à ce manège?...

POMMEAU.

Non pas! elles sont là une douzaine de clientes du même médecin, et madame de Villiers est venue la prendre dans sa voiture.

THÉRÈSE.

Madame de Villiers?

POMMEAU.

Une nouvelle amie dont elle a fait dernièrement connaissance au bal... bonne petite femme, du reste.

THÉRÈSE.

Qui a voiture?

POMMEAU.

Oui : le mari est dans les affaires; ce sont des gens de plaisir et de bonne compagnie. Voilà notre amazone.

SCÈNE III

POMMEAU, SÉRAPHINE, en habit de cheval;
THÉRÈSE.

SÉRAPHINE.

Bonjour, Thérèse; bonjour, monsieur Pommeau... C'est moi, sans fracture, rassurez-vous!

THÉRÈSE.

Deux mois de ce régime-là, et nous vous sauverons, j'espère...

SÉRAPHINE.

Vous croyez plaisanter? j'étais triste hier comme un bonnet de nuit, demandez à M. Pommeau; le cheval m'a secouée et me voilà gaie comme pinson! Il me tarde d'être à jeudi.

POMMEAU.

A jeudi, pourquoi? Ah! oui; le bal de madame Hulin...

THÉRÈSE.

Vous êtes invités aussi?

POMMEAU.

Oui, son frère nous a fait envoyer une invitation.

SÉRAPHINE.

Quel charmant jeune homme que ce M. Bordognon!... En voilà un qui monte bien à cheval!

ACTE PREMIER.

THÉRÈSE.

Et qui a des chevaux.

SÉRAPHINE.

Il est bien heureux! J'adore les chevaux, moi! (A Pommeau.) Au fait, dimanche prochain nous allons aux courses de La Marche, avec Eulalie et son mari...

THÉRÈSE.

Eulalie?

SÉRAPHINE.

Madame de Villiers.

THÉRÈSE.

Vous en êtes déjà au nom de baptême?

SÉRAPHINE, à Pommeau.

Nous allons en poste. Vous m'accompagnerez, n'est-ce pas?

POMMEAU.

Mais je ne suis pas assez lié avec tes amis pour accepter une place...

SÉRAPHINE.

Pas du tout : c'est un pique-nique; nous frétons la voiture à frais communs; ne froncez pas le sourcil, c'est une affaire de vingt-cinq francs pour nous deux... Il faut avoir vu cela, monsieur Pommeau; d'ailleurs, on ne nous rencontre jamais ensemble, j'ai l'air d'une abandonnée.

POMMEAU.

Soit, j'irai.

SÉRAPHINE.

Je vous demande la permission d'ôter mon amazone, et je suis à vous.

SCÈNE IV

POMMEAU, THÉRÈSE.

POMMEAU, après un silence, avec embarras.

Elle s'amuse... c'est de son âge.

THÉRÈSE.

Sans aucun doute.

POMMEAU.

Dans tout cela, il n'y a rien que de très innocent.

THÉRÈSE.

Certes.

POMMEAU.

Et je t'assure qu'elle ne dépense pas au delà de nos moyens.

THÉRÈSE.

Bien sûr?

POMMEAU.

Entre nous, j'imite les Italiens : je rogne sur ma toilette pour parer la madone. Puis, Séraphine a été élevée par une mère industrieuse qui lui a appris à faire beaucoup avec peu. Aussi tu n'imagines pas quels prodiges d'industrie elle opère dans notre intérieur; tu ne te doutes pas des bons marchés inouïs, des occasions incroyables qu'on rencontre à Paris, pour peu qu'on ait la patience de chercher. — Cette quête, il est vrai, demande bien du temps, et tu as un enfant qui réclame tout le tien, tandis que Séraphine...

THÉRÈSE.

Je vois qu'une moitié de sa vie se passe à composer son luxe, l'autre moitié à l'étaler; que vous en reste-t-il, mon ami?

POMMEAU.

Je ne suis pas exigeant.

THÉRÈSE.

Mais je puis l'être pour vous, moi qui vous aime, moi dont la fortune, dont le bonheur, dont toute la vie en somme est votre ouvrage!

POMMEAU.

Thérèse!

THÉRÈSE.

Ah! tant pis! Vous m'avez donné le droit de me regarder comme votre fille et de m'inquiéter à mon tour de votre bonheur!

POMMEAU.

Mais il n'y a pas d'homme au monde plus heureux que moi, et je dois à Séraphine quelques années d'un contentement si parfait qu'il suffit au reste de mes jours. J'étais entré dans le notariat sans fortune, mais avec la perspective de tous les clercs de notaire, celle d'un riche mariage qui un jour me payerait une charge. De loin cette routine n'avait rien qui m'effrayât; je ne me savais pas romanesque : je l'étais, il paraît, car lorsque j'en vins au faire et au prendre, le cœur me faillit! D'ambition, je n'en avais jamais eu que par boutades; je fis donc mon deuil du bâton de maréchal et me vouai, avec la résignation d'un caporal anglais, au grade de maître clerc à perpétuité. Puis il me vint une fille sous forme de pupille : cette affection me conduisit doucement au delà de la cinquantaine, et je ne m'aperçus que j'étais resté garçon que le jour où je te mariai. Ce jour-là, je me trouvai bien seul et bien inutile; mon existence n'avait plus de but. Je rencontrai Séraphine; sa mère, malade, allait bientôt la laisser sans appui, sans ressources... J'avais quatre-vingt mille francs de mon mince patrimoine et de mes économies; je n'étais plus jeune, mais je n'étais pas vieux; elle consentit à m'épouser, et je recommençai à vivre.

THÉRÈSE.

Je vous trouve changé.

POMMEAU.

Je vieillis !

THÉRÈSE.

Non, vous travaillez trop... parce que Séraphine dépense trop, et voilà ce que je tiendrais à lui faire comprendre.

POMMEAU.

Garde-t'en bien, mon enfant : rien ne me serait aussi douloureux qu'une ombre de mésintelligence entre elle et toi.

THÉRÈSE.

Vous lui faites injure : elle n'est pas femme à mal prendre des observations amicales : la tête est légère, mais le cœur est bon, et lorsqu'elle réfléchira à ce qu'un seul de ses chiffons vous coûte à gagner...

POMMEAU.

Non; elle se priverait, j'en suis certain, et je ne le veux pas... Je ne me fais pas d'illusions : elle ne peut avoir pour moi que de l'amitié et de la reconnaissance; je veux au moins qu'elle en ait beaucoup. — Voilà pourquoi je lui tolère certaines allures qui jurent un peu avec ma position...

THÉRÈSE.

Comme vous l'aimez !

POMMEAU.

Oui, je t'aime bien aussi.

Entre Séraphine.

SCÈNE V

Les Mêmes, SÉRAPHINE.

SÉRAPHINE, entrant, à Thérèse.

Votre toilette pour jeudi est-elle prête ?

THÉRÈSE.

Il y a beau temps... de l'année dernière.

POMMEAU, à Séraphine.

Tu entends ?

SÉRAPHINE, à Pommeau.

Non, je n'entends pas... (A Thérèse.) La mienne sera tout uniment un chef-d'œuvre. Figurez-vous...

POMMEAU.

Vous avez à causer fanfreluches, mesdames, je vous laisse.

SÉRAPHINE.

Vous n'êtes pas de trop.

POMMEAU.

J'ai un petit travail à finir dans mon cabinet... au revoir.

Il sort.

SCÈNE VI

SÉRAPHINE, à la glace; THÉRÈSE.

THÉRÈSE, s'asseyant à gauche.

Votre mari travaille donc le dimanche, maintenant?

SÉRAPHINE, se rapprochant.

Que voulez-vous qu'il fasse tout le long de sa journée?... (s'asseyant.) Figurez-vous, ma chère, une toilette à faire enrager madame Hulin et toutes ses collègues, les notaresses, un tas de mijaurées que je ne puis pas voir en peinture... c'est le mot, car elles sont peintes!

THÉRÈSE.

De quelle étoffe sera votre robe?

SÉRAPHINE.

Oh! la robe, n'en parlons pas; c'est la moindre des choses.

ACTE PREMIER.

THÉRÈSE.

Vous m'effrayez... est-ce que vous aurez des dentelles?

SÉRAPHINE.

C'est mon secret; jeudi, vous en aurez le mot.

THÉRÈSE.

Prenez garde d'être trop belle pour la situation de votre mari.

SÉRAPHINE.

Est-ce qu'on sait que c'est mon mari?

THÉRÈSE.

Il suffit, ce me semble, qu'il le soit.

SÉRAPHINE.

M. Pommeau vous a dit que nous comptions sur vous et sur Léon... sur votre mari, veux-je dire, samedi, pour dîner?

THÉRÈSE.

Non, vous avez du monde?

SÉRAPHINE.

Dix personnes, en vous comptant, pas plus. Notre salle à manger n'est pas grande, et j'aime qu'on soit à l'aise chez moi. Nous étrennerons le service dont j'ai dernièrement fait emplette, vous savez?

THÉRÈSE.

Votre trouvaille du mois passé.

SÉRAPHINE.

Trouvaille, vous l'avez dit! Un service de table complet, tout neuf ; linge, porcelaines, cristaux, et, voyez le hasard ! tout cela précisément marqué à mon chiffre !

THÉRÈSE.

Bienheureux hasard, en effet !

SÉRAPHINE.

Et j'en ai été quitte pour quelques centaines d'écus.

THÉRÈSE.

Il n'y a que vous pour ces découvertes-là.

SÉRAPHINE.

Moi ! je suis venue trop tard... J'aurais découvert l'Amérique, si elle eût été à vendre...

THÉRÈSE, souriant.

Et vous l'auriez eue pour rien.

SÉRAPHINE.

C'est qu'à Paris, voyez-vous, il en est des occasions comme des fraises dans les bois : la première en fait lever mille autres, et il n'y a plus qu'à se baisser pour en prendre.

THÉRÈSE, se levant.

Vous vous fatiguerez.

SÉRAPHINE, étourdiment.

Aussi me reposé-je, maintenant que j'ai mes dentelles.

THÉRÈSE.

Je vous y prends !... Vous en aurez donc ?

SÉRAPHINE.

Je ne m'en dédis pas, puisque le mot est lâché. Un

point d'Angleterre, haut de ça! Six volants et le corsage, provenant du naufrage de certaine demoiselle fort lancée...

THÉRÈSE.

Quoi! vous ne craignez pas de ramasser les épaves d'une...

SÉRAPHINE.

Pourquoi non?... en faisant blanchir. D'ailleurs, à peine si elles ont été portées... Qu'avez-vous à répondre?

THÉRÈSE.

Qu'elles l'auraient toujours été trop pour moi.

SÉRAPHINE.

Vous êtes fière!...

THÉRÈSE.

Dégoûtée peut-être. J'aime à me sentir chez moi dans mes habits, complètement chez moi.

SÉRAPHINE.

Je le comprends, mais je ne sais pas résister à une tentation, moi! Et quand on est venu m'offrir ces dentelles...

THÉRÈSE.

Vous me parliez d'une vente...

SÉRAPHINE, embarrassée.

Je m'étais arrangée de façon à les examiner d'abord... je n'achète pas chat en poche.

THÉRÈSE.

Quelle folie!...

SÉRAPHINE.

Ne me grondez pas, ne le dites pas à M. Pommeau...

TRÉRÈSE.

Des cachoteries ?...

SÉRAPHINE.

Vous savez, il est si bon, il aurait voulu mettre de sa bourse ; tandis que... j'avais deux ou trois bijoux de ma mère qui m'embarrassaient... et je les ai...

THÉRÈSE.

Vendus !...

SÉRAPHINE.

De méchantes pierres montées à faire pitié...

THÉRÈSE.

Ces méchantes pierres venaient de votre mère...

SÉRAPHINE.

Sans doute, mais puisqu'elles n'étaient plus de mode...

THÉRÈSE.

Vous admettriez donc, vous étant morte, que vos enfants...

SÉRAPHINE.

Je n'en sais rien... Je n'ai pas d'enfants, moi !...

THÉRÈSE.

Il n'y a point prescription ; n'en désirez-vous pas ?

SÉRAPHINE.

Dieu m'en garde ! c'est trop assujettissant !

THÉRÈSE.

Si vous le pensez, ne le dites pas ! (On sonne. — Séraphine remonte. — A part.) Ah ! je commence à craindre...

BORDOGNON, au dehors.

Ne dérangez pas M. Pommeau... madame Pommeau me suffit...

SÉRAPHINE.

Ah ! monsieur Bordognon !...

SCÈNE VII

Les Mêmes, BORDOGNON, puis POMMEAU.

BORDOGNON, à Séraphine.

Madame... (A Thérèse.) Je comptais, en sortant d'ici, vous aller présenter mes devoirs. Léon ne vous a pas accompagnée, madame ?

THÉRÈSE.

Je l'attends.

BORDOGNON.

Je profiterai donc du rendez-vous. M. Pommeau est dans son cabinet, m'a-t-on dit ?... Quel abatteur de besogne ! Il eût fait le monde en six jours qu'il ne se fût pas, je gage, reposé le septième...

POMMEAU, survenant.

Et vous auriez gagné, mon cher monsieur Frédéric.

BORDOGNON.

Je regrette vivement qu'on vous ait dérangé...

POMMEAU.

Madame votre sœur est bien charmante d'avoir songé à nous, qui, en somme, n'avons pas l'honneur d'être connus d'elle.

THÉRÈSE.

Madame Hulin compte sur beaucoup de monde?

BORDOGNON.

Elle n'aura de monde que ce qu'elle en peut recevoir, madame, et il n'y aura absolument que les domestiques dans l'antichambre.

SÉRAPHINE.

Ce ne sera pas un bal, alors!

BORDOGNON.

Un bal d'amis, simplement, et non une spéculation d'homme d'affaires.

POMMEAU.

A la bonne heure! J'admets que le patron fasse fête à ses amis, mais donner le bal à la clientèle, fi! Il faut bien l'avouer, d'ailleurs, mon cher monsieur Frédéric, autrefois on dansait moins, chez les notaires...

BORDOGNON.

Ce qui explique qu'on y levait moins le pied; mais la faute à qui? à la femme! Toujours la femme! cherchez la femme!

THÉRÈSE.

Vous aussi, de ces médisances à notre endroit?

POMMEAU.

Bah! Propos de célibataire endurci.

THÉRÈSE.

M. Frédéric? Il sera la perle des maris, quoi qu'il en pense.

BORDOGNON.

Mais... j'en pense comme vous, madame. Malheureusement il y a une chose... il y en a même deux, qui m'empêcheront toujours de me marier.

THÉRÈSE.

La première?

BORDOGNON.

C'est le mariage... lequel est devenu une spéculation ruineuse depuis que les matrones des douze arrondissements font assaut de luxe et de gaspillage avec les demoiselles du treizième.

THÉRÈSE.

Et la seconde!

BORDOGNON.

La seconde... c'est le mariage, lequel est devenu... Comment dirais-je?

THÉRÈSE.

Oh! oh! vous avez une sottise au bout de la langue

BORDOGNON.

J'en ai peur.

SÉRAPHINE.

Tournez-la sept fois.

BORDOGNON.

J'ai beau la tourner et la retourner... (A Pommeau.) Parcourez-vous quelquefois dans le journal la liste des objets perdus?...

POMMEAU.

Et rapportés à la préfecture?... Je n'y manque jamais.

BORDOGNON.

Parmi ces objets, n'avez-vous pas été frappé du nombre de ceux qu'on égare en voiture?

POMMEAU.

Parfaitement...

BORDOGNON.

Et qui semblent par leur dimension, leur importance ou leur espèce, défendus de tout oubli pour peu que leur propriétaire soit de sang-froid?

POMMEAU.

Oui-da, mais je ne saisis pas...

SÉRAPHINE.

Eh bien?

Bordognon et Pommeau se lèvent.

BORDOGNON.

Eh bien, voilà principalement pourquoi je ne me marie pas.

THÉRÈSE.

Est-ce un logogriphe?

BORDOGNON.

Ah! madame!... On ne saura jamais ce qu'à deux

francs l'heure il s'égare par jour à Paris de petits peignes et de carnets d'agents de change, de mouchoirs brodés et de trousses de médecins, de bracelets et de portefeuilles d'avocats...

THÉRÈSE.

Je commence à comprendre... Mais je demande grâce pour les avocats.

BORDOGNON.

Je parle des stagiaires, madame... Tenez! pas plus tard qu'hier... — Mais je ne sais si je dois continuer.

SÉRAPHINE.

Est-ce que nous écoutons!...

BOURDOGNON.

Eh bien! monsieur Pommeau, pas plus tard qu'hier, je fumais mon cigare aux Champs-Élysées... quand débouche au grand trot un des plus fringants coupés de Brion, un vrai boudoir sur roulettes... que je connais pour l'avoir habité. A la hauteur du rond-point, l'essieu crie et se rompt...

SÉRAPHINE, se levant.

A la hauteur du...

BORDOGNON.

Ah! vous écoutez? alors j'abrège. Je ne vous peindrai pas la fuite des deux coupables...

SÉRAPHINE.

Vous les avez reconnus... suivis, veux-je dire?

BORDOGNON.

Non, je suis arrivé trop tard sur le théâtre de l'événement : ils avaient disparu, mais j'ai parfaitement vu le cocher retirer de sa caisse une serviette d'avocat...

THÉRÈSE, se levant aussi.

Ils dînaient donc là-dedans?

POMMEAU.

Ce mot-là t'arrête, toi, fille, femme et pupille d'enfants de la balle? Serviette, au palais, signifie portefeuille.

THÉRÈSE.

Je m'en souviendrai. (A Bordognon.) Et après?

SÉRAPHINE, vivement à Bordognon.

Est-ce que vous allez au Gymnase, vendredi prochain, monsieur Frédéric?...

BORDOGNON.

Si vous le permettez, mesdames, nous irons. J'aurai une loge. (A Thérèse.) Après? c'est tout.

SÉRAPHINE.

Ah! j'aime tant les premières représentations! C'est si difficile d'y avoir des places! Nous irons, n'est-ce pas, monsieur Bordognon? Tant pis pour Thérèse.

POMMEAU.

Tu abuses, ma chère amie. (A Bordognon.) En tous cas, il est bien entendu...

BORDOGNON.

Laissez donc, monsieur Pommeau, qui est-ce qui paye à une première? Les malheureux!... Est-ce convenu, mesdames?

THÉRÈSE.

Pour moi, je me récuse; après une nuit passée au bal...

POMMEAU.

Nous sommes gens de revue, d'ailleurs. (A Thérèse.) Tu nous quittes? Tu n'attends pas Léon?

THÉRÈSE.

Non, il m'a prévenue, passé quatre heures, de ne plus compter sur lui.

Victoire ouvre la porte à gauche et fait un signe à Séraphine.

POMMEAU.

Allons! Il est écrit que nous ne le verrons plus.

SÉRAPHINE, à Thérèse.

M. Bordognon va vous offrir son bras jusqu'en bas.

BORDOGNON.

Vous me renvoyez, madame?

SÉRAPHINE.

Aujourd'hui, je ne suis visible que pour mon mari... j'appartiens à mes devoirs.

BORDOGNON, à part.

Le dimanche! je repasserai dans la semaine. (A Thérèse, lui offrant le bras.) Madame...

Il sort avec Thérèse; Pommeau les reconduit.

VICTOIRE, bas, à Séraphine.

Madame Charlot est là.

SÉRAPHINE, bas.

Tout à l'heure.

POMMEAU, revenant.

Tu veux donc que nous fassions l'école buissonnière aujourd'hui ?

SÉRAPHINE.

Pas du tout... Je l'ai renvoyé parce qu'il vous dérangeait...

POMMEAU.

Si tu voulais pourtant...

SÉRAPHINE.

Mais non ! J'ai à travailler aussi... j'ai ma robe à faire.

POMMEAU.

Allons, je vais te gagner la garniture.

Il entre dans son cabinet. — Séraphine le suit jusqu'à la porte et donne un tour de clef. — Madame Charlot paraît.

SCÈNE VIII

SÉRAPHINE, VICTOIRE, MADAME CHARLOT

MADAME CHARLOT, entrant par la petite porte.

Votre servante, madame...

SÉRAPHINE.

Chut !... parlons bas !

MADAME CHARLOT, baissant la voix.

M. Pommeau est là ?... bien !... Voici vos dentelles... (Elle défait le carton et étale les dentelles.) De la toile d'araignée à prendre des duchesses. On n'a pas l'air de l'épouse à tout le monde avec ce papier à dragées-là, sur son devant d'autel.

ACTE PREMIER.

SÉRAPHINE.

La blanchisseuse a été bien longue...

MADAME CHARLOT.

Oui, mais elles sont comme neuves.

SÉRAPHINE.

Superbes! Regarde donc, Victoire...

VICTOIRE.

Pardi! c'est de l'angleterre... on en a vu.

MADAME CHARLOT.

Il paraît qu'elle a vu de tout, la bonne.

VICTOIRE.

Je vous ai déjà dit qu'on m'appelle Victoire.

MADAME CHARLOT.

Madame est contente?

SÉRAPHINE.

Enchantée!

MADAME CHARLOT.

Madame veut-elle que nous parlions du prix?

SÉRAPHINE.

Trois mille francs; c'est convenu.

MADAME CHARLOT.

Qui font dix, avec les sept que madame me doit déjà, et dont le billet échoit vendredi prochain.

SÉRAPHINE

Je ne l'ai pas oublié.

VICTOIRE.

Si tout le monde était aussi exact que madame...

MADAME CHARLOT.

Si je me permets de le lui rappeler, c'est que j'ai moi-même besoin de mes fonds ce jour-là.

SÉRAPHINE.

Vous avez préparé le nouveau billet?

MADAME CHARLOT.

Oui, madame.

SÉRAPHINE.

Donnez, que je signe.

MADAME CHARLOT.

Mon Dieu! c'est que... je suis obligée de demander à madame de me payer le tout ensemble.

SÉRAPHINE.

Le tout... vendredi?...

MADAME CHARLOT.

A deux heures!... car à trois j'ai moi-même un gros payement à faire et on ne nous donne pas le quart d'heure de grâce, à nous autres...

SÉRAPHINE.

Vendredi, Victoire!...

VICTOIRE.

Dans cinq jours?... en voilà de l'usure!

Elle remonte.

MADAME CHARLOT.

Mettons qu'il n'y a rien de fait... J'ai le placement de ces objets-là, au comptant... Je donnais la préférence à madame, mais...

ACTE PREMIER.

SÉRAPHINE, l'arrêtant.

Mais vous me mettez le couteau sur la gorge : on ne traite pas ainsi une cliente de trois ans !

VICTOIRE, montrant le cabinet de Pommeau.

Chut !... plus bas donc, madame...

SÉRAPHINE.

Laisse donc... il travaille. (A madame Charlot.) Vous m'accordez bien un délai pour cette dernière somme !

MADAME CHARLOT.

Pourquoi faire ? Il faudra toujours déposer le bilan, n'est-ce pas ? Êtes-vous jeune, mon Dieu ! Ne pas connaître encore l'art de tirer des... quenottes à son mari ! Mais, croyez-moi donc, il ne criera pas plus pour une bonne molaire de dix mille que pour deux petites dents de l'œil à cinq mille pièce... Eh ! vite ! faites-moi d'une pierre deux coups, et vive la joie ! C'est encore lui qui vous devra des remerciements.

VICTOIRE.

Comme ça, vous lui aurez du moins économisé du mauvais sang...

SÉRAPHINE.

Ma foi !

Elle signe.

VICTOIRE.

Où il y a de la gêne, il n'y a pas de plaisir !

MADAME CHARLOT.

Et où il y a du plaisir, il n'y a pas de gêne !...

VICTOIRE, l'œil à la serrure du cabinet, à Séraphine.

Le voilà!... courez donc l'amuser, que madame s'en aille.

SÉRAPHINE.

A vendredi!... (Elle remonte. — A part.) Je ne suis pas superstitieuse, heureusement!

Elle entre dans le cabinet de Pommeau.

SCÈNE IX

MADAME CHARLOT, VICTOIRE.

MADAME CHARLOT.

Mariez-vous donc à Paris! Tiens, Victoire, voilà pour toi!...

Elle lui donne vingt francs.

VICTOIRE.

Quand la maîtresse fait des dettes, la bonne fait sa dot.

MADAME CHARLOT, sur le seuil de la porte.

Eh bien! quand tu te marieras, viens me trouver; je loue des couronnes...

VICTOIRE.

Merci! je ne suis pas de Nanterre!

ACTE DEUXIÈME

Un cabinet d'avocat. — Porte au fond, entre deux bibliothèques. — Porte au premier plan à droite, bureau chargé de dossiers et de journaux, à gauche, devant la cheminée. — Une table à droite, également couverte de papiers.

SCÈNE PREMIÈRE

BORDOGNON, adossé à la cheminée, et LÉON, assis à la table.

LÉON.

Voilà mon reçu.

BORDOGNON.

Un reçu pour quelques méchants écus que je te prête ? Ai-je l'air d'un portier, d'un huissier, d'un marchand d'encre enfin ? (Déchirant le papier, puis se flairant les doigts.) Pouah ! tu me rendras le tout ensemble à loisir ; si je m'en vais avant toi, je te donne quittance pour vacation à mes obsèques ; si, au contraire, tu pars le premier, adieu les emprunts ! autant de gagné... Soit dit en plaisantant, mon cher Léon.

LÉON.

Je l'entends bien ainsi.

BORDOGNON, prenant son chapeau sur le bureau.

Je ne te demande pas des nouvelles de ta femme, je l'ai vue hier chez madame Séraphine... dont je raffole toujours, comme tu sais.

Il se lève.

LÉON.

Thérèse va bien, merci... Tu me quittes ?

Il se lève.

BORDOGNON.

Tel que tu me vois, je vais donner congé à ma propriétaire.

LÉON.

Est-ce que ta maison n'est plus à toi, par hasard ?

BORDOGNON.

Nigaud ! à la propriétaire de mon cœur : elle veut m'augmenter, je résilie.

LÉON.

Tu as donc quelque chose en vue ?

BORDOGNON.

Eh ! je compte bien ne pas rester sur le pavé.

LÉON.

Peut-on te demander sur quelle fortunée mortelle tu as jeté ton dévolu ?

BORDOGNON.

Sans indiscrétion ? non.

LÉON.

Ce ne serait point sur madame Pommeau ?

BORDOGNON.

Si on te le demande, tu répondras que tu ne sais pas.

LÉON.

Mais, je te répondrai à toi que je tiens à le savoir, vu qu'il me serait désagréable que tu portasses le trouble dans un ménage dont le repos importe au mien.

BORDOGNON.

J'en voudrais au front du révérend Pommeau, ce traînard de la vieille bourgeoisie, ce spécimen de la vertu campé dans notre siècle comme une image sur un tombeau? Fi! tu me connais mal!... Seulement, soit dit pour ta gouverne, si ton repos dépend des faits et gestes de dame Séraphinette, tu ne dois pas être tranquille.

LÉON.

Frédéric, je t'en prie...

BORDOGNON.

Laisse-moi donc la paix avec tes airs pudiques!... Si je devenais son amant, je ne jurerais pas que je fusse le second, mais je te jure bien que je ne serais pas le premier.

LÉON.

D'où le sais-tu? de pareilles imputations ne s'avancent pas sans preuves...

BORDOGNON.

Les preuves? elles sautent aux yeux. Son luxe est un aveu, sa garde-robe un dossier, et je ne voudrais qu'une seule de ses toilettes pour la faire pendre, si l'on pendait pour ça! Bref, Séraphine, puisque Séraphine il y a, appartient à cette catégorie de Parisiennes mariées, que j'appelle, moi, les lionnes pauvres !

LÉON.

Les lionnes pauvres ?

BORDOGNON.

Oui, mon cher.

LÉON, s'asseyant sur le bord de la table.

Quand tu désireras que je comprenne, tu t'expliqueras.

BORDOGNON.

Tout de suite !... Qu'est-ce qu'une lionne dans cet argot qu'on nomme le langage du monde?

LÉON.

Une femme à la mode, une élégante.

BORDOGNON.

Et, à ton sens, une femme à la mode c'est?...

LÉON.

Un de ces dandys femelles qu'on rencontre invariablement où il est de bon ton de se montrer, aux courses, au bois de Boulogne, aux premières représentations, partout enfin où les sots tâchent de persuader qu'ils ont trop d'argent aux envieux qui n'en ont pas assez.

BORDOGNON.

Pas mal. Ajoute une pointe d'excentricité, tu as la lionne; supprime la fortune, tu as la lionne pauvre.

LÉON.

Comment! il n'y a pas d'autre différence entre les deux?

BORDOGNON.

Pardon... il y a le caissier. Pour les premières, c'est le mari; pour les autres, c'est l'amant. Bref, ces deux variétés fleurissent simultanément à tous les étages de la société, et duchesse ou bourgeoise, de dix à cent mille francs de rente, la lionne pauvre commence où la fortune du mari cesse d'être en rapport avec l'étalage de la femme. Tu as compris? oui, bonjour!...

LÉON, se levant et l'arrêtant.

Eh! mon cher, il y a pour les femmes des moyens moins honteux de dépenser plus d'argent que ne leur en alloue le mari; et l'anse du panier...

BORDOGNON.

En effet, l'anse du panier... c'est par elle qu'on entre en danse. Tant que la lionne en question est honnête, le mari paye dix centimes les petits pains d'un sou; du jour où elle ne l'est plus, il paye un sou les petits pains de dix centimes. Elle a débuté par voler la communauté, elle l'achève en l'enrichissant.

LÉON.

Je ne te croyais pas si fort!

BORDOGNON.

L'expérience, la pratique! On fait ses classes au collège, on ne fait ses humanités que dans le monde! — Moi, Frédéric Bordognon... Bordognon! fils cadet d'un marchand d'huile, rue de la Verrerie, à l'enseigne des Trois Olives, si je te racontais mon odyssée galante! J'ai chiffonné des femmes dont les laquais n'auraient pas salué mon père.. Du train dont vont celles-là, l'adultère simple et sans tour de bâton deviendra une vertu!... Chez elles, pudeur, désintéressement, amour, autant de préjugés évanouis, neiges fondues sous les piétinements d'un luxe rapace et besogneux, un dégel dans un égout!

LÉON.

Fais-moi grâce de ton scepticisme de pacotille!

Il s'assied.

BORDOGNON.

De pacotille! J'ai vu tout ça et j'ai trente-sept ans!

LÉON.

Aussi, tu as la patte d'oie!

BORDOGNON, touchant de sa canne la botte de Léon.

Et toi donc! — Mais ce qui m'étonne et qui m'étonnera toujours, c'est la bêtise de ces pauvres maris qui n'y voient que du feu. Explique-moi ça, toi?

LÉON.

Moi! Pourquoi veux-tu que je sache mieux que toi?

BORDOGNON.

Eh bien, si tu ne le sais pas, c'est moi qui vais te l'expliquer : X, Z et sa femme, fable... tirée de la *Gazette des Tribunaux*. Si tu la connais, tu m'arrêteras. Madame Z arrache de Z, son époux, à grand renfort de chatteries, une rivière de diamants faux, soit mille francs. Cinq ans plus tard, elle meurt. Z, après les cours instants donnés à cette perte douloureuse, songe à revendre sa rivière ; il court chez son bijoutier ; celui-ci examine et offre d'emblée trente mille francs. Différence vingt-neuf mille... Qui fut stupéfait à bon droit de la plus-value? Z;... le mot de la transmutation? les visites fréquentes de X chez Z., du vivant de la défunte, enfin, la profession de X, agent de change, à preuve qu'il paye les différences! — Qu'en dis-tu?

LÉON, traversant la scène.

C'est possible, mais l'application de tes petites théories perverses à une amie intime de ma femme, qu'à ce titre seul tu devrais respecter...

BORDOGNON, le suivant.

Dis donc, mon camarade, m'est avis que je la respecte plus que toi.

LÉON.

C'est-à-dire?

BORDOGNON.

Que tu la défends comme un complice.

LÉON.

Tu es fou!

BORDOGNON.

Pas si fou! — Tiens! ta situation est excellente; ta femme a de l'ordre, tu n'es pas un mangeur, et pourtant tu es obligé à des emprunts, soit dit sans reproche. Donc tu nourris un vice caché.

LÉON, embarrassé.

J'ai fait de fausses spéculations, là! es-tu content? garde-moi le secret.

BORDOGNON.

Merci! ta confiance m'honore! (Avec une feinte bonhomie.) Je me disais aussi, l'ami Léon n'est pas de ces innocents qui ont toujours la main à la poche et se croient aimés pour eux-mêmes... Car l'attrait de ce genre de bonnes fortunes, la supériorité de la lionne pauvre sur la femme galante, c'est que son bailleur de fonds peut se prendre et se prend toujours pour un Lovelace !

LÉON.

Bailleur de fonds ! Comment te figures-tu donc que cela se passe ? Sur le comptoir ?

BORDOGNON.

Je l'ignore, mais tu es là pour me l'expliquer.

LÉON.

Pourquoi veux-tu que je le sache mieux que toi, imbécile ?

BORDOGNON.

Alors, puisque tu ne sais rien, c'est encore Bordognon qui va t'expliquer la chose. Ah ! non, ça ne se passe pas sur le comptoir ! Toute liaison, au début, est une pastorale ; on aime ! Les petits cadeaux entretenant l'amitié, bonbons et bouquets pleuvent chez la bergère ; on aime ! Puis, on risque un bijou, deux bijoux... qu'à titre de souvenir agrée encore la belle... on aime ! mais, un jour, déficit au budget, et le *pastor fido* d'offrir certains joyaux toujours de mode, dont le monopole appartient à l'État. La pastourelle s'indigne, notre homme la persuade, grâce à un tas de balivernes usées, où le sophisme le dispute à l'absurde ; elle se rend et consent enfin à s'immoler... On aime ou on n'aime pas ; elle aime et elle accepte.

LÉON, avec dépit.

Somme toute, il n'y a rien là qui ressemble à un marché.

BORDOGNON.

Attends donc! La femme qui a commencé par accepter, finit par demander, et une fois sur cette pente, leur aventure devient un ménage, avec tous ses tiraillemeuts, ses aigreurs; l'amour s'en va, et, de fil en aiguille, ils ne s'aperçoivent pas, l'une qu'elle reçoit de l'argent d'un homme qu'elle n'aime plus, l'autre qu'avec ses petits cadeaux ce n'est plus l'amitié qu'il entretient!

LÉON, la tête basse.

C'est vrai! mais le jour où il s'en aperçoit...

BORDOGNON.

Ah! ah! On dirait que je viens de te faire tomber les écailles des yeux... Je ne te demande rien. Défiance entière et réciproque, c'est la devise de l'amitié. Je vais donner mon congé. (A part.) J'emménagerai au terme! (Haut.) Bonjour!

Il sort.

SCÈNE II

LÉON, seul; puis THÉRÈSE.

LÉON.

Il fallait que cet écervelé vînt me remettre le doigt sur la plaie! (Il s'assied à droite, Thérèse paraît.) Thérèse! (A part.) Je ne puis plus la voir sans que mon cœur se serre!

THÉRÈSE.

M. Frédéric est parti; qu'avait-il à te dire?

LÉON.

Bonjour, tout uniment; il passait devant la porte, il est monté me serrer la main.

THÉRÈSE.

Il y a mis le temps!

LÉON.

Est-ce qu'il en finit jamais?

THÉRÈSE.

Il ne manque pas d'esprit.

LÉON.

Par malheur! avec une langue comme la sienne l'esprit est dangereux à l'égal d'une arme chargée dans les mains d'un enfant.

THÉRÈSE.

Il est obligeant, d'ailleurs!

LÉON, se levant.

Avec son obligeance il m'a fait perdre ma matinée. Nous n'irons pas au spectacle vendredi, n'est-ce pas?

THÉRÈSE.

J'ai déjà refusé, mais que ceci ne t'empêche pas de profiter de la loge, si le cœur t'en dit.

LÉON.

Sans toi, à quoi bon?

THÉRÈSE.

Séraphine y sera, M. Pommeau aussi, et si la pièce ne suffit pas à te distraire...

LÉON.

De Charybde en Scylla! — Jolie distraction que la conversation de ce patriarche de la basoche, doublé de pédadogue.

THÉRÈSE, l'arrêtant.

Sans t'en apercevoir, mon ami, tu deviens dur pour mon tuteur : c'est assez de le négliger comme tu le fais; ménage-le, je t'en prie. L'habitude innocente de railler les meilleures gens fait qu'à son insu on ne les accueille plus avec le même respect, qui, peu à peu, se perd dans leur entourage. Séraphine, lorsqu'elle l'épousa, avait pour lui des attentions délicates qu'elle n'a plus aujourd'hui, et je ne voudrais pas que ton exemple entrât pour quelque chose dans les airs souvent trop cavaliers qu'elle affecte avec lui!

LÉON.

Qu'elle agisse comme elle l'entend, ce n'est pas mon affaire, et je ne sais pourquoi depuis quelque temps tu affectes toi-même de me poser en agent responsable des fantaisies de madame Pommeau.

Il s'assied à droite.

THÉRÈSE.

J'ai tort, je le veux bien, mais je tiens tant au bonheur de ce digne homme à qui je dois le nôtre que j'en suis plus inquiète qu'il n'en est jaloux. Il est si bon!

LÉON.

Un ange! c'est convenu.

THÉRÈSE, après un silence.

Un cœur simple et tendre, un esprit droit et sûr, une loyauté royale, n'est-ce pas, pour nous qui l'avons vu à l'œuvre, de quoi racheter quelques travers naïfs?... Mon cher Léon, les méchantes gens n'ont pas de ridicules.

LÉON.

Te voilà partie !

THÉRÈSE, se rapprochant de lui.

Eh bien, oui, tu oublies trop souvent, je tiens à te le répéter, que ce patriarche de la basoche, comme il te plaît de l'appeler, t'a tendu la main à tes débuts, m'a élevée, nourrie, tenu lieu de tout ce que j'ai perdu, et mariée enfin, mariée à toi que j'aimais et que sans lui sans doute je n'aurais pu épouser. Le jour où j'entrai sous sa tutelle, j'étais presque pauvre ; le jour où j'en sortis, j'étais presque riche. Cet homme, que le soin d'intérêts étrangers laissa toujours indifférent aux siens, n'est guère plus opulent aujourd'hui qu'il ne l'était il y a vingt ans ; mais le jour de notre contrat, mon ami, je t'apportais deux cent mille francs, et comme je me récriais : « Ils sont à toi, ma fille, dit-il en m'embrassant, bien à toi... car tout seul et pour moi je ne les eusse jamais gagnés ! » Quelques-uns de ses ridicules ont pu te frapper depuis, mais, à ce moment-là, tu ne les voyais pas, car tu avais aussi les larmes dans les yeux !

LÉON.

Pourquoi me rappeler des obligations...

THÉRÈSE.

Si je te les rappelle, c'est qu'il ne s'en souvient pas.

LÉON, se levant.

Je m'en souviens, moi ! mais l'heure me presse, j'ai affaire au Palais ; avais-tu quelque chose à me demander ?

THÉRÈSE, avec embarras.

Le mois finit demain, j'ai les gages des domestiques...

LÉON.

Tu n'as plus d'argent?

THÉRÈSE.

Plus un sou.

LÉON, ouvrant son bureau.

De l'argent! je n'en ai pas.

THÉRÈSE.

Forges-en! Les femmes n'entrent pas dans ces détails-là.

LÉON.

Ton fils me coûte des sommes folles...

THÉRÈSE.

C'est de l'argent placé, celui-là, mon ami.

LÉON, lui donnant une poignée de billets.

Tiens! Est-ce assez?

THÉRÈSE.

C'est trop!

LÉON, avec tendresse.

Prends toujours, je ne veux pas non plus que tu... mais veille, je t'en conjure, veille de près.

THÉRÈSE.

Rapporte-t'en à moi! Remarque d'ailleurs que loin d'excéder le chiffre des années précédentes...

LÉON, cherchant sur son bureau.

Allons, bon! voilà que je ne trouve plus ma serviette!

THÉRÈSE.

Ton portefeuille!

LÉON.

Tu ne l'as pas vu?...

THÉRÈSE.

Tu sais bien que je n'entre jamais ici.

LÉON.

Ce n'est pas toi que j'accuse ; mais tes domestiques ont la manie de toujours toucher à ce qui m'appartient. Mes dossiers qui sont dedans! — Je leur ai défendu cent fois de déranger mes papiers, c'est comme si je chantais! qu'ils mettent de l'ordre chez toi, ma chère amie, mais qu'ils respectent le désordre de mon cabinet.

THÉRÈSE.

Mais, je te répète...

LÉON, bouleversant tout.

Il ne s'est pas envolé pourtant, ce portefeuille! Plaidez donc, maintenant! me voilà joli garçon!

THÉRÈSE.

Veux-tu que je sonne? peut-être que Joseph...

LÉON, frappé d'une idée, vivement.

Non!... ce n'est pas la peine; plus tard... je n'ai pas le temps!

THÉRÈSE.

Ces papiers indispensables...

LÉON.

Que veux-tu? je m'en passerai... A tantôt!

ACTE DEUXIÈME.

THÉRÈSE.

Mais en cherchant bien...

LÉON, sortant brusquement.

C'est bon! c'est bon! te dis-je! Il se retrouvera.

Il sort. — Thérèse, restée seule, se met à chercher avec une sorte de fureur pendant quelques secondes, s'arrêtant, allant et venant en silence.

SCÈNE III

POMMEAU, THÉRÈSE.

POMMEAU.

C'est moi, ma chère enfant; le patron m'a donné congé en me gratifiant d'un billet pour l'exposition des fleurs. Le père Thomas, l'invalide de l'étude, a couru prévenir Séraphine, et je viens te prendre avec la permission de ton mari... Qu'est-ce que tu cherches donc avec cette fureur? un coupon de rente de cent mille francs?

THÉRÈSE.

Rien! (A elle-même.) C'est impossible! je suis folle! Il est dans la chambre...

Se dirigeant vers la porte de droite.

POMMEAU.

Qu'est-ce qu'il y a donc?

THÉRÈSE, montrant les billets qu'elle tient à la main.

Un de ces billets que je croyais égaré.

POMMEAU.

Peste! maître Léon est généreux! On voit bien que le gaillard gagne des mille et des cents.

THÉRÈSE, sur la porte.

Ce n'est pas ce qu'il dit.

POMMEAU.

Il a dû encaisser quarante mille francs cette année et haut la main!

THÉRÈSE, redescendant en scène.

Quarante mille francs!

POMMEAU.

Et haut la main!

THÉRÈSE.

Je ne l'aurais pas cru.

POMMEAU.

Est-ce qu'il est gêné?

THÉRÈSE.

Il ne joue pas, ses goûts sont aussi simples que les miens, et, vous l'avouerai-je? j'éprouve autant d'embarras maintenant à lui demander de l'argent qu'un mauvais débiteur à en emprunter. Lui, si exact autrefois, renvoie, rudoie, ne règle ses fournisseurs que de guerre lasse, et je le dis à vous mon ami, j'ai surpris l'autre jour certain papier timbré...

POMMEAU.

Un commandement, est-ce possible? Ne te mets pas

martel en tête et compte sur moi... Il n'y a qu'un pas d'ici à la Bourse!

THÉRÈSE.

A la Bourse? il n'y met jamais le pied.

POMMEAU.

Je le verrai, je l'interrogerai, et je saurai, je te le promets, de quoi il retourne.

THÉRÈSE, vivement.

Oui, je vous en prie, que j'en aie le cœur net, et eût-il perdu toute notre fortune, je me tiendrai encore trop riche, s'il me reste.

POMMEAU.

De quel ton tu me dis cela!... quel feu! toujours la même.

THÉRÈSE.

Prenez un journal, je vais prendre un châle, un chapeau...

<small>Pommeau s'assied et prend un journal sur la table à droite.</small>

SCÈNE IV

THÉRÈSE, POMMEAU, JOSEPH, une lettre pliée en quatre à la main.

THÉRÈSE, à Joseph.

Que voulez-vous?

JOSEPH.

C'est une facture dont on vient toucher le montant, madame.

Il la lui donne.

THÉRÈSE, regardant la suscription.

Elle est au nom de monsieur; répondez qu'il est sorti.

JOSEPH.

C'est qu'on est déjà venu.

POMMEAU, assis, à demi voix.

Tu ne manques pas d'argent? Paye en ce cas; il ne faut pas que les marchands aient à revenir.

THÉRÈSE.

C'est vrai! (Ouvrant, à part.) Une note de modiste!

Lisant à part pendant que Pommeau parcourt le journal.

Chapeau satin grenat, brodé acier, forme camargo.	80	francs.
Plumes, rose et grenat.	40	—
Ornement : poignard acier.	30	—
Total. . .	150	francs.

Il y a erreur d'adresse.

JOSEPH.

Pour ça, non, madame, j'étais là quand monsieur a dit qu'il irait payer lui-même.

THÉRÈSE, atterrée.

Ah! — Il y a cent cinquante francs à prendre.

Elle lui remet un billet; le domestique sort.

SCÈNE V

POMMEAU, THÉRÈSE.

POMMEAU.

Cent cinquante francs!... quoi donc ?

THÉRÈSE.

Un chapeau !

POMMEAU.

Un chapeau ?

THÉRÈSE.

Oh! je sentais bien que je ne me trompais pas!

POMMEAU.

Ce n'est pas pour toi ?

THÉRÈSE.

Pour moi ? je porte des chapeaux de quarante francs, moi! je regarde à m'acheter une robe, épargnant sou à sou, vivant comme une recluse, marchandant avec le besoin comme une autre avec le plaisir, pour que mon mari gaspille avec des maîtresses une fortune qui est la nôtre, en somme; ruinant lui, moi, mon fils, dont il exploite le nom pour m'aveugler, et dont il ose impudemment se servir comme d'un paravent à ses débauches!

POMMEAU.

Thérèse, je ne t'ai jamais vu ainsi...

THÉRÈSE.

Vous me demandiez ce que je cherchais tout à l'heure ? Eh bien, c'était son portefeuille! Ce portefeuille oublié en voiture, avant-hier, vous vous souvenez, n'est-ce pas? c'était le sien.

POMMEAU.

Le sien ?

THÉRÈSE.

Si je n'en étais sûre... (Montrant la note.) je n'en voudrais pas d'autre preuve.

POMMEAU.

Tu perds la tête! Léon est à ses affaires et non à ces sottises. D'ailleurs, il n'y a pas qu'un portefeuille au monde.

THÉRÈSE.

Et cette note, encore une fois, cette note ? Je m'explique à présent qu'il soit gêné! Puis, à quoi bon tenter de me donner le change ? Il était en train de bousculer tout, grondant, m'accusant, n'écoutant rien, quand soudain il s'arrête, change de ton, se calme, et disparaît plus vite cent fois que s'il l'eût trouvé... Il sait bien où il l'a laissé, allez! il n'y a que mon bonheur de perdu! Oh! ce n'est pas d'aujourd'hui que je le soupçonnais!

POMMEAU.

Mais à quoi le soupçonnais-tu ?

THÉRÈSE.

Est-ce qu'on sait? à tout!... Ah! je suis bien aise de le savoir! Imbécile, qui me privais pour défrayer les exigences d'une coquine! Dupe, qu'on décorait du beau nom de victime! Va, brûle tes nuits à combiner des expédients d'avare, file comme une mercenaire le manteau de ton fils, pour que son joyeux père en fasse un couvre-pied au lit de sa maîtresse!

POMMEAU.

Ma fille, point de ces colères que tu regretterais plus tard; réfléchis.

THÉRÈSE.

C'est tout réfléchi. Supposez vous-même, vous qui vous reprochez comme un vol fait au bien-être d'une autre dix minutes de loisir, vous qui ne vivez que pour elle et par elle, supposez que vous vissiez rouler au bras de quelque infâme... Vous me comprenez, vous!... Mais il ne me retrouvera plus ici! Je ne veux pas le voir! que celle qui m'a chassée de son cœur prenne aussi ma place dans sa maison. La malheureuse! le partage lui suffisait à elle!

POMMEAU.

Mais tu n'es plus seule, et...

THÉRÈSE.

Mon fils? Oh! je l'emmène! qu'il ose me le disputer... mon fils!... le bel exemple à lui laisser sous les yeux!

POMMEAU.

Je t'en supplie...

THÉRÈSE.

Je n'écoute rien! la séparation est accomplie; s'il veut plaider, nous plaiderons! à aucun prix je ne subirai cette complicité.

POMMEAU.

Le bruit ne profite à personne, moins encore à ceux qui le font; votre intérêt, votre avenir à tous, la carrière de Léon...

THÉRÈSE.

Je m'en moque bien à présent!... Le grand mal, en effet, que cette fille dût se passer de chapeaux de cent cinquante francs!... une pièce à mettre au dossier que cette note... Lisez donc!

Elle la lui donne.

POMMEAU.

On vient! si c'était lui?

THÉRÈSE, tombant sur une chaise.

Vous lirez tout haut!

SCÈNE VI

Les Mêmes; SÉRAPHINE, avec le chapeau décrit dans la facture de la modiste.

SÉRAPHINE, à Pommeau.

Me voilà... partons-nous? Vous ne direz pas que j'ai été longue à m'habiller cette fois! Bonjour, Thérèse. Vous n'êtes pas prête? Dépêchez-vous; dépêchez-vous donc!

THÉRÈSE, les yeux baissés.

Oui.

SÉRAPHINE.

Nous arriverons pour la fermeture.

THÉRÈSE, levant les yeux.

Allez-y sans moi... j'ai dit à votre mari...

SÉRAPHINE, se mirant à la glace de la cheminée.

Songez donc! aujourd'hui précisément, jour réservé.

THÉRÈSE, dont l'œil ne quitte plus le chapeau de Séraphine depuis quelques secondes, se lève tout à coup en étouffant un cri; elle voit Pommeau à côté d'elle sur le point de lire la facture qu'il a dépliée; elle la lui arrache violemment et lui dit d'une voix sourde :

Pas un mot à Léon... à personne; je veux réfléchir.

SÉRAPHINE, à Thérèse.

Qu'est-ce que vous avez, ma chère amie?

ACTE DEUXIÈME.

POMMEAU.

Ne la fatigue pas... elle est un peu souffrante... la migraine. (A Thérèse.) Si tu m'en croyais, tu prendrais un châle, tu viendrais avec nous ; le grand air te soulagerait peut-être, et la distraction...

SÉRAPHINE, s'approchant.

Vous qui aimez tant les fleurs !

THÉRÈSE, reculant jusqu'à Pommeau.

Je préfère rester.

POMMEAU.

Un peu de courage...

THÉRÈSE.

Du courage ! Je vous jure que j'en ai plus que vous ne croyez.

SÉRAPHINE.

C'est mon chapeau que vous regardez?

THÉRÈSE, vivement.

Non !

SÉRAPHINE.

Allons ! un effort, ma belle Thérèse !

THÉRÈSE.

Je reste, vous dis-je. (Bas, à Pommeau.) Emmenez-la, j'ai besoin d'être seule, et pas un mot surtout !

POMMEAU, bas, à Thérèse.

Je te le promets. (A Séraphine.) On nous renvoie, mon minet.

SÉRAPHINE.

Adieu, Thérèse ! Soignez-vous bien ! Adieu !

POMMEAU.

Embrasse-la donc !

Séraphine tend son front à Thérèse qui, sous le regard de Pommeau, l'effleure du bout des lèvres et reste immobile.

SÉRAPHINE.

A bientôt !

POMMEAU, à Séraphine.

En route, mauvaise troupe !... (Séraphine passe la première et sort. — Pommeau, sur la porte.) Ah ! mes gants que j'oubliais ! (A Thérèse, qui a repris la facture et la cache dès qu'il reparaît.) Voyons, ne te rends pas malade ! Sois raisonnable ! tance-le, gronde-le, mais pour cette fois point de scandale !...

THÉRÈSE.

Ne craignez rien, mon ami.

Elle tombe dans ses bras en sanglotant.

POMMEAU.

Et s'il y a du nouveau, écris, je suis là.

THÉRÈSE.

Oui... merci ! (Il sort.) Qu'il ne sache jamais... Que je sois seule à souffrir !

Elle tombe sur une chaise près de la table, la tête dans ses mains.

ACTE TROISIÈME

Bal chez Henriette. — Boudoir donnant sur les salons. Cheminée au fond, entre deux portes ; canapé à droite.

SCÈNE PREMIÈRE

SÉRAPHINE, BORDOGNON, entrant par le fond à droite.

SÉRAPHINE, achevant une glace.

Vous devenez compromettant, savez-vous ?

BORDOGNON.

Est-ce ma faute si vous êtes adorable et si je vous adore ?

SÉRAPHINE.

Voulez-vous bien vous taire... (Entrent deux jeunes gens par le fond à gauche.) ou ne pas parler si haut.

BORDOGNON.

Parlons bas, j'aime autant ça.

Il la fait asseoir sur le canapé.

PREMIER INVITÉ, à son voisin, montrant Séraphine.

Est-elle jolie, hein ?

DEUXIÈME INVITÉ.

Jolie femme et jolie toilette ! quelque duchesse en maraude !...

TROISIÈME INVITÉ, survenant et entrant sur les derniers mots.

Une duchesse ! où ça ?

DEUXIÈME INVITÉ, montrant Bordognon.

Devant toi... Bordognon la serre de près.

TROISIÈME INVITÉ.

Une duchesse ? C'est la femme de mon principal, mon PPL, un maître clerc invétéré, une espèce de crétin qui mourra dans la cléricature finale.

PREMIER INVITÉ.

Il est donc riche ?

TROISIÈME INVITÉ.

Il a ses appointements.

PREMIER INVITÉ.

Avec quoi paye-t-il les toilettes de sa femme, alors ?

TROISIÈME INVITÉ.

Il a la corne d'abondance.

DEUXIÈME INVITÉ.

Et moi qui n'osais pas l'inviter !

TROISIÈME INVITÉ.

Bêta ! (Allant au canapé, à Bordognon.) Présente-moi donc !

ACTE TROISIÈME.

BORDOGNON.

M. Léopold Du Rand... en deux mots.

TROISIÈME INVITÉ.

Madame daignera-t-elle m'accorder la faveur d'une valse ?

SÉRAPHINE, consultant son carnet de bal.

Une valse, monsieur... la onzième.

DEUXIÈME INVITÉ, bas à Bordognon.

Il aura le temps d'aller se coucher, et de revenir pour le cotillon.

TROISIÈME INVITÉ.

La onzième, madame, on ne la dansera pas. Si l'on vous demandait... une petite substitution de nom sur ce joli carnet... (Il lui prend doucement le carnet des mains.) Ne pourrait-on pas effacer M. Verdier, par exemple?

SÉRAPHINE.

Un ami de mon mari !

BORDOGNON.

Il n'y a pas à hésiter alors.

SÉRAPHINE.

Qu'est-ce qu'il dira, ce pauvre M. Verdier ?

BORDOGNON.

Cela dépendra de son caractère... Je ne me trompe pas : « De la valse élégante le signal enchanteur, — comme disent les poètes, — a retenti. »

TROISIÈME INVITÉ, offrant son bras à Séraphine.

Celle-ci m'appartient donc.

HENRIETTE, entrant.

Vous êtes en retard, messieurs... on vous attend. (A Bordognon.) Et toi, pour cette fois je t'invite, monsieur mon frère.

Ils sortent tous, chuchotant, se pressant sur les pas de Séraphine.

BORDOGNON, à Henriette.

Asseyons-nous, alors.

SCÈNE II

BORDOGNON, HENRIETTE.

HENRIETTE.

Maintenant que nous sommes seuls, apprends-moi donc quelle est cette dame que tu as amenée et qui fait émeute dans le salon?

BORDOGNON.

Émeute?

HENRIETTE.

Certainement, émeute. J'ai cru entendre sur son passage des ricanements, des chuchotements dont je ne me rends pas compte. Elle me semble un peu sûre de sa gentillesse, mais convenable en somme?

BORDOGNON.

Autrement te l'aurais-je présentée?

HENRIETTE.

Comment se nomme-t-elle déjà?

ACTE TROISIÈME.

BORDOGNON.

Madame Pommeau.

HENRIETTE.

Je ne me souviens pas de l'avoir jusqu'ici rencontrée.

BORDOGNON.

Elle va cependant partout et dans tous les mondes.

HENRIETTE.

Comme les gens qui ne sont d'aucun... Qu'est-ce qu'il fait, M. Pommeau? Il n'est pas clerc d'huissier, je suppose...

BORDOGNON, se récriant.

Oh! — il est clerc de notaire.

HENRIETTE.

En Californie?

BORDOGNON.

A Paris; maître clerc.

HENRIETTE.

Et sa femme a de ces toilettes-là?... Ah çà, mon cher ami, c'est pour te bien mettre dans les papiers du mari que tu m'amènes cette personne, hein? Aussi te trouvais-je avec elle d'une grâce...

BORDOGNON.

Moi?... Vous êtes toutes les mêmes : pour peu qu'un homme soit poli auprès d'une femme pas trop laide...

HENRIETTE.

Bon apôtre! Je m'explique à présent le genre d'ovation dont celle-ci est l'objet. Si je te confie jamais un billet d'invitation !...

BORDOGNON.

Qu'est-ce qui te prend? Je te demande un peu ce que t'a fait cette pauvre femme!

HENRIETTE.

Elle m'a fait... que sa présence ici m'embarrasse, me met mal à l'aise vis-à-vis de mes invités; que dans sa situation, situation dont son étalage a fait chercher le mot, on ne porte ni robes ni dentelles comme les siennes!... Elle se met trop bien pour elle et pour les autres.

BORDOGNON.

Elle n'est pas mieux mise que toi.

HENRIETTE.

Mais j'ai quatre-vingt mille livres de rentes, moi !

BORDOGNON.

A l'enseigne des Trois Olives !

HENRIETTE.

Ces gens-là n'ont pas le sou, et l'élégance est un luxe courant plus dispendieux que l'autre à Paris. Vous autres hommes, vous n'y voyez pas plus loin que vos yeux; nous, nous voyons jusque chez la modiste, chez la couturière, et mettons un chiffre où vous ne placez qu'un compliment! Entre femmes, la toilette est comme la démarche, une sorte de franc-maçonnerie. A la dentelle d'un jupon nous savons qui nous sommes, et ces exagérations de mise qu'on nous reproche tant, ne sont que la ligne de démarcation entre nous et ces petites bourgeoises qui tentent de nous approcher de trop près.

BORDOGNON.

Aristocrate!

HENRIETTE.

Le moyen, avec des traînes de trois mètres de long, de s'empiler quatre dans un fiacre, d'aller au théâtre ailleurs que dans une loge à soi, de rendre une visite autrement qu'en voiture, à moins de ramasser avec sa balayeuse toute la poussière du département! Il y a moins loin qu'on ne croit du chiffon à l'équipage... La richesse est une caste, par son essence même la moins accessible aux intrus. Un nom s'emprunte, un titre s'achète... mais la contrefaçon même de la fortune, où se vend-elle?

BORDOGNON.

Rue des Lombards!... Tu es bien la sœur de ton frère, toi; mais enfin, vous autres, comment voulez-vous qu'on se mette au bal?

HENRIETTE.

Une honnête femme? regarde! (Lui montrant Thérèse qui entre.) En voilà une!

BORDOGNON.

Tu ne pouvais pas mieux tomber. Demande-lui des nouvelles de madame Pommeau.

Léon et Thérèse se dirigent vers Henriette.

SCÈNE III

HENRIETTE, THÉRÈSE, LÉON, BORDOGNON.

HENRIETTE, à Thérèse.

Comme vous venez tard, chère madame!

THÉRÈSE.

Je croyais que nous n'arriverions jamais.

BORDOGNON, à Léon.

Bonsoir, l'homme vertueux.

LÉON.

Bonsoir.

HENRIETTE.

Frédéric me parlait justement de vous, au moment où vous êtes entrée.

THÉRÈSE.

De moi, monsieur Frédéric?

HENRIETTE.

A propos d'une dame qu'il m'a amenée et qu'il prétend être de votre intimité : madame Pommeau; vous la connaissez?

THÉRÈSE.

Oui. Son mari a été pour moi le plus excellent des pères, et je le vénère autant que je l'aime, profondément.

HENRIETTE.

Sa femme m'a paru fort jolie, mais un peu évaporée, un peu folle.

THÉRÈSE.

Une enfant gâtée, rien de plus.

HENRIETTE.

Elle a été très remarquée ce soir, et son mari semble bien faire les choses.

THÉRÈSE.

Il l'aime tant !

HENRIETTE.

Elle doit être dans le grand salon...

THÉRÈSE.

Faisons d'abord le tour, je vous prie ; voulez-vous ?

HENRIETTE.

Volontiers... Je ne sais pas où elle a déterré de si belles fleurs en cette saison, ce n'est qu'un cri d'admiration.

THÉRÈSE.

Que voulez-vous ? On se ruine pour elle.

<small>Elles sortent en causant. Entre un domestique portant un plateau.</small>

SCÈNE IV

BORDOGNON, LÉON.

BORDOGNON.

Veux-tu un verre de punch, une glace, quelque chose ?

LÉON.

Merci, je ne veux rien.

BORDOGNON, prenant une glace.

Nous avons l'air en train comme un lundi de Pâques, ce soir ; es-tu malade ?

LÉON.

Je suis, si tu veux le savoir, dans une anxiété horrible.

BORDOGNON.

A cause de quoi?

LÉON.

Depuis ce matin je cours après une somme de dix mille francs.

BORDOGNON.

Qui t'est due?

LÉON.

Que je dois au contraire, et que je ne puis trouver.

BORDOGNON.

La retraite des dix mille ! Je te crois parbleu bien : la Bourse a tué l'emprunt, mon brave homme ! On ne prête plus ; l'argent, juste châtiment de ses méfaits, travaille aujourd'hui comme un forçat au bagne ; il faut qu'il rende, rende plus en un mois qu'il ne faisait jadis dans une année ! De placements, plus n'en est question, et les notaires sont dans une débine qui réjouit les agents de change.

LÉON.

Tu ne serais pas en état de m'avancer... pour huit jours seulement, pas une minute de plus, je t'en donne ma parole... Il s'agit pour moi d'une dette d'honneur.

BORDOGNON.

Quand te les faut-il ces dix mille francs? dans les vingt-quatre heures?

LÉON.

Demain, avant midi, délai de rigueur.

BORDOGNON.

Une dette de jeu ?

LÉON.

Oblige-moi doublement en ne me questionnant pas.

BORDOGNON.

A la bonne heure !... Bordognon, mon ami, tire-moi de l'eau, mais ne me demande pas pourquoi je m'y suis jeté. Tu es dur pour ton sauveur, sais-tu ?

LÉON.

Je suis forcé de me taire.

BORDOGNON.

Je ne t'en veux pas. D'ailleurs, ce que tu me dirais, je le sais aussi bien que toi. Je la connais, la scène de l'échéance !... On arrive, pimpant, chez son adorée ; on la trouve rêveuse ; on s'informe imprudemment de ce qui la chiffonne : elle refuse de le dire. Moi, je n'insiste plus dans ce cas-là, mais il y en a qui insistent ; je pourrais t'en citer qui insistent jusqu'à ce que la belle éplorée, entre deux larmes — deux perles, à en juger par ce qu'elles coûteront — leur avoue tout bas, bien bas, plus près de la joue que de l'oreille, qu'elle n'a plus qu'à se briser la tête contre son oreiller. Sur ce, on se frotte les yeux avec son mouchoir, comme on bat le briquet pour obtenir du feu : on se désole, on est bien honteuse de débattre ces vilaines questions-là avec le chéri de son cœur, mais ce n'est qu'un emprunt, et patati, patata... monsieur console, endosse le billet, et Léon Lecarnier, que voilà, vient demander dix mille francs à Frédéric Bordognon, que voici.

LÉON.

Je te jure...

BORDOGNON.

Défiance entière et...

LÉON.

Eh! quand il serait vrai qu'un créancier menaçât de perdre par un esclandre une femme relevant de moi à un titre ou un autre, en la sauvant ne ferais-je pas mon devoir, et qu'aurais-tu à dire?

BORDOGNON.

Ce que j'aurais à dire, malheureux! Que tu as une femme à toi, un enfant à toi, une maison à toi, et que tu n'as pas le droit de brûler chez une autre le bois que tu coupes chez toi. — En veux-tu encore? Eh bien, je te dirais que je ne puis pas toujours servir de compère à tes folles prodigalités, d'instrument à tes abominables fredaines; que tu es un garnement, que tu es... bête pour ton âge! Ne te fais donc pas de mauvais sang, elle s'en tirera sans toi.

LÉON.

Sans moi! mais ce billet, mon point d'honneur de galant homme l'a cautionné pour moi, ma situation, ma conscience ne me permettent pas de reculer. Tu me comprends à ton tour. Bref, je veux rompre, et de pareils commerces, par cela même qu'ils ne sont pas avouables, ne se dénouent honorablement que par une probité... une probité de voleur!

BORDOGNON.

Ah! tu es décidé à une rupture?

LÉON.

Cette fois, l'occasion est trop belle pour la perdre.

BORDOGNON.

Très décidément décidé ?

LÉON.

Ce n'est pas de l'argent, c'est une rupture que je cherche. Je t'en supplie, prête-moi ces...

BORDOGNON.

Eh bien! mon cher, très décidément aussi je ne les ai pas. (A part.) Ou je suis un jouvenceau, ou elle s'en tirera sans lui.

UN INVITÉ, entrant à gauche.

Frédéric, ta sœur te réclame.

BORDOGNON.

Ah! très bien! merci!

LÉON.

Frédéric!... je t'en prie...

BORDOGNON, frappant sur son gousset.

Si je les avais... — mais...

Il sort.

SCÈNE V

LÉON, THÉRÈSE, entrant par la droite.

LÉON.

Est-ce moi que tu cherches ?

THÉRÈSE.

Il fait trop chaud là-dedans, je viens respirer un peu...

LÉON.

As-tu besoin de quelque chose?

THÉRÈSE.

Si tu pouvais m'obtenir un verre d'eau...

LÉON.

Oui! je reviens.

Il sort.

SCÈNE VI

THÉRÈSE, seule.

J'étouffe! Je ne voyais qu'elle dans ce salon! Elle est venue s'asseoir près de moi; je lui parlais, et c'était moi qui baissais les yeux; j'ai senti que si je rencontrais son regard, j'éclaterais!

SCÈNE VII

THÉRÈSE, POMMEAU.

THÉRÈSE.

Ah! c'est vous! — Vous êtes pâle.

POMMEAU.

Pâle! moi! pourquoi? Non, rien, un peu de fatigue...

il est tard... mais parlons de toi. Je suis allé deux fois pour te voir sans te trouver. Où en es-tu avec ton mari?

THÉRÈSE, s'efforçant de sourire.

Vous aviez raison, j'étais folle... A peine étiez-vous parti que le portefeuille était retrouvé, ce maudit portefeuille...

POMMEAU.

Que te disais-je?

THÉRÈSE.

Et quant à la note de la modiste, elle concernait tout bonnement une élégante de province, dont le mari, client et camarade du mien, trouve commode de faire toucher ses factures chez nous.

POMMEAU.

Tu vois bien!... Tout est pour le mieux.

Il remonte.

THÉRÈSE, à part.

Qu'a-t-il donc?

POMMEAU, désignant de la main dans le salon à côté.

Thérèse, tu connais ces deux vieilles dames, assises auprès de la cheminée du salon?

THÉRÈSE.

Madame Lefèvre et madame Deschamps, oui, excellentes personnes toutes deux.

POMMEAU.

Ah!... Combien dépenses-tu par an dans ta maison?

THÉRÈSE.

Singulière question à faire dans un bal!

POMMEAU.

Mais, enfin?

THÉRÈSE.

Vous le savez, une trentaine de mille francs.

POMMEAU.

Et tu vis plus modestement que nous!

THÉRÈSE.

Mais, à quel propos?...

POMMEAU.

Rien... une idée!

THÉRÈSE.

Vous avez quelque chose... Voyons! Expliquez-vous!

POMMEAU.

J'étais tout à l'heure près de ces deux dames, qui ne me connaissent pas : elles regardaient Séraphine danser, et l'une disait à l'autre : « Voilà une petite personne qui fait parler d'elle. » L'autre a répondu : « On dit que ce n'est pas son mari qu'elle ruine. »

THÉRÈSE.

C'est là ce qui vous trouble? En êtes-vous encore à tenir compte des commérages du monde? Quand les femmes ne prêtent plus à la médisance, elles s'y adonnent.

POMMEAU.

Ces deux-là sont l'indulgence même, disais-tu?

THÉRÈSE.

Mettons que je les calomniais.

POMMEAU.

Ce qu'il y a de plus grave, c'est qu'elles semblaient parler par ouï-dire. — On le dit donc? C'est donc vraisemblable?

THÉRÈSE.

Eh! mon ami, le monde n'est pas dans le secret des procédés économiques de Séraphine; c'est là le danger de cette industrie que vous admiriez tant l'autre jour; elle lui donne l'apparence de dépenser beaucoup, et comme on sait que vous n'êtes pas riche, on cherche une explication à l'élégance de votre femme; la malignité est heureuse de trouver celle-là!

POMMEAU.

Sais-tu ce qu'elles ajoutaient? qu'en parlant à Séraphine, tu avais l'air embarrassée de la connaître.

THÉRÈSE.

Moi! Rentrons dans le salon, je vais lui donner le bras.

POMMEAU.

Je t'en prie! Voilà qui me rassure plus que tout le reste.

Ils sortent par le fond à gauche.

SCÈNE VIII

HENRIETTE, Invités,
puis BORDOGNON, entrant par la droite.

HENRIETTE.

Tenez, vous êtes insupportables! les vilains garçons avec leur affreux baccarat.

PREMIER INVITÉ.

Une toute petite partie de rien du tout, madame.

BORDOGNON, entrant un verre d'eau à la main.

Le pur baccarat des salons, je me joins à ces messieurs.

HENRIETTE.

Tu jouerais ta chemise, toi...

BORDOGNON.

Sur parole ! — Qui est-ce qui a demandé un verre d'eau? (A un invité.) — Tiens ! bois cela, toi, il ne faut rien perdre. Maintenant, dressons l'autel.

TOUS.

Oui, oui !

Ils ouvrent une table de jeu, au fond, devant la cheminée.

UN INVITÉ, mettant un candélabre sur la table.

Le trépied !

BORDOGNON.

Les victimes sont prêtes?

TOUS.

Oui ! oui !

BORDOGNON, prenant les cartes qu'il mêle.

Aiguisons le couteau.

Tous se rangent autour de la table, le jeu s'organise.

LÉON, à part, assis au premier plan.

Où frapper d'ici à demain? Comment lui annoncer à elle... Des pleurs ! des récriminations ! Est-ce ma faute ? — Si encore je l'aimais !

ACTE TROISIÈME.

HENRIETTE, au fond.

Surtout soyez sages !

BORDOGNON, à Henriette.

N'aie pas peur, ces messieurs et moi nous sommes convenus de ne partir que de cinq francs, pas un centime (A part.) au-dessous.

HENRIETTE.

A la bonne heure, mais j'ai l'œil sur vous. (Sortant.) Vous verrez qu'ils finiront par me demander à fumer.

BORDOGNON.

La maréchaussée est partie. Maintenant, messieurs, il y a cinquante louis. Qui les tient ?

UN INVITÉ.

J'en fais dix !

UN AUTRE INVITÉ.

J'en fais vingt !

UN AUTRE INVITÉ.

Le jeu est fait !

PREMIER INVITÉ.

Le pur baccarat des salons !

BORDOGNON, qui tient la banque.

Le jeu est fait? — Neuf. — Enlevez !

La partie est en train. — Entre Séraphine.

SCÈNE IX

BORDOGNON, Invités, LÉON, SÉRAPHINE

SÉRAPHINE, bas à Léon.

Eh bien ?

LÉON.

Je ne les ai pas.

SÉRAPHINE.

Vous ne les avez pas ?

LÉON.

J'ai couru tout Paris, frappé à toutes les portes, peine inutile! je n'ai pas trouvé un sou!

SÉRAPHINE.

Qu'est-ce que je vais devenir ?

UN DES JOUEURS.

Il y a soixante louis en banque! Qui les tient?

UN AUTRE JOUEUR.

Banco !

SÉRAPHINE.

Cette marchande qui vient demain... mon mari... malheureuse !

LÉON.

Je ne sais plus où donner de la tête.

SÉRAPHINE.

Et moi donc! je suis perdue!

ACTE TROISIÈME.

LÉON.

Que voulez-vous que je fasse ?

UN DES JOUEURS.

Il y a cent vingt louis.

SÉRAPHINE, bas, à Léon, lui montrant la table.

Banco !

LE JOUEUR.

Personne ne tient ?

LÉON.

Banco ! (Le coup se joue en silence.) Pour moi, monsieur.

SÉRAPHINE, avec joie.

Ah !

Elle s'approche du jeu de façon à ne pas être remarquée.

BORDOGNON.

Ces satanés avocats ! ils n'ont qu'à siffler, l'argent leur vient.

UN DES JOUEURS.

Il y a seize cents francs ! je passe.

BORDOGNON.

Seize cents francs ?... je prends la main... les voici !

UN DES JOUEURS.

Banco !

BORDOGNON, après avoir gagné.

Trois mille deux cents. (Faisant trébucher l'or sur la table.) Allons, Lecarnier, mon ami, la chasse est ouverte.

LÉON.

Laisse-moi respirer.

BORDOGNON.

Poltron ! Personne ne tient ? je passe !

TROISIÈME INVITÉ.

Je prends la main.

BORDOGNON quitte la table et va trouver Séraphine à gauche.

Voulez-vous que nous soyons de moitié, madame ?

SÉRAPHINE.

Merci, monsieur.

UN DES JOUEURS.

Vingt-cinq louis !...

BORDOGNON, à Séraphine.

Vous semblez cependant vous intéresser très fort au jeu.

SÉRAPHINE.

Oui, cela me fait l'effet d'un steeple-chase.

BORDOGNON.

Parions, alors.

SÉRAPHINE, la tête tournée vers les joueurs.

Je veux bien.

BORDOGNON.

Vous tenez pour Léon, je parie qu'il perdra.

SÉRAPHINE.

Que parions-nous ?

BORDOGNON.

Une discrétion.

SÉRAPHINE, suivant toujours le jeu du coin de l'œil.

C'est dangereux avec vous, je ne vous crois pas trop discret.

BORDOGNON.

Comme la tombe, madame, et plût à Dieu que vous voulussiez bien me mettre à l'épreuve.

SÉRAPHINE.

Je n'ai rien à vous confier, grâce au ciel !

BORDOGNON.

Eh bien ! moi, madame, je suis moins cachottier que vous ! je suis prêt à vous faire tous les aveux qu'il vous plaira d'entendre.

SÉRAPHINE.

Vous m'en feriez trop que je ne croirais pas.

BORDOGNON.

Je ne vous demande que d'en croire un.

SÉRAPHINE.

Allez donc voir où en est notre pari... (Bordognon s'approche du jeu. — Séraphine, à part.) Il prend bien son temps pour me faire la cour !

BORDOGNON, revenant à elle.

Léon gagne ! Je suis distancé, mais nous n'en sommes encore qu'au premier tour... Si je perds, je serais curieux de savoir ce que vous demanderez.

SÉRAPHINE.

Tout simplement une loge au Gymnase pour demain... Et vous ?

BORDOGNON.

Moi, je compte vous étonner par mon hypocrisie.

SÉRAPHINE.

Je ne vous connaissais pas ce défaut...

BORDOGNON.

Je me le suis procuré pour faire passer les autres.

SÉRAPHINE.

Ce n'est pas une sinécure que vous lui donnez là.

BORDOGNON.

Vous me croyez plus méchant que je ne suis... je cache une âme fièrement tendre sous des dehors badins ; j'ai des trésors de dévouement...

SÉRAPHINE.

A la caisse d'épargne ?

BORDOGNON.

En attendant un meilleur placement.

LÉON.

Il y a cinq mille francs, messieurs !

BORDOGNON, à Séraphine.

Décidément, le sort se déclare pour vous...

LÉON.

Personne ne dit mot ?

UN INVITÉ.

Ma foi non ! nous sommes à sec.

ACTE TROISIÈME.

BORDOGNON.

Le combat va cesser faute de combattants.

SÉRAPHINE, très inquiète.

Ces messieurs ne jouent plus ?...

LÉON.

Voyons, messieurs, voyons, courage !

SÉRAPHINE, à part.

S'arrêter avec une si belle veine !

LÉON.

Ne me forcez pas à faire charlemagne.

SÉRAPHINE, à Bordognon.

Ils ne sont guère aventureux ces jeunes gens.

LÉON.

J'ai passé sept fois, la main est usée.

BORDOGNON.

Il n'y a que les hommes de trente-se ans, madame !... Banco !

SÉRAPHINE.

Vous êtes un brave, monsieur Frédéric.

BORDOGNON.

Quand on combat sous les yeux de sa dame...

SÉRAPHINE, à part.

O mon Dieu ! faites que je gagne !

> Séraphine est appuyée contre un meuble : le coup se prolonge en silence.

BORDOGNON.

Aux innocents les mains pleines ! c'est pour moi.

SÉRAPHINE, à part.

Je suis perdue !

LÉON, à Bordognon qu'il paye.

Tu as de la chance, toi !

SCÈNE X

Les Mêmes, THÉRÈSE.

THÉRÈSE, à Léon.

Quand tu voudras partir...

LÉON.

Je vais demander une voiture.

Il sort.

SCÈNE XI

THÉRÈSE, SÉRAPHINE, sur le devant de la scène ; BORDOGNON, Joueurs au fond.

THÉRÈSE.

Un mot, je vous prie. — Votre mari est inquiet ; certains propos sont arrivés à lui... prenez garde de lui donner l'éveil.

SÉRAPHINE.

Cela vous gêne donc bien qu'on me fasse la cour?

THÉRÈSE.

J'ai dissipé ses soupçons, car ce dont il s'agit ici, ce n'est pas seulement son repos, mais sa vie. Profitez de l'avertissement.

SÉRAPHINE.

M. Frédéric vous paraît donc bien dangereux?

THÉRÈSE.

M. Frédéric?

SÉRAPHINE.

Ses galanteries n'ont rien de sérieux, rassurez-vous... je vous laisse le champ libre!

THÉRÈSE, la foudroyant du regard.

Vous êtes la maîtresse de mon mari!

SÉRAPHINE.

Ce n'est pas vrai!

THÉRÈSE, à voix basse et stridente.

Votre chapeau est payé... par moi; ne remettez plus les pieds chez moi, vous m'entendez; inventez un prétexte de brouille, à votre choix, ce n'est pas trop exiger, je pense... (Lui touchant le bras du bout de son éventail.) — Levez donc la tête, on vous regarde !

Elle sort.

UN INVITÉ.

Combien gagnes-tu ?

BORDOGNON.

Combien je gagne ?... Dix mille francs ! (Séraphine tourne instinctivement la tête vers lui. — Bordognon, à part.) C'était bien pour elle !

ACTE QUATRIÈME

Même décor qu'au premier acte. — Des dentelles, des cachemires sur les meubles, des cartons à terre, un encrier et du papier sur la cheminée.

SCÈNE PREMIÈRE

VICTOIRE, SÉRAPHINE.

SÉRAPHINE.

Midi! c'est à deux heures qu'elle vient, cette madame Charlot?

VICTOIRE.

Oui, madame, heure militaire... On dirait qu'elle a servi, cette vieille moustache.

SÉRAPHINE.

Les bijoux sont là?

VICTOIRE.

Tous dans le coffret.

SÉRAPHINE.

Que vont-ils nous prêter là-dessus, à ce mont-de-piété?

VICTOIRE.

Dame! vous savez : le tiers de ce que ça vaut.

SÉRAPHINE.

Nous sommes loin de compte, alors!... Que pourrait-on ajouter? Ah! ma montre, ma chaîne!... Les boucles d'oreilles sont là-dedans, (Elle montre le coffret.) n'est-ce pas?

VICTOIRE.

Oui, madame...

SÉRAPHINE.

Que mettre encore, ma pauvre Victoire?

VICTOIRE.

Et l'argenterie?

SÉRAPHINE.

J'y pensais, mais M. Pommeau s'apercevra...

VICTOIRE.

Bah! nous laisserons six couverts. Mais j'y pense, à mon tour, nous avons du monde à dîner demain.

SÉRAPHINE.

C'est vrai! comment faire?

VICTOIRE.

Vous serez malade... Je vais chercher ça.

SÉRAPHINE.

Va!

VICTOIRE, sortant.

Un vrai pillage, quoi!

ACTE QUATRIÈME.

SÉRAPHINE, seule.

Quelle journée!... et il faut encore que j'écrive à M. Lecarnier.

Elle commence à écrire sur la cheminée, debout.

VICTOIRE, avec une boîte d'argenterie, couverts, etc.

Voilà, madame!

SÉRAPHINE.

Les couteaux de dessert y sont!...

VICTOIRE.

Dans leur boîte! (Regardant autour.) Il n'y a plus rien?

SÉRAPHINE.

Nous devons bien en avoir pour dix mille francs, à présent. Faisons les paquets! — C'est une bonne idée que tu m'as donnée là, d'aller au mont-de-piété.

VICTOIRE.

Pardi, madame! Vendre en deux heures! vous auriez été égorgée... tandis qu'on vous prêtera autant et vous avez la chance de retrouver vos objets.

SÉRAPHINE.

Elle consentira peut-être à reprendre ses fournitures en payement.

VICTOIRE.

Madame Charlot? Ça m'étonnerait bien : vous pouvez toujours le lui proposer.

On sonne.

SÉRAPHINE, effrayée.

On sonne... si c'était M. Pommeau?

VICTOIRE.

Il est à son étude.

SÉRAPHINE.

Mais il rentre parfois dans la journée, puis... il avait un air tout singulier, ce matin.

VICTOIRE.

En tout cas, madame, ce ne peut pas être lui... Il a sa clef.

SÉRAPHINE.

C'est vrai! Va ouvrir, et dis que je n'y suis pas. (Victoire sort, Séraphine retourne à la cheminée.) A l'autre, maintenant! Comment vais-je lui tourner ça? Bah! (Écrivant.) « Votre femme sait tout. Adieu! SÉRAPHINE. » (Pliant et cachetant.) Na! le voilà averti et congédié. — Cette Thérèse était-elle assez laide, hier soir!

VICTOIRE, rentrant.

M. Frédéric, madame.

SÉRAPHINE.

Je t'avais défendu...

VICTOIRE.

Il sait que vous y êtes et prétend qu'il a à vous parler...

SÉRAPHINE.

Mais ce désordre...

VICTOIRE, couvrant les paquets avec le tapis même de la table sur laquelle ils sont.

Le voilà en ordre!

SÉRAPHINE, irritée.

Fais-le entrer... Je vais le recevoir de la belle façon!

VICTOIRE.

Pauvre jeune homme... il m'a donné cent francs.

SÉRAPHINE.

Tant mieux pour toi... Jette ça à la poste.

<small>Elle lui donne la lettre, Victoire ouvre la porte à Bordognon et sort après qu'il est entré.</small>

SCÈNE II

BORDOGNON, SÉRAPHINE.

BORDOGNON.

Je suis indiscret comme l'aurore, madame; mais les persiennes de la chambre à coucher étaient ouvertes, j'ai supposé qu'il faisait jour chez vous, et je tenais à déposer à vos petits pieds cette loge du Gymnase.

SÉRAPHINE.

Pour ce soir?... Je ne pensais guère au théâtre, je l'avoue. J'ai mille choses à faire, et même vous arrivez dans un moment... Si vous en avez l'emploi, ailleurs, de cette loge?...

BORDOGNON.

Ailleurs, elle ne serait plus à son adresse.

SÉRAPHINE.

Je consulterai donc mon mari.

BORDOGNON.

Comme vous le gâtez!

SÉRAPHINE.

Et en cas d'empêchement, il vous renverrait le coupon avant quatre heures. — Merci toujours, quoi qu'il arrive... Et à ce soir... peut-être.

Elle fait la révérence.

BORDOGNON, à part.

Elle est froide! Voilà ce qui s'appelle expédier les gens!... — (Haut.) Ma sœur compte bientôt donner un concert. Si vous aimez la musique...

SÉRAPHINE.

Beaucoup.

BORDOGNON.

Moi, je ne la crains pas, comme disait Charles X; mais, c'est notre ami Léon qui doit l'adorer : on ne joue pas d'argent au piano, et le baccarat l'a traité hier comme un nègre.

SÉRAPHINE, jouant l'indifférence.

M. Lecarnier a beaucoup perdu?

BORDOGNON.

On dit que oui... et dès qu'on perd, on perd trop... sans compter que le camarade est, il paraît, dans ses petits souliers. Il cherchait hier au bal une somme de dix mille francs qu'il n'a pas trouvée sur le tapis vert...

SÉRAPHINE.

Mais que vous avez trouvée, vous?

BORDOGNON.

Oh! moi, j'ai une veine!... et, à ce propos, madame, permettez-moi de réclamer la discrétion que vous avez perdue.

ACTE QUATRIÈME.

SÉRAPHINE, s'asseyant sur le canapé à droite.

Demandez, monsieur!

BORDOGNON, accoudé au dossier du canapé.

Je vous ai dit que je vous étonnerais par mon hypocrisie... Je vous demande votre amitié.

SÉRAPHINE.

Vous l'avez déjà.

BORDOGNON.

Mais il y a des grades dans l'amitié; je voudrais passer tout de suite colonel.

SÉRAPHINE.

Permettez : l'avancement est à l'ancienneté.

BORDOGNON.

Qu'à cela ne tienne; il y a longtemps que je vous aime.

SÉRAPHINE.

D'amitié?... Vous étiez moins rassurant, ce me semble, hier au bal.

BORDOGNON.

Terrain neutre que celui-là, madame, où la galanterie est de politesse et circule avec les rafraîchissements.

SÉRAPHINE.

Vous vous rafraîchissiez beaucoup!

BORDOGNON.

Je plaisantais. Je suis sérieux ce matin!

SÉRAPHINE.

La nuit porte conseil.

BORDOGNON.

Précisément j'ai fait un rêve.

SÉRAPHINE.

Comme dans les tragédies. — Je suis à votre merci, j'écoute.

Elle lui fait place sur le canapé.

BORDOGNON, s'asseyant.

Eh bien, madame, j'ai rêvé la chose la plus rare, la plus charmante, la plus enviable, la moins enviée, la plus impossible, la plus facile... l'amitié d'une femme! Ce commerce des cœurs qui a toutes les délicatesses de l'amour et qui n'en a pas les perfidies, une confiance absolue qui n'exclut point un grain de coquetterie, un dévouement complet sans despotisme et sans jalousie, une communauté où chacun n'apporte que ce qu'il a de meilleur; en un mot, une liaison sans remords pour la femme, sans lassitude pour l'homme.

SÉRAPHINE.

Un joli rêve, en effet.

BORDOGNON.

Qui deviendrait une réalité, si on osait se livrer.

SÉRAPHINE.

On se contenterait vraiment de ce rôle d'ami?

BORDOGNON.

Que lui laisserait-on à envier?

SÉRAPHINE.

Tout ce qu'on lui refuserait.

BORDOGNON.

Puisqu'on ne demande rien!

SÉRAPHINE.

Mais serait-on toujours aussi réservé?

BORDOGNON.

Le jour où on cesserait de l'être, le pacte serait rompu. Voulez-vous essayer?

SÉRAPHINE.

Puisque j'ai perdu la discrétion, il faut bien que je m'exécute.

Elle lui tend les mains.

BORDOGNON, les lui prenant.

C'est juré?

SÉRAPHINE.

C'est juré!

BORDOGNON.

J'entre en fonctions.

SÉRAPHINE.

Si tôt!

BORDOGNON.

J'ai appris hier que ma petite amie se trouve dans un grand embarras.

SÉRAPHINE, à part.

Ah! non... trop tôt... (Haut.) Quel embarras?

BORDOGNON.

On manque déjà de confiance? Bah! je romps la glace tout brutalement. Vous avez à payer ce matin un billet de dix mille francs.

SÉRAPHINE.

Moi!... qui vous a dit?...

BORDOGNON.

Suffit que je le sache.

SÉRAPHINE.

Soyez franc à votre tour. La somme que M. Lecarnier cherchait hier, vous vous êtes imaginé qu'elle était pour moi.

BORDOGNON.

Franchement, oui!

SÉRAPHINE, se levant et traversant majestueusement la scène.

Eh bien, vous vous êtes trompé; je n'ai pas de dettes, et, si j'en avais, je vous prie de croire que M. Lecarnier n'aurait aucune espèce de titre à les payer.

BORDOGNON, à part, toujours assis.

Elle tient diablement à mon estime! Bordognon, mon ami, tu es plus avancé que tu ne le croyais! (Haut, se levant.) Je suis doublement charmé de m'être trompé, madame... Mais je ne tiens pas mes preuves pour faites et je vous préviens que je guette une occasion de les faire.

SÉRAPHINE.

Je vous en dispense.

SCÈNE III

BORDOGNON, VICTOIRE, SÉRAPHINE.

VICTOIRE.

Madame, il y a là quelqu'un qui demande à vous parler.

SÉRAPHINE, froidement.

Je suis désolée, monsieur...

BORDOGNON.

Comment donc, on ne se gêne pas avec ses amis !

Il salue. — Fausse sortie

SÉRAPHINE, vivement.

Monsieur Frédéric...

BORDOGNON.

Madame!...

SÉRAPHINE, après une hésitation.

Sans rancune !

Elle lui tend la main.

BORDOGNON.

Au contraire, madame!... Je reste votre ami quand même... (A part, sur le seuil.) Et de plus en plus. O amitié, amitié!...

Il sort.

SCÈNE IV

VICTOIRE, SÉRAPHINE.

VICTOIRE.

C'est la marchande à la toilette, madame.

SÉRAPHINE.

Emportons tous ces paquets, qu'elle ne les voie pas.

VICTOIRE, jetant les paquets à la volée dans la chambre à côté.

Madame a peur qu'on ne sache qu'elle va au mont-de-piété ?... C'est pourtant un endroit fréquenté par la meilleure société...

SÉRAPHINE.

D'ailleurs, tu as beau dire, peut-être consentira-t-elle à reprendre ses fournitures en payement.

VICTOIRE, à la porte du pan coupé de gauche.

Entrez, vous !...

SCÈNE V

Les Mêmes, MADAME CHARLOT.

MADAME CHARLOT.

C'est moi, madame; je viens pour le papier, vous savez...

ACTE QUATRIÈME.

SÉRAPHINE.

Ma chère madame Charlot, vous voyez une femme au désespoir ; je ne me trouve pas en mesure de vous payer aujourd'hui : je me vois donc dans l'obligation ou de vous renouveler mon billet...

MADAME CHARLOT.

Passons à autre chose...

SÉRAPHINE.

Ou de vous prier d'accepter en échange de ce que je vous dois les fournitures mêmes que vous m'avez faites.

MADAME CHARLOT.

Siminia siminibus ! De l'homéopathie, c'est bon pour le corps, mais pas pour la poche... je n'en use pas... La marchandise, voyez-vous, c'est comme la fausse monnaie, quand c'est passé, ça ne se reprend plus...

SÉRAPHINE.

Ma chère madame !

MADAME CHARLOT.

Les affaires sont les affaires.

SÉRAPHINE.

Donnez-moi jusqu'à demain...

MADAME CHARLOT.

Pas jusqu'à ce soir ! Je vous l'ai dit et ce n'est pas une carotte de marchande ; aussi vrai que je m'appelle Rosine, j'ai moi-même une échéance ; et laisser protester sa signature, madame Charlot, vous ne le voudriez pas.

VICTOIRE.

Que dirait la Banque de France?

SÉRAPHINE.

Alors rentrons dans la lettre du marché : il n'est qu'une heure et demie, j'ai jusqu'à deux heures.

MADAME CHARLOT.

Comme je ne suppose pas qu'en trente minutes il vous pousse dix mille francs de dessous terre, vous ne trouverez pas mauvais que j'aille relancer le gérant à son bureau.

SÉRAPHINE.

Mais vous me perdez !

MADAME CHARLOT.

Toujours rue du Sentier ?...

SÉRAPHINE.

Je vous en supplie...

MADAME CHARLOT.

Ne vous faites donc pas de mal comme ça : vous en serez quitte pour une scène, c'est pour rien !

SÉRAPHINE.

Je vous jure que dans une demi-heure vous serez payée. Vous pouvez bien m'accorder ce délai...

VICTOIRE

Vous serez toujours à temps de vous adresser à M. Pommeau.

MADAME CHARLOT.

Toujours des moyens de me lanterner; je ne sors d'ici que pour aller trouver votre mari, je vous en préviens.

VICTOIRE.

Eh bien! ne sortez pas... et donnez-nous une demi-heure!

MADAME CHARLOT.

Va donc pour vingt-cinq minutes, mais pas une seconde avec. Si, à deux heures sonnant, vous n'êtes pas là, je cours à l'étude.

SÉRAPHINE.

Oui!

VICTOIRE, à Séraphine.

Allons, madame, dépêchons!

SÉRAPHINE, bas à Victoire.

On peut la laisser seule ici?

VICTOIRE, de même, à Séraphine.

Il n'y a plus rien à prendre! (Haut, à madame Charlot.) Vous, gardez la maison et si on sonne, n'ouvrez pas!

Elles sortent.

SCÈNE VI

MADAME CHARLOT.

De la sensibilité dans notre état? Et les affaires? C'est égal, elle a une fière peur de son mari, la petite dame. Serait-ce un Harpagon? Mais non, c'est trop cossu ici pour être la coquille d'un avare : de la moquette, de la soie, des rideaux, de bons meubles, bien conditionnés, à la dernière mode, pas un brin de camelotte... Je n'ai pas d'inquiétude à avoir ; il a de quoi, le cher homme !

SCÈNE VII

POMMEAU, MADAME CHARLOT.

POMMEAU.

Qu'est-ce que vous cherchez, madame ?

MADAME CHARLOT, à part.

Le mari ! (Haut.) Je ne cherche rien, monsieur.

POMMEAU.

Que faites-vous là toute seule ?

MADAME CHARLOT.

Vous voyez, je regarde.

POMMEAU.

Bref, qui demandez-vous ?

MADAME CHARLOT.

Personne, j'attends.

POMMEAU.

Vous attendez qui ?

MADAME CHARLOT.

Madame votre épouse qui m'a donné rendez-vous pour

ACTE QUATRIÈME.

une petite affaire. Je suis venue avant l'heure, elle était sortie, et la soubrette a été la prévenir de mon arrivée.

POMMEAU.

Est-ce une affaire où je puisse la remplacer ?

MADAME CHARLOT, regardant la pendule.

Pas pour le quart d'heure !

POMMEAU.

Puis-je savoir à qui j'ai l'honneur de parler ?

MADAME CHARLOT.

L'honneur est tout pour moi, monsieur !

Elle donne une carte.

POMMEAU, lisant.

Madame Charlot, marchande à la toilette, rue Saint-Roch.

MADAME CHARLOT.

Pour vous servir.

POMMEAU.

Ce n'est pas chez vous que ma femme a l'habitude de se fournir, j'imagine...

MADAME CHARLOT.

Pourquoi non ? L'enseigne ne fait pas le marchand, et j'en sais de plus huppées...

POMMEAU.

Tant pis pour celles-là.

MADAME CHARLOT.

Tous les commerces se valent, monsieur ; histoire

d'acheter bon marché pour revendre cher... D'ailleurs, on n'est pas fille de duchesse, et l'outil est toujours bon qui nourrit son maître.

POMMEAU.

Je vous demande la permission de passer dans mon cabinet, madame : je ne suis pas fils de duchesse non plus, et j'ai un travail...

MADAME CHARLOT.

A votre aise, monsieur, ne vous gênez pas pour moi. (Deux heures sonnent.) Monsieur !

POMMEAU, revenant sur ses pas.

Madame ?

MADAME CHARLOT.

J'avais promis d'attendre jusqu'à deux heures, vous êtes témoin que j'ai attendu. Parlons français, maintenant. Il s'agit d'un billet que votre femme m'a souscrit.

POMMEAU.

Un billet ?

MADAME CHARLOT.

De dix mille francs, monsieur.

POMMEAU.

De dix mille francs ?

MADAME CHARLOT.

C'est en règle et échu, comme vous allez voir. Voici d'abord le mémoire, on est bien aise de se renseigner sur les fournitures... Soyez assez aimable pour poser l'œil là-dessus, pendant que je déniche l'autre papier.

POMMEAU, parcourant le mémoire.

Douze cents francs un manteau! C'est une abomination, madame.

MADAME CHARLOT.

Possible! c'est le prix.

POMMEAU.

Pour vous, soit; ce n'est pas le prix pour moi; je consens à payer, mais non à me laisser voler.

MADAME CHARLOT.

Voler!

POMMEAU.

Effrontément.

MADAME CHARLOT, cherchant toujours son billet.

Et les risques, donc!

POMMEAU.

Laissez votre billet là où il est, madame, je n'en ai que faire. Quant à ce mémoire, je le garde; je le ferai d'abord vérifier par ma femme, puis examiner et régler par experts. Alors seulement j'aurai l'honneur de vous payer, mais sur le pied que ces messieurs indiqueront.

MADAME CHARLOT.

Je ne danse pas sur ce pied-là : j'ai un billet, je veux de l'argent.

POMMEAU.

Votre billet, madame, ceci soit dit pour votre instruction, est nul, absolument nul...

MADAME CHARLOT.

Tout ce qu'il y a de plus nul, oui, monsieur, je connais mon code sur le bout du doigt. Mais le point a été plaidé plusieurs fois et j'ai toujours gagné mes procès; à m'en faire un, vous ne gagneriez qu'un scandale.

POMMEAU.

Et ce point de droit, c'est ?...

MADAME CHARLOT.

Ce n'est pas de droit, monsieur, c'est d'appréciation. Je possède le langage de la chose, vous voyez. La dette d'une femme mariée est exigible pour peu que la somme soit en rapport avec la fortune du mari.

POMMEAU.

Eh bien, madame?

MADAME CHARLOT.

Eh bien, mon cher monsieur, vous avez trente mille livres de rentes, par conséquent j'étais fondée à créditer votre épouse de dix mille. Vous êtes du métier, qu'avez-vous à répondre?

POMMEAU.

Un seul mot : je n'ai pas trente mille livres de rentes. Quand on les a, on n'est pas clerc de notaire.

MADAME CHARLOT.

Turlututu! je prouverai devant le tribunal que vous les avez, ou du moins que vous les dépensez.

POMMEAU.

Je les dépense?

MADAME CHARLOT.

Certainement.

ACTE QUATRIÈME.

POMMEAU.

Moi?

MADAME CHARLOT.

Ou votre femme, ce qui revient au même, et puisque vous aimez les experts, nous en pourrons prendre. Sans aller plus loin, j'obtiendrais un jugement rien que sur ce mobilier-ci.

POMMEAU.

Mais, madame, tout ceci est d'occasion...

MADAME CHARLOT.

Je les connais ces occasions-là, j'en vends! Vous m'avez surprise en train d'inventorier par manière de passe-temps. A combien vous revient cette garniture de cheminée, s'il vous plaît? Cinq cents francs, n'est-ce pas? J'en offre mille écus.

POMMEAU.

Mille écus!

MADAME CHARLOT.

Argent sur table, et j'y gagne! Et ces rideaux à quarante francs le mètre, et cette double moquette, et ce damas de soie... Tout cela d'ailleurs est en rapport avec le train que vous menez; dîners tous les samedis, bals, spectacles, toilettes de madame qui ne sort pas à pied... vous ne vous attendiez guère à me trouver si bien au courant. Je suis prudente... je ne m'avance qu'à bonnes enseignes, et sur mon livre de crédit on pourrait jauger, à un sou près, les maris de toutes mes clientes. (Silence.) Vous vous taisez maintenant, atteint et convaincu de trente bonnes mille livres de rente!

POMMEAU.

Madame!

MADAME CHARLOT.

A moins qu'il ne vous semble préférable de plaider qu'un autre les a pour vous!

POMMEAU, très troublé.

Un autre! Elle aussi!... Insolente!

MADAME CHARLOT.

Oh! je n'y tiens pas! mais en tous cas, ce que je peux vous assurer, mon cher monsieur, c'est que madame a des dettes, si elle n'a pas autre chose, beaucoup de dettes, car je maintiens mon chiffre de trente mille, et je m'y connais, vous savez.

POMMEAU.

Au fait, pourquoi pas? Pourquoi n'aurait-elle pas trouvé ailleurs le crédit qu'elle a trouvé chez vous?

MADAME CHARLOT.

Oui, je vous le demande.

POMMEAU.

L'explication est toute simple : elle a des dettes; elle est criblée de dettes, la pauvre enfant!... il n'y a que demi-mal! Vous serez payée, madame, intégralement payée. Je vais vous donner un bon de la somme sur mon patron.

Il s'assied devant la table et semble chercher quelque chose.

MADAME CHARLOT.

Ah! votre écritoire... (Elle va la prendre sur la cheminée et la lui apporte pendant qu'il écrit. — A part.) Il a l'air enchanté!... Quel drôle de corps!

POMMEAU, lui remettant le bon.

Allez, madame, allez.

MADAME CHARLOT, lui remettant un papier.

Voilà le billet! Votre servante. (A Séraphine qui paraît et s'arrête en voyant madame Charlot avec son mari.) Désolée, ma petite dame, j'ai attendu jusqu'à deux heures... et vous savez, j'ai une échéance à trois... ça ne badine pas, les créanciers!

Elle sort.

SCÈNE VIII

SÉRAPHINE, POMMEAU.

POMMEAU s'avance lentement vers elle, lui présente le billet, et après un silence:

Je ne te ferai pas de reproches... Je suis aussi coupable que toi.

SÉRAPHINE, à part.

Tiens!

POMMEAU.

Je prêtais à ta jeunesse la raison de mon âge : au lieu de te donner des habitudes d'ordre, j'encourageais ton penchant à la dissipation; je comptais que ton bon sens t'empêcherait de dépasser certaines limites. Il est arrivé ce que j'aurais dû prévoir. J'avais manqué de prudence, tu as manqué de confiance... La faute est à nous deux, et j'aurais mauvaise grâce à n'en pas assumer ma part. Passons donc l'éponge sur nos torts réciproques (Il déchire le billet.) et occupons-nous de l'avenir. Il ne nous reste plus qu'à liquider notre situation. Donne-moi la liste de tes créanciers.

Il s'assied et prend une plume.

SÉRAPHINE.

Mes créanciers?... Je n'en ai pas d'autres.

POMMEAU.

Je ne te tends pas de piège, mon enfant... ce qui vient de se passer ici ne doit pas se renouveler, tu le conçois... quel que soit le chiffre de tes dettes, ne crains pas de me l'avouer, je suis préparé à tout...

SÉRAPHINE.

Mais je vous jure...

POMMEAU.

Ne jure pas... Fussions-nous ruinés, tu n'entendras pas une plainte de moi... Je ne t'en veux pas... Je te le répète, je me mettrai au travail avec joie pour tâcher que tu ne souffres pas trop de tes folies.

SÉRAPHINE.

Si j'avais des dettes, je vous le dirais, je vous assure, mais je n'en ai pas.

POMMEAU, très ému.

Tu n'en as pas ?...

SÉRAPHINE.

Je ne devais absolument que ces dix mille francs-là !

POMMEAU.

Séraphine! au nom du ciel! sois sincère ! Tu ne sais pas de quelle conséquence pourrait être un mensonge!

ACTE QUATRIÈME.

SÉRAPHINE.

Pourquoi mentirais-je? Vous êtes si indulgent...

POMMEAU.

Je ne conçois pas ton obstination...

SÉRAPHINE.

Ni moi la vôtre...

POMMEAU.

Je t'en supplie...

SÉRAPHINE.

Je ne puis pourtant pas inventer des dettes pour vous plaire !

POMMEAU.

Oserais-tu l'attester sur la mémoire de ta mère?

SÉRAPHINE.

Comme vous êtes solennel aujourd'hui !

POMMEAU.

Tu n'oses pas... tu vois bien...

SÉRAPHINE.

Mais, sur la mémoire de ma mère... (Pommeau chancelle.) Qu'avez-vous?

Elle s'élance vers lui.

POMMEAU.

Ne me touche pas !... C'était donc vrai !

SÉRAPHINE, à part.

Thérèse a parlé !

POMMEAU.

Ne nie rien ! Ne mens pas... Si j'avais jamais rien

refusé à ses besoins, à ses caprices même! J'ai usé mes jours à lui créer une aisance honorable! Mes forces, mon temps, ma vie, je lui ai tout donné, et je n'ai recueilli, associé à mon nom qu'une fille perdue!...

SÉRAPHINE.

C'est rompu, je vous jure.

POMMEAU.

Elle ne me comprend seulement pas!... Crois-tu que ce soit un vieillard jaloux qui te parle!... Si encore tu t'étais donnée, mon âge te serait une excuse, peut-être... Qui défraye ton luxe, dis?... Car, chose horrible, j'en suis à ne plus compter avec la chute, tant la faute disparaît devant l'énormité de la honte! Tu n'es pas même la femme adultère, tu es la courtisane; ce que tu as fait de moi, ce n'est pas un mari trompé, c'est le mari d'une femme entretenue, le complice de ses ignominies, le receleur!... Je ne ne suis pas ridicule, je suis déshonoré!... (Séraphine se dirige vers la porte.) Où vas-tu?

SÉRAPHINE, résolument.

Je m'en vais.

POMMEAU, la prenant par le bras.

Pour traîner mon nom dans les ruisseaux? Non pas! je te garde! Et puis, j'ai charge d'âme... Je n'ai pas le droit de fermer la porte à ton repentir possible... de te refuser le droit d'expier. — Son nom?

SÉRAPHINE.

Vous ne le savez pas?

POMMEAU.

Serais-je encore là, si je le savais! Son nom?

SÉRAPHINE, près de parler.

Vous le voulez? (Après réflexion.) Pourquoi?

ACTE QUATRIÈME.

POMMEAU.

Tu me le demandes?

SÉRAPHINE.

Vous battre avec lui? C'est impossible.

POMMEAU.

Il refuserait! — Qu'est-ce que vous réclamez, bonhomme?... J'ai payé! — Mais il faudra bien qu'il se batte, lorsque avec son argent je l'aurai souffleté. Combien je lui dois, je l'ignore, mais c'est toute ma fortune.

SÉRAPHINE.

Toute?

POMMEAU.

Qu'entre la ruine et moi il n'y ait plus de place pour un soupçon.

SÉRAPHINE, froidement.

Et nous?

POMMEAU.

Nous vivrons de mon travail.

SÉRAPHINE.

La misère, alors.

POMMEAU.

La pauvreté, qui sera notre réhabilitation et ton rachat... Son nom?... Son nom, qu'il n'accole pas plus longtemps le mien au tarif de ses bonnes fortunes! Allons!... Parle!... (Il la prend par les poignets.) Parleras-tu, enfin? tu te tais?... mais tu ne comprends donc pas!... C'est la première condition du pardon... Voyons, parle, j'attends!... (La secouant violemment.) Qu'est-ce qui t'arrête?

SÉRAPHINE, s'arrache à son étreinte et d'une voix sourde.

Je ne veux pas être pauvre.

POMMEAU.

Ah! je l'ai tirée du néant, et le pain dont je me contente n'est plus assez bon pour elle!

SÉRAPHINE.

Quand on n'est pas riche, on ne se marie pas.

POMMEAU.

Misérable! (Il lève le bras et s'arrêtant soudain.) Je la tuerais.
Il sort précipitamment.

SCÈNE IX

SÉRAPHINE, VICTOIRE.

VICTOIRE, entrant par la gauche.

Qu'est-ce qu'a donc monsieur, madame?

SÉRAPHINE.

Est-ce que je sais?... Viens m'habiller.

ACTE CINQUIÈME

Même décor qu'au deuxième acte.
Onze heures du soir ; une lampe allumée sur le bureau de Léon.

SCÈNE PREMIÈRE

THÉRÈSE, LÉON.

LÉON, après un silence.

Thérèse...

THÉRÈSE, très froidement.

Plaît-il ?

LÉON.

Tu ne me pardonneras jamais, n'est-ce pas ?

THÉRÈSE.

Jamais !

LÉON.

Tu savais tout pourtant, et tu te taisais !

THÉRÈSE.

Que pouvais-je faire? N'est-ce pas assez de mon existence perdue, et me fallait-il en briser une autre ?

LÉON.

Oui, tu es un grand cœur.

THÉRÈSE.

Une honnête femme, rien de plus.

LÉON.

L'indigne créature !

THÉRÈSE.

Il ne vous manque plus que de l'insulter !

LÉON.

Tu la défends ?

THÉRÈSE.

Non, mais je vous accuse, vous, qui avez fait tourner à sa perte son intimité même ici, où tout devait lui servir de sauvegarde ; vous, que ma confiance prenait plaisir à rapprocher d'elle ; vous, sur qui j'aurais compté comme sur moi-même dans une heure de péril pour protéger son honneur.

LÉON.

Thérèse !

THÉRÈSE.

Ce que vous avez fait n'a pas de nom dans le langage des gens de cœur ; c'est un manque de foi, une trahison de tous les jours, quelque chose de vil comme un vol domestique.

LÉON.

Traite-moi comme le dernier des hommes, tu as raison. Oui, tu me soulages en me parlant ainsi! J'éprouve je ne sais quel allégement à m'entendre dire enfin tout haut ce que depuis si longtemps je me disais tout bas. (Mouvement de Thérèse.) Rassure-toi, je ne t'apporte pas les restes d'un cœur souillé par une autre. J'ai pu déchoir jusqu'à elle, mais remonter jusqu'à toi, je ne l'espère plus. Si tu veux que je m'éloigne, je partirai : que je reste, je resterai : ton souvenir ou ta présence sera mon châtiment, et je te jure qu'il me semble doux auprès du supplice avilissant que j'endurais.

THÉRÈSE.

Vous l'aimiez pourtant!

LÉON.

Moi! Si c'est de mon cœur que tu es jalouse, tu n'as pas à l'être.

THÉRÈSE.

Je ne le suis plus! J'ai l'orgueil de ce que je vaux. Aussi, n'est-ce pas, croyez-le bien, une sotte revendication de mes droits d'épouse que je poursuis; mais ici l'outrage est double, et ce qui m'en révolte n'est pas ce qui m'en touche. Puisse le ciel aveugler jusqu'au bout le plus excellent... aujourd'hui le plus à plaindre des hommes!... car, le moment venu, entre lui et un autre je n'hésiterais pas.

LÉON.

Prends garde que la reconnaissance ne t'emporte au delà de tes devoirs!

THÉRÈSE.

C'est bien à vous, vraiment, d'en tracer la limite.

LÉON.

Mais il existe entre nous un lien, ce me semble, supérieur à tout.

THÉRÈSE.

Je n'en connais pas que vous n'ayez rompu...

LÉON.

Vous avez un enfant.

THÉRÈSE.

Celui qui m'a élevée peut lui servir de père!

LÉON.

Thérèse!

JOSEPH, entrant.

M. Bordognon désire voir monsieur.

LÉON.

Frédéric, si tard!

THÉRÈSE, à Joseph.

Faites entrer. (à Léon.) Je vous laisse...

Elle sort.

SCÈNE II

LÉON, BORDOGNON.

LÉON.

Toi, à onze heures!

BORDOGNON.

Oui, moi! M. Pommeau n'est pas encore venu?

ACTE CINQUIÈME.

LÉON.

Non, pourquoi?

BORDOGNON.

Je respire! Il ne tardera pas à paraître, sois-en sûr. Ne te démonte pas en le voyant; je viens te prévenir qu'il sait tout...

LÉON.

Il sait tout?

BORDOGNON.

Sauf le nom de l'amant. La poudrière a fait explosion; une marchande à la toilette a attaché le pétard, et M. Pommeau a déguerpi de chez lui pour n'y plus rentrer.

LÉON.

Voilà le dernier coup.

BORDOGNON.

Je te répète qu'il ignore que c'est toi; ainsi ne te trahis pas et sauve au moins le repos de ta femme.

LÉON.

Il est trop tard!

BORDOGNON.

Patatras! Le diable emporte les jolies filles élevées en vue de cent mille francs de rentes, par des parents qui n'ont pas le sou!

LÉON.

Mais, comment as-tu appris toi-même?...

BORDOGNON.

Par Séraphine, parbleu!

LÉON.

Tu l'as vue?

BORDOGNON.

Au Gymnase!

LÉON.

Au Gymnase ?

BORDOGNON.

C'est peut-être un peu précipité ; une autre eût attendu par convenance jusqu'au lendemain ; mais elle n'a point osé rester chez elle, de peur de s'empoisonner. C'est son désespoir qu'elle a conduit au spectacle.

LÉON.

Elle s'amuse !

BORDOGNON.

Sois calme, la justice d'en haut a déjà pris ses conclusions : entretenue dans un mois, dans dix ans prêtresse d'un tripot clandestin, dans vingt ans à l'hôpital, tel est l'horoscope de dame Séraphine. Quant à moi, prudent, je l'ai plantée là, dans sa loge, ayant hâte de te mettre sur tes gardes, et me souciant peu d'ailleurs de rester plus longtemps en public dans la compagnie d'une petite dame si compromettante désormais pour un célibataire mollissant... Maintenant, mon ami, un homme averti en vaut deux : avise.

LÉON.

Que faire ?

BORDOGNON.

Ce n'est pas le moment de perdre la tête. Les femmes sont de bon conseil... consultons la tienne, puisqu'il n'y a plus rien à lui cacher...

LÉON, après une hésitation.

Tu as raison. (Il ouvre la porte de Thérèse.) Thérèse !

SCÈNE III

BORDOGNON, LÉON, THÉRÈSE.

THÉRÈSE.

Vous m'appelez?

LÉON.

Rassemble toutes tes forces!

THÉRÈSE.

Quel nouveau malheur? Achevez!

BORDOGNON.

M. Pommeau a tout découvert, madame, et je venais vous prévenir qu'il est sorti de chez lui pour n'y plus remettre les pieds.

THÉRÈSE.

Est-ce possible?

BORDOGNON.

Le nom de quelqu'un qui vous touche n'a pas été prononcé.

THÉRÈSE.

Oh! malheureux homme! Qui l'arrête? Pourquoi n'est-il pas ici, s'il ignore vraiment...

BORDOGNON.

Je puis vous l'affirmer...

THÉRÈSE.

Vous l'avez donc vu?...

BORDOGNON.

Lui, non; mais le hasard m'a mis face à face avec sa femme.

THÉRÈSE.

Où cela? Que je la voie, que je lui parle, que je sache...

LÉON, l'arrêtant.

Tu n'y penses pas !

THÉRÈSE.

Que m'importe le reste ! Je ne vois plus que lui.. Je vous en supplie, où la trouver ?

BORDOGNON.

Je n'ose pas vous le dire.

LÉON.

Au spectacle.

THÉRÈSE.

La misérable !

La porte s'ouvre.

BORDOGNON.

Monsieur Pommeau !

THÉRÈSE.

Ah !...

Ils restent tous immobiles.

SCÈNE IV

LES MÊMES, POMMEAU.

POMMEAU, sur le seuil.

C'est moi, mes bons amis... je vois à votre contenance

que vous savez la nouvelle. (Il descend en scène.) Soyez donc cinquante ans l'artisan de votre honneur ! J'ai marché toute la soirée, je suis brisé... (Bordognon lui avance une chaise, il s'assied.) Il doit être tard, hein ?

THÉRÈSE.

Je ne sais pas !

POMMEAU, à Thérèse.

Oui, mon enfant, Séraphine m'a déshonoré : elle avait un amant à qui elle se vendait... il existe de pareilles femmes et la mienne était de celles-là... Je n'y voyais rien, moi, confiant, et pour le croire il me faut encore faire un effort sur moi-même ! Mais il n'y a plus à douter. L'habit que j'ai sur le dos ne m'appartient peut-être pas. (Se levant.) Vous m'aiderez, n'est-ce pas, vous m'aiderez tous à découvrir le complice ? Que je le rembourse, que je lui crache au visage, à ce réprouvé, à ce trafiquant d'adultère, et après vous verrez si j'ai peur ! (Il tombe assis. — Après un silence.) Bonsoir, Léon, je ne vous avais pas vu ! (Thérèse s'approche, de manière à lui cacher Léon.) Oh ! ces corrupteurs de femmes... Dans une heure j'ai appris à la connaître mieux que je ne l'eusse fait en un siècle ! Natures ignobles que celles-là ! prostituées de l'orgueil, les dernières de toutes ! pour elles, c'est à la misère que commence l'opprobre !... Tu vas me faire préparer une chambre, n'est-ce pas, pour cette nuit ? Je te demande pardon. Mais où aller ? Je n'ai plus que toi, et je tombe d'épuisement.

THÉRÈSE, avec effroi.

Ici !

POMMEAU.

Au fait, comment se fait-il que vous ayez appris ?...

THÉRÈSE, vivement.

Par Victoire !

POMMEAU.

On l'a donc vue ?

THÉRÈSE.

Joseph l'a rencontrée... le domestique...

POMMEAU.

A la bonne heure ; car il n'y avait personne à la maison. Tel que tu me vois, j'ai voulu encore une fois passer sous ses fenêtres !... Pas de lumière !... la peur m'a pris, je craignais un malheur ! Je frappe, j'entre, le portier m'arrête : « Madame est au spectacle ! » Je n'ai pas été surpris, rien ne m'étonne plus. Marchant devant moi alors, je suis arrivé au quai, et m'arrêtant sur un pont, je ne sais plus lequel... l'eau coulait dessous avec un grand bruit... Je regardais... un instant vint où je fermai les yeux, ma prière était faite... En boutonnant mon habit, je sentis par bonheur cette liasse d'argent. (Il tire un paquet de billets de banque.) Je me souvins, et voilà comment je suis ici.

THÉRÈSE, l'entourant de ses bras.

Mon ami...

BORDOGNON.

Voyons, mon cher monsieur Pommeau... il faut prendre le dessus... la honte est personnelle comme la faute.

POMMEAU.

C'était ma femme, monsieur !

BORDOGNON.

Elle ne l'a plus été du jour où elle a failli, et à votre

ACTE CINQUIÈME.

place je la répudierais, sans poursuivre davantage une réparation que vous n'obtiendrez pas.

POMMEAU.

C'est ce que nous verrons... Il m'est venu une idée entre mille, et celle-là m'est restée ! Bien des choses échappent d'abord, qui reviennent plus tard. Cette voiture versée dans les Champs-Élysées, vous vous rappelez, cette femme qui s'enfuyait... Pendant votre récit, avez-vous remarqué dans quel trouble elle était? Mon esprit me reporte à mille circonstances. Je la vois, c'était elle !

BORDOGNON.

Qu'allez-vous vous figurer là ?

POMMEAU.

C'était elle !

THÉRÈSE, à part.

Je tremble !

POMMEAU.

Thérèse, sur ton honneur, tu ne te doutais de rien ?

THÉRÈSE.

Moi ?

POMMEAU.

Et vous, Léon ?

BORDOGNON.

Demain, mon cher monsieur Pommeau, demain.

POMMEAU, à Thérèse.

Il faudra me chercher une chambre dans le voisinage ; que je ne te quitte plus. Pour aujourd'hui...

BORDOGNON.

Je vous emmène... J'ai ma voiture en bas, chez moi

une chambre d'ami toujours prête, et nous épargnerons à madame un dérangement...

POMMEAU.

Est-ce que je te dérange ?

THÉRÈSE.

C'est que...

POMMEAU.

Tu n'as pas un coin à me donner ? Ce fauteuil me suffira. Pour une seule nuit ! Tu baisses les yeux ?... (Bas, à Thérèse.) Est-ce Léon qui s'oppose ? (A Léon.) Ne me séparez pas d'elle, mon ami, mon fils... (Il ouvre les bras comme pour se jeter dans ceux de Léon ; Thérèse, par un mouvement instinctif l'arrête. Pommeau regarde autour de lui, passe sa main sur son visage, les yeux fixés sur Léon, puis :) Ah ! bandit, c'était toi !

Il s'élance le bras levé ; Bordognon et Thérèse se jettent entre lui et Léon.

THÉRÈSE.

C'est mon mari !

BORDOGNON.

Épargnez-la. Elle est innocente, elle !

POMMEAU, jetant une liasse de billets de banque aux pieds de Léon.

Ramasse ! ramassez, vous dis-je, ou...

THÉRÈSE.

Mon père !

POMMEAU.

Il spoliait ma fille, pour suborner ma femme !

LÉON, avec un mouvement violent.

Monsieur ! (Thérèse se tourne vers lui en couvrant Pommeau;

Léon baisse la tête. — Thérèse conduit Pommeau à un fauteuil et reste debout auprès de lui.) Je vous ai mortellement outragé ! un duel fût-il possible de vous à moi, je ne l'accepterais pas... Je me charge seul de la réparation que je vous dois ; elle vous suffira, je l'espère.

BORDOGNON.

Et ton fils ?

LÉON.

Il lui restera sa mère.

Il fait un pas pour sortir.

THÉRÈSE, se jetant devant la porte.

Tu ne sortiras pas ! Je ne veux pas que tu sortes...

BORDOGNON.

Monsieur Pommeau... levez donc les yeux...

Il lui montre Thérèse qui pleure en silence, puis qui vient s'agenouiller près de lui.

POMMEAU.

Je ne me souvenais pas que tu peux lui pardonner, toi ! Ton honneur n'est pas atteint... Ainsi va le monde. (Il la relève.) Dis donc à ton mari que le sang ne lave rien, et que sa mort ne ferait qu'ajouter un crime à un autre. D'ailleurs, toute expiation est complète où il y a une victime, et je sens là qu'il y en aura une.

LÉON, très ému.

Monsieur !...

POMMEAU, plus ferme.

Je ne vous parle pas. (A Thérèse.) Quant à cet argent....

THÉRÈSE.

Je vous jure de le lui porter moi-même !

POMMEAU.

A elle ?...

THÉRÈSE.

A elle ! c'est moi qui le lui donne.

POMMEAU, prenant Thérèse dans ses bras.

O cœur d'ange ! Il n'y a que les femmes pour avoir de ces miséricordes !... Ne lui fais pas de reproches, à quoi bon ! Et quand je n'y serai plus, si tu le peux, veille de loin sur elle, en souvenir du vieux père Pommeau, qui vous a tant chéries !... Adieu...

Il s'en va en trébuchant vers la porte.

BORDOGNON.

Pauvre homme ! il en mourra !...

THÉRÈSE, suppliante, à Bordognon.

Monsieur !...

BORDOGNON.

Soyez tranquille, madame, je ne le quitte pas !...

Il prend Pommeau sous le bras et sort avec lui.

FIN DES LIONNES PAUVRES

UN BEAU MARIAGE

COMÉDIE EN QUATRE ACTES

EN PROSE

Représentée pour la première fois, à Paris,
sur le théâtre du GYMNASE-DRAMATIQUE, le 5 mars 1859.

À LA MÉMOIRE

DE

MON CHER AMI EUGÈNE LABICHE

Juin 1888.

PERSONNAGES

                                            Acteurs qui ont créé
                                               les rôles.

PIERRE CHAMBAUD. . . . . MM. LAGRANGE.
LE MARQUIS DE LAROCHE-PINGOLEY. .   DERVAL.
MICHEL DUCAISNE. . . . .   DUPUIS.
LE BARON DE LA PALUDE. . . . . . .   BLAISOT.
MADAME BERNIER. . . . . Mmes DÉSIRÉE.
MADEMOISELLE CLÉMENTINE BERNIER.   DELAPORTE
SOPHIE, femme de chambre. . . . . GEORGINA.
UN PORTIER. . . . . M. ANTONIN.
DOMESTIQUES.

La scène se passe de nos jours.

UN BEAU MARIAGE

ACTE PREMIER

Un parc, chez M. de La Palude. — Au premier plan, à droite, un cerisier couvert de fruits. — Meubles de jardin.

SCÈNE PREMIÈRE

LA PALUDE, dans le cerisier; MADAME BERNIER.

MADAME BERNIER, recevant les cerises dans sa jupe.

Savez-vous, mon cher baron, que nous faisons tout à fait la scène de Jean-Jacques et de mademoiselle Galley?

LA PALUDE.

Alors, permettez-moi de dire avec Rousseau : Que mes lèvres ne sont-elles des cerises !

Il jette un bouquet de cerises qui tombe à terre.

MADAME BERNIER.

Les souhaits imprudents... il faudrait maintenant vous essuyer la bouche.

LA PALUDE.

Rien ne me réussit avec vous!

SCÈNE II

LES MÊMES, PINGOLEY, qui s'approche doucement du cerisier et enlève l'échelle.

MADAME BERNIER.

Qu'est-ce que vous faites donc, monsieur le marquis?

PINGOLEY.

J'ai l'honneur, madame, de vous présenter mon ami d'enfance, M. le baron Alfred de La Palude, un des chimistes les plus distingués de France et de Navarre, candidat à l'Institut, pour le moment sur un arbre perché. Allons, Alfred, montrez votre belle voix.

LA PALUDE.

Tu es absurde.

PINGOLEY.

Il la montre. Tout à l'heure vous allez voir son agilité.

MADAME BERNIER.

Remettez l'échelle, monsieur le marquis, je vous en prie.

PINGOLEY.

Non, madame, non, qu'il descende! Mademoiselle votre fille n'a pas encore paru ce matin?

MADAME BERNIER.

Non.

PINGOLEY.

Une singulière enfant, en vérité! une énigme vivante dont je cherche encore le mot.

MADAME BERNIER.

Elle est assez compliquée, en effet, cette petite fille.

LA PALUDE.

Voyons, Léopold, c'est drôle, je suis le premier à en rire, mais finissons-en. Tu ne comptes pas me laisser là toute la journée, je suppose?

PINGOLEY.

Saute, parbleu!

MADAME BERNIER, bas, à Pingoley.

Si je reste, il ne saura comment faire pour ne pas sauter. Vous êtes un méchant garnement. (Haut.) Je vais dans le verger achever ma récolte. Bien du plaisir, messieurs.

Elle sort.

SCÈNE III

PINGOLEY, LA PALUDE.

PINGOLEY, rapportant l'échelle contre l'arbre.

Je n'ai plus de raison pour te retenir sur ton juchoir.

LA PALUDE, descendant.

Monsieur, cela ne se passera pas ainsi.

PINGOLEY.

Ne dis donc pas d'enfantillage; tu sais bien, au contraire, que cela se passera ainsi.

LA PALUDE.

Vous abusez étrangement de ce que je ne suis pas un bretteur comme vous.

PINGOLEY.

Pas plus que tu n'abuses de ce que je ne suis pas un savant comme toi. — Tu m'écrases journellement de ta supériorité; je me rattrape comme je peux.

LA PALUDE.

Votre vengeance est grossière

PINGOLEY.

Tutoie-moi donc... tu as l'air de mon oncle.

LA PALUDE.

C'est qu'aussi tu m'as placé dans une situation mortifiante!

PINGOLEY.

C'est de bonne guerre. Je n'ai pas l'outrecuidance de mettre mes avantages physiques en comparaison de tes deux cent mille livres de rente; et je ne peux rétablir la balance qu'en faisant tes preuves de vieillesse.

LA PALUDE.

De vieillesse!... Nous sommes du même âge, au fond.

PINGOLEY.

Au fond, oui, mais pas dans la forme. J'ai gardé toutes mes prétentions, et cela conserve. Madame Bernier est femme à apprécier la différence.

ACTE PREMIER.

LA PALUDE.

Madame Bernier?... Et qui songe à l'épouser?...

PINGOLEY.

Parbleu! toi et moi.

LA PALUDE.

Parle pour toi.

PINGOLEY.

C'est donc pour le mauvais motif que tu lui fais la cour?

LA PALUDE.

Je te jure qu'entre nous il ne s'agit que d'amitié.

PINGOLEY.

Le jures-tu sur ta part d'Académie des sciences, sur ton Institut éternel? Alors je te demande pardon de t'avoir laissé dans l'arbre. Je te prenais pour un rival, et voilà comment je les traite... Mais, du moment que tu n'as pas de prétentions sur elle...

LA PALUDE.

Tu penses donc sérieusement à l'épouser?

PINGOLEY.

Il n'y a pas deux façons de penser à ces choses-là.

LA PALUDE.

Je croyais que tu voulais mourir célibataire.

PINGOLEY.

Moi aussi, je le croyais! mais, que veux-tu? ma vie de garçon a fatigué mon patrimoine encore plus que moi : il est horriblement tartainé, et le prix de mes bonnes fortunes augmentant en raison de la diminution de mes charmes, je me trouve tout à l'heure réduit au plus strict célibat. — Tu vois, je t'ouvre mon cœur! O Alfred! les araignées de la solitude commencent à filer autour de ton ami une seconde robe d'innocence que personne ne viendra plus déchirer... un plumeau, morbleu! un plumeau!

LA PALUDE.

Ne compte pas sur madame Bernier; elle a horreur du mariage.

PINGOLEY.

Cela ne fait pas l'éloge de son premier mari; mais, en m'y prenant poliment...

LA PALUDE.

Madame Bernier n'est pas ton affaire. Elle est trop fringante pour toi.

PINGOLEY, très fat.

Qu'en sais-tu?

LA PALUDE.

En outre, elle a contracté depuis son veuvage des habitudes d'indépendance qui te feraient damner.

PINGOLEY.

Ne t'occupe pas de mon salut.

LA PALUDE.

Elle est dissipée!...

PINGOLEY.

Moi aussi.

LA PALUDE.

Dépensière!...

PINGOLEY.

Elle est riche. As-tu fini avec tes objections?

LA PALUDE.

Je n'aime pas à me mêler de mariages : on ne recueille que des reproches des deux côtés.

PINGOLEY.

Et tu dis que tu ne fais pas la cour à cette femme-là? Tiens, tu n'es pas fin, cache mieux tes cartes. Tu ne veux pas l'épouser et tu fais bien, car tu n'es plus nubile ; mais tu ne veux pas non plus qu'elle se marie ; il te plaît d'avoir un petit autel où brûler les parfums éventés de ta galanterie platonique. Reste dans ton coin, j'épouserai sans toi et malgré toi.

LA PALUDE.

Coureur de femmes qui finit en coureur de dot!

PINGOLEY.

Voilà un joli mot dont je te demanderais raison, si tu n'étais un simple droguiste.

LA PALUDE.

Mésalliance pour mésalliance, j'aime mieux me mésallier avec la science qu'avec la bourgeoisie. Si nos ancêtres pouvaient revenir...

PINGOLEY.

Ah! parbleu! les tiens seraient plus vexés que les miens. Il fait beau voir le dernier des La Palude pilant des drogues en compagnie d'un garçon apothicaire!

LA PALUDE.

Si le préparateur d'un chimiste est si méprisable, comment daignes-tu faire des armes avec M. Chambaud?

PINGOLEY.

Et avec qui veux-tu que j'en fasse ici? Tu ne sais pas tenir un fleuret; d'ailleurs je ne méprise pas ce jeune homme : ne devant rien à son nom, il a droit d'être savant à tire-larigot.

LA PALUDE.

On te croirait stupide si on ne savait pas que c'est l'envie qui te fait parler.

PINGOLEY.

L'envie?

LA PALUDE.

Oui, l'envie : ma réputation et ma fortune t'offusquent.

PINGOLEY.

Oui, vieil écureuil. Tiens voici les journaux!

Entre un domestique portant les journaux sur un plat d'argent.

LA PALUDE.

Il n'y a pas de lettres?

LE DOMESTIQUE.

Non, monsieur le baron.

LA PALUDE, prenant un journal.

Donnez le reste à monsieur le marquis.

Ils s'asseyent sur des bancs de chaque côté de la scène.

PINGOLEY.

Voyons les faits divers.

LA PALUDE, à part, lisant.

« Académie des sciences... Mémoire présenté par M. le baron de La Palude sur la présence du phosphate de chaux dans les étoffes de soie. » (Il lit tout bas.) Bien... très bien... Il a du talent, ce Michel Ducaisne... hum! du talent!... pas beaucoup... pas du tout! L'imbécile! si jamais je le rencontre, je lui dirai son fait.

PINGOLEY.

Dis donc, le câble transatlantique s'est rompu.

LA PALUDE.

Eh! qu'est-ce que ça me fait?

PINGOLEY.

Ah! je croyais que ça intéressait les savants.

LA PALUDE, lisant, à part.

« Ce qui n'empêchera pas son noble auteur d'entrer à l'Institut du même pied dont ses ancêtres montaient dans les carrosses du roi. » Voilà le fin mot lâché. Ceux-ci me reprochent d'être savant, et ceux-là d'être gentilhomme... Ma parole, c'est à porter envie à ceux qui n'ont ni la naissance, ni le génie. Ne laissons pas traîner ces inepties.

Il met le journal dans sa poche.

SCÈNE IV

Les Mêmes, PIERRE.

LA PALUDE.

Vous me cherchez, mon jeune ami? Est-ce qu'il y a du nouveau au laboratoire?

PIERRE.

Non, monsieur; je me promenais. (A Pingoley.) Pardon, monsieur, je ne vous avais pas vu; vous allez bien?

PINGOLEY, assis.

Et vous, mon cher?

PIERRE, à La Palude.

Que dit-on, ce matin, de l'Académie des sciences?

LA PALUDE.

Il n'y a pas de feuilleton.

PIERRE.

Ah!... il faut que Ducaisne soit parti. Je suis étonné qu'il ne soit pas venu me serrer la main.

LA PALUDE.

Vous le connaissez donc, ce monsieur Ducaisne?

PIERRE.

Nous ne nous sommes pas quittés depuis l'École polytechnique; nous demeurons ensemble.

LA PALUDE.

Vous ne m'en aviez rien dit. Vous êtes un sournois.

PIERRE.

Je ne supposais pas que cela pût vous intéresser.

LA PALUDE.

Eh! mon cher enfant, tout ce qui vous touche m'intéresse. Est-ce que votre ami Ducaisne abandonne son feuilleton?

PIERRE.

Non pas.

LA PALUDE.

Vous parliez d'un voyage...

PIERRE.

Quelqu'un ferait l'intérim... Je dis ferait, car ce voyage n'est pas décidé, et malgré l'absence de feuilleton ce matin, je ne puis croire que Michel soit parti sans me dire adieu.

PINGOLEY.

C'est donc pis qu'Oreste et Pylade?

PIERRE.

Pis encore, monsieur le marquis; car Oreste tutoie Pylade qui lui dit *vous*, et nous, nous sommes amis comme...

PINGOLEY, souriant.

Comme savants...

PIERRE.

Soit dit sans vous offenser.

SCÈNE V

Les Mêmes, MICHEL.

PIERRE.

Le voilà !

LA PALUDE.

Qui?

PIERRE, présentant Michel à La Palude.

Mon ami Ducaisne, monsieur le baron.

LA PALUDE, à part.

Je vais lui dire son fait.

MICHEL.

Excusez-moi, monsieur, de me présenter chez vous sans avoir l'honneur d'être connu de vous...

LA PALUDE.

Pas connu, monsieur!

MICHEL.

Mais la circonstance d'un voyage un peu soudain m'oblige à prendre cette liberté si je veux embrasser Pierre.

LA PALUDE, obséquieux.

Ne vous excusez pas, monsieur! Ma modeste demeure est très honorée de recevoir une des lumières de la science.

MICHEL.

Monsieur!

LA PALUDE.

J'espère que vous me ferez le plaisir de dîner avec nous.

MICHEL.

Mille grâces, monsieur; la veille d'un départ est toujours très occupée, vous le savez.

PIERRE.

Il n'a même pas eu le temps de faire son feuilleton hier.

MICHEL.

Mon feuilleton?

LA PALUDE, vivement.

Ce sera donc pour votre retour. — Où allez-vous, sans indiscrétion?

MICHEL.

En Italie.

PINGOLEY, toujours assis.

Vous faites donc aussi de la science en amateur?

MICHEL.

Pourquoi cela?

PINGOLEY.

Dame! un voyage en Italie suppose du loisir, et...

MICHEL.

Et de l'argent. — J'ai toujours du loisir parce que j'ai besoin de très peu d'argent.

PINGOLEY.

Vous voyagerez donc à pied?

MICHEL.

Rassurez-vous, monsieur: on me défraye de tout. Je voyage en qualité de mentor, de précepteur, de demoiselle de compagnie, si vous voulez, d'un charmant et très jeune homme dont le père est mon ami intime.

PINGOLEY.

Diable! vous avez de belles connaissances.

MICHEL, sèchement.

Oui, monsieur, bien que je n'aie pas l'honneur de vous connaître.

PINGOLEY.

Vous êtes roide, jeune homme; mais j'aime les gens qui ne se laissent pas marcher sur le pied. (Se levant.) Passez-vous par Florence?

MICHEL.

Oui, monsieur.

PINGOLEY, très courtois.

J'ai là un ami, et si vous le permettez, je lui rendrai le service de vous donner une lettre pour lui.

MICHEL.

Très volontiers, monsieur.

PINGOLEY, lui tendant la main.

Touchez là. Je lirai vos feuilletons... quel jour paraissent-ils?

MICHEL.

Le mercredi.

PINGOLEY.

Aujourd'hui?

LA PALUDE, vivement.

Ces messieurs ont mille choses à se dire; nous les gênons.

PINGOLEY.

Eh bien! ne les gênons plus. Enchanté, monsieur Ducaisne, d'avoir fait votre connaissance.

MICHEL.

Pour en dire autant, monsieur, il ne me manque absolument que de savoir à qui j'ai l'honneur de parler.

PINGOLEY.

Marquis de Laroche-Pingoley.

MICHEL.

Il ne me manque plus rien.

LA PALUDE.

Viens donc, bavard! Au revoir, monsieur Ducaisne.

MICHEL.

Monsieur le baron!

La Palude et Pingoley sortent.

SCÈNE VI

PIERRE, MICHEL.

MICHEL.

Il faut avouer que ton baron a un bien bon caractère, s'il a lu mon article de ce matin.

PIERRE.

Ton article? Il m'a dit qu'il n'avait pas paru.

MICHEL.

Alors il l'a lu.

PIERRE.

Est-ce que tu m'as fait le mauvais tour de l'écorcher?

MICHEL.

Non, une simple égratignure. Mais sans toi je le houspillais de la belle manière.

PIERRE.

Qu'est-ce qu'il t'a fait?

MICHEL.

Je n'aime pas plus les faux savants que les faux braves, les faux dévots et les faux monnayeurs. Ensuite, il t'exploite comme une carrière, ce qui m'est particulièrement désagréable.

PIERRE.

Ce serait plutôt moi qui l'exploiterais, le pauvre homme. Je lui prête mes lumières, comme on dit, et il n'y voit pas plus clair; lui, il me prête la campagne, la verdure, le grand air, et je m'épanouis.

MICHEL.

Ce n'est pas tout de s'épanouir... travailles-tu?

PIERRE.

Non.

MICHEL.

Non? Eh bien, tu as de l'aplomb.

PIERRE.

D'abord le baron serait en droit de trouver fort mauvais que je choisisse sa maison pour y perpétrer mes imprudences! ensuite je ne suis pas fâché de jouir du printemps et de la campagne.

MICHEL.

La campagne! le printemps! il s'agit bien de cela. Es-tu, oui ou non, sur la piste d'une découverte importante?

PIERRE.

Dame! je l'espère.

MICHEL.

Eh bien, tu n'a pas le droit de te reposer avant l'hallali. Tu regarderas le paysage demain.

PIERRE.

Je n'ai pas le droit... Fais ton rapport à mes chefs alors!

MICHEL.

Tes chefs, c'est moi... tu es un enfant, il te faut un pédagogue; et le voilà.

PIERRE.

Tu m'ennuies! je ne suis pas en train d'être sermonné, je t'en préviens.

MICHEL.

Tu t'y mettras! Comptes-tu vivre jusqu'à cinquante ans aux crochets des barons?

PIERRE.

Aux crochets! je ne suis aux gages de personne.

MICHEL.

Ah! je sais que tu es trop fier pour toucher le salaire

de ton travail... et, par parenthèse, c'est assez ridicule dans ta position de fortune.

PIERRE.

Ceci ne regarde que moi.

MICHEL.

Passons : en fait de fierté, l'excès n'est pas un défaut. Ce que je ne te passe pas, c'est ton indolence...

PIERRE.

Voilà bien du bruit pour huit jours perdus.

MICHEL.

Si tu peux te séparer huit jours de ton idée, c'est que tu n'en es pas épris, sacredié! sans enthousiasme, pas d'œuvre... Ah! si je pouvais te souffler un peu de mon ardeur!

PIERRE.

Garde-la pour toi, ton ardeur!

MICHEL.

Qu'en ferais-je? je ne suis bon à rien; mon espoir, mon ambition, c'est toi! J'ai placé tout mon orgueil sur ta tête, et morbleu, tu ne me feras pas banqueroute... Fâche-toi si tu veux, dis-moi des duretés, je ne m'offense pas de ton ingratitude filiale.

Il lui tend la main.

PIERRE.

Pardon, mon vieux Michel. — **Je suis amoureux.**

MICHEL.

Amoureux! c'est une raison cela... au printemps; que ne le disais-tu tout de suite?

PIERRE.

C'est si bête à raconter, un amour sans espoir.

MICHEL.

Pourquoi donc sans espoir? Tu n'es pas joli, joli, mais enfin tu es plus joli que moi, et je ne me trouve pas laid. Elle est donc bien dégoûtée?

PIERRE.

Elle ne sait seulement pas que je l'aime, et elle ne le saura jamais.

MICHEL.

Qu'est-ce que c'est que ça?

PIERRE.

Elle est ici depuis huit jours, elle part demain et je n'aurai pas l'occasion de la revoir.

MICHEL.

Diable! diable! c'est fort bête, ce qui t'arrive là... Te voilà du chagrin sur la planche pour tout l'hiver.

PIERRE.

Ne t'inquiète pas; si la tête me tourne, il y a un garde-fou... je me suis juré de l'oublier dès que je ne la verrai plus, et je l'oublierai. Tu me connais.

MICHEL.

Mais alors quel singulier plaisir trouves-tu?...

PIERRE.

A me donner le vertige quand je me sens en sûreté? Rien n'est plus enivrant. Tu ne comprends pas ça, toi, l'homme fort; et je t'étonnerais bien si je te disais que le charme de cet amour, c'est justement d'être sans espoir.

MICHEL.

Tu m'étonnerais bien.

PIERRE.

Eh! mon cher, qu'est-ce que l'espoir? Une transaction du rêve avec la réalité; et quand on attend quelque chose de celle-là, on devient l'esclave de tous ses caprices. Elle ne vous fait que des misères. Moi, rien ne dérange le roman que je bâtis dans ma tête; j'en suis le maître absolu, et il m'arrive les aventures les plus ravissantes! Je n'en avais jamais eu dans ma vie de piocheur; je me rattrape, va! Si je te les racontais...

MICHEL.

Je les connais : c'est toujours la même. Tu lui sauves la vie, et tu l'épouses malgré ses nobles parents.

PIERRE.

Elle n'est pas noble.

MICHEL.

Pas noble! A ta timidité je la croyais du sang des La Trémouille! Elle n'est pas noble? eh bien, ni toi non plus! je ne vois pas d'obstacle.

PIERRE.

Elle est riche.

MICHEL.

Raison de plus; je t'ai toujours destiné une belle fille avec des écus.

PIERRE.

La boulangère? tu ne méprises donc plus l'argent?

MICHEL.

Distinguo : l'argent des sots, je le méprise, parce qu'il s'appelle tout simplement le luxe; l'argent du travailleur, je le respecte parce qu'il a nom Indépendance. Tu as une occasion d'arriver à la fortune par le bonheur. tu serais un niais de la perdre par timidité.

PIERRE.

Ce n'est pas par timidité, je t'assure.

MICHEL.

Fausse fierté, alors !

PIERRE.

Elle ne serait pas déjà si fausse ; mais ne discutons pas, je m'abstiens devant l'impossible : mademoiselle Clémentine ne soupçonne même pas que j'existe.

MICHEL.

Il y a donc d'autres jeunes gens que toi dans la maison?

PIERRE.

Non.

MICHEL.

Alors tu peux être sûr qu'elle a fait attention à toi.

SCÈNE VII

Les Mêmes; CLÉMENTINE, traversant le fond du théâtre.

CLÉMENTINE.

Vous n'avez pas vu ma mère, messieurs?

PIERRE.

Je... il m'a semblé l'apercevoir...

CLÉMENTINE.

Où cela ?

PIERRE.

Dans le verger...

CLÉMENTINE.

Merci, monsieur.

Elle sort; Pierre la suit des yeux.

SCÈNE VIII

PIERRE, MICHEL.

MICHEL, lui frappant sur l'épaule.

Je t'emmène en Italie.

PIERRE.

Pourquoi ?

MICHEL.

Parce qu'en effet elle ne fait pas attention à toi et que tu l'aimes éperdument.

PIERRE.

Je t'assure...

MICHEL.

Tu ne te voyais pas tout à l'heure, rougissant, balbutiant. — Si je te laisse ici, tu en as pour six mois à broyer du noir. Il faut te secouer, je t'enlève.

PIERRE.

Mais mon travail?

MICHEL.

Tu ne travailleras pas plus ici qu'en Italie, va !

PIERRE.

Mais de l'argent?

MICHEL.

Mon voyage est gratuit : quand il y en a pour un, il y en a pour deux, et nous ferons la route payant chacun demi-place comme deux gros enfants au-dessous de sept ans. Est-ce convenu?

PIERRE.

Mais...

MICHEL.

Et ta ferme résolution de l'oublier, qu'en fais-tu?

PIERRE, avec embarras.

Je me suis donné jusqu'à demain.

MICHEL.

Regarde-moi donc en disant ça !

PIERRE, après un silence.

C'est convenu !

SCÈNE IX

PINGOLEY, MICHEL, PIERRE.

PINGOLEY.

Monsieur Ducaisne, voici la lettre dont vous voulez bien vous charger.

MICHEL, lisant l'adresse.

« Monsieur de Nanville, premier secrétaire d'ambassade. » (A Pierre.) Est-ce le tien ?

PINGOLEY.

Comment, monsieur Chambaud, vous connaissez M. de Nanville ?

PIERRE.

Beaucoup, monsieur.

PINGOLEY.

Je l'ai nommé hier devant vous et vous n'avez pas fait mine de le connaître.

PIERRE.

Je n'aime pas à faire parade de mes amis.

PINGOLEY.

Vous devez être fièrement chatouilleux, vous.

MICHEL.

Fièrement, c'est le mot.

ACTE PREMIER.

PIERRE.

Non, monsieur; mais chacun chez soi. Je me tiens à ma place.

PINGOLEY.

Eh bien, tenez-vous-y; elle deviendra bonne. Où avez-vous connu M. de Nanville?

PIERRE.

A Nanville, où j'ai organisé les usines métallurgiques de son père.

MICHEL.

Il y a deux ans, vous savez, après sa ruine.

PINGOLEY.

Mes compliments. Vous avez là, monsieur Ducaisne, un introducteur tout naturel.

MICHEL.

D'autant plus que je l'emmène avec moi.

PINGOLEY.

Vous l'emmenez?

MICHEL.

Je venais le chercher. (A Pierre.) Va prendre congé du baron et fais ton paquet, je te rejoins.

PINGOLEY, à Pierre.

Ah! vous nous quittez! ma parole, j'en suis fâché; vous commenciez à me plaire beaucoup.

MICHEL.

Il continuera à son retour.

PIERRE.

Sans adieu, monsieur le marquis.

Il sort.

SCÈNE X

PINGOLEY, MICHEL.

PINGOLEY.

Il est décidément très gentil, votre ami. Çà, dites-moi, pour que le bonhomme Nanville lui ait confié de si gros intérêts, il faut que le jeune homme ait les reins solides.

MICHEL.

Ça vous surprend ?

PINGOLEY.

Dame ! La Palude en parle comme d'un apprenti savant.

MICHEL.

Bah !

PINGOLEY.

Cela vous étonne ?

MICHEL.

Non, l'homme de France le plus intéressé à garder Pierre sous le boisseau, c'est M. de La Palude.

PINGOLEY.

Et pourquoi ?

MICHEL.

Il y avait une fois un magicien qui tenait un génie cacheté dans une bouteille...

PINGOLEY.

Bah! bah! M. Pierre est un génie?

MICHEL.

Comme j'ai l'honneur de vous le dire; quant au magicien, c'est M. de La Palude, et il n'est pas sorcier.

PINGOLEY.

Vous bouleversez toutes mes idées.

MICHEL.

J'en suis désolé, si votre erreur vous était chère!

PINGOLEY.

Pas le moins du monde... voilà vingt ans qu'elle me vexe, mon erreur! Dissipez-la... vous me ferez plaisir. C'est un âne, n'est-ce pas?

MICHEL.

Je ne dis pas cela, monsieur le marquis.

PINGOLEY.

Vous avez peur d'offenser mon amitié? Ne vous gênez pas.

MICHEL.

Monsieur le baron est assez instruit...

PINGOLEY.

Pour un ignare...

MICHEL.

S'il se posait en simple amateur, il n'y aurait rien à objecter.

PINGOLEY.

Oui, mais il fait blanc de sa science à tout propos; il dégaine pour un oui, pour un non, et il nous fait rentrer sous terre. Corbleu! je ne suis pas fâché de savoir que son épée est une plume de dindon, ou pour mieux dire une plume de paon. J'avais usé toutes mes plaisanteries sur les savants, nous allons entamer la série contraire... Il n'a pas de chances à l'Institut, j'espère?

MICHEL.

Non, et sa candidature imprudente va lui enlever le bénéfice du demi-jour dont son mérite plâtré avait besoin pour faire figure. La démangeaison maladroite de se faire sanctionner est l'écueil où viennent échouer toutes ces réputations de tolérance.

PINGOLEY.

Bon! qu'il se coule! j'en serai ravi.

MICHEL.

Mais cette amitié dont vous parliez?

PINGOLEY.

Oh! elle est si vieille! D'ailleurs je m'intéresse à M. Chambaud, moi! je ne veux pas qu'il soit exploité plus longtemps. Le trouvez-vous mauvais?

MICHEL.

Je ne suis pas jaloux.

PINGOLEY.

En ce cas, liguons-nous pour casser la bouteille sur le nez du magicien.

MICHEL.

Le plus fort est fait, j'emmène Pierre.

PINGOLEY.

Moi, d'ici à votre retour, je ferai des miennes. (Apercevant madame Bernier.) Voici venir une autre de ses dupes. Je vais commencer le feu. Pierre vous attend ; ne partez pas sans me dire adieu. J'aime les gens d'esprit qui ne sont pas bêtes, moi !... et il n'y en a pas beaucoup.

Madame Bernier entre.

MICHEL, bas.

N'est-ce pas la mère de mademoiselle Clémentine ?

PINGOLEY.

Oui. Voulez-vous que je vous présente ?

MICHEL.

Non pas ! Pierre m'attend.

Il sort en saluant madame Bernier.

SCÈNE XI

PINGOLEY, MADAME BERNIER.

MADAME BERNIER.

Qui est ce monsieur ?

PINGOLEY.

M. Michel Ducaisne, madame, un de nos meilleurs critiques de science. Il n'est pas que vous n'en ayez entendu parler au baron ?

MADAME BERNIER.

Il me semble, en effet...

PINGOLEY.

Ce jeune homme vient de faire une découverte qui explique toutes celles de notre ami, vous savez? ses magnifiques découvertes, la présence du calorique dans le feu, de la potasse dans le savon et de la perdrix dans les choux?

MADAME BERNIER.

Et cette explication, c'est... ?

PINGOLEY.

Que l'illustre La Palude n'est qu'un La Palisse.

MADAME BERNIER, souriant.

Je vous arrête là, monsieur le marquis. Je veux rester neutre, et je vous préviens que je ne croirai pas plus le mal que vous me direz de lui que...

PINGOLEY.

Que celui qu'il vous dit de moi?... Vous avez tort, et feriez mieux de nous croire tous les deux. Nous ne nous calomnions ni l'un ni l'autre. Il m'accuse d'avoir cinquante ans, n'est-il pas vrai?

MADAME BERNIER.

Oui.

PINGOLEY.

D'avoir mangé mon patrimoine?

MADAME BERNIER.

Oui.

PINGOLEY.

Avec des demoiselles?

ACTE PREMIER.

MADAME BERNIER.

Oui.

PINGOLEY.

D'Opéra ?

MADAME BERNIER.

Oui.

PINGOLEY.

Et d'aspirer à votre main ?

MADAME BERNIER.

Oui.

PINGOLEY.

A cause de votre fortune ?

MADAME BERNIER.

Ce n'est pas possible ! vous écoutez aux portes.

PINGOLEY.

Non, mais maintenant que je le sais incapable de rien inventer...

MADAME BERNIER.

C'est donc vrai ?

PINGOLEY.

Certainement !

MADAME BERNIER.

Vous voulez m'épouser pour ma fortune ?

PINGOLEY.

Parbleu !

MADAME BERNIER.

Et vous en convenez tout rondement?

PINGOLEY.

Mais, madame, si vous étiez la fille de Job, nous serions trop germains pour nous épouser ; mes vœux seraient bien obligés de ne pas aller jusqu'au mariage ; ils s'arrêteraient à mi-chemin.

MADAME BERNIER.

Il ne m'avait pas dit que vous fussiez impertinent.

PINGOLEY.

On ne pense pas à tout. Je gage qu'il a aussi oublié de vous parler de ma franchise.

MADAME BERNIER.

Vous vous entendez à réparer les oublis, vous.

PINGOLEY.

Qu'ai-je besoin d'hypocrisie ? Je ne trouve pas que mon cas soit tant niable. Ce n'est pas un marché que je fais, c'est un choix. Si j'étais homme à vendre mon nom, vous ne doutez pas que je ne trouvasse marchand... Les billets de banque aimeront toujours à se frotter aux parchemins, et je sais plus d'une vieille brebis à toison d'or qui ne demande qu'à tomber dans la gueule du loup ; mais ce n'est pas la faim qui me force à sortir du bois ; il me reste de quoi vivre, et un oncle.

MADAME BERNIER.

Un oncle? encore !

PINGOLEY.

Ça a l'air d'une minauderie à mon âge.. Oui, madame,

malgré mes cinquante ans, je suis un coquin de neveu...
à telles enseignes que mon oncle et moi nous sommes
brouillés.

MADAME BERNIER.

Il vous déshéritera, alors !

PINGOLEY.

Rassurez-vous, il n'y songe guère.

MADAME BERNIER.

A quoi songe-t-il donc ?

PINGOLEY.

A finir son cours de droit. La loyauté m'oblige à ajouter qu'il entre dans sa vingt-cinquième année.

MADAME BERNIER.

Pour la première fois ?

PINGOLEY.

Hélas ! oui ; c'est tout un roman : mon grand-père avait eu six enfants de sa première femme. On croyait le feu d'artifice éteint, lorsque tout à coup après un long silence... boum ! c'était mon oncle. — Encore s'il était jeune, je rirais avec lui de ma mésaventure ; mais il est vieux comme l'hiver, cet avorton-là. Figurez-vous qu'à peine majeur, il m'a déclaré qu'il entendait étudier les lois pour gérer lui-même son petit avoir, douze cents louis de rente... qui feront des petits ; et comme je le défie de les imiter, mes fils seraient ses héritiers, et c'est en ce sens, madame, que je puis le compter dans mon apport.

MADAME BERNIER.

C'est bien tentant, et je regrette vraiment de ne vouloir pas me remarier.

PINGOLEY.

Vous ne le voulez pas, je le sais.

MADAME BERNIER.

Vous le savez, mais vous ne le croyez pas. Eh bien ! franchise pour franchise : je suis convaincue que je vous plais et que vos projets de mariage n'en veulent pas seulement à ma fortune; vous me plaisez beaucoup aussi, et je vous prie d'être persuadé que votre marquisat n'y entre pour rien. Ceci posé, je vous préviens que j'ai un tel amour de mon indépendance, que pour rien au monde je ne voudrais m'engager dans un lien d'aucune sorte. Maintenant voulez-vous de mon amitié?

Elle lui tend la main.

PINGOLEY.

De celle que vous accordez à mon ami La Palisse ?

MADAME BERNIER.

J'ai autant de nuances d'amitié que d'amis. — Acceptez-vous?

PINGOLEY, lui baisant la main.

Oui, madame, mais en réservant toutes mes espérances. Je ne veux pas non plus vous prendre en traître, et je vous préviens que mon amitié ne sera qu'une cour déguisée.

MADAME BERNIER.

Soit; on peut tout dire sous le masque, et je ne déteste pas un brin de galanterie, car je suis un peu coquette, je dois vous l'avouer.

PINGOLEY.

C'est un aveu qu'une très honnête femme peut seule se

permettre, et tout ce que vous me dites, madame, me prouve d'autant plus que mon choix est parfait.

MADAME BERNIER.

Votre choix ? Je me suis bien mal expliquée si vous gardez encore quelque espoir.

PINGOLEY.

Il n'est pas fondé sur mon mérite, — mais sur un événement très prochain qui m'apportera un puissant auxiliaire.

MADAME BERNIER.

La mort de votre oncle?

PINGOLEY.

Le mariage de mademoiselle Clémentine.

MADAME BERNIER.

Je ne vois pas quel auxiliaire...

PINGOLEY.

Votre isolement. La vie que vous menez est charmante : vous avez une fille de votre âge, qui est votre meilleure amie; mais le jour où elle vous quittera...

MADAME BERNIER.

Elle ne me quittera jamais; c'est toute ma vie, cette enfant-là!

PINGOLEY.

Vous vous arrangerez donc de vivre dans la maison de votre gendre!

MADAME BERNIER.

Non pas! c'est lui qui vivra dans la mienne.

PINGOLEY.

Vous l'y obligerez par contrat?

MADAME BERNIER.

Malheureusement la clause serait nulle; j'ai pris mes informations. Mais j'ai un meilleur moyen de le tenir.

PINGOLEY.

Et c'est...

MADAME BERNIER.

De le prendre sans fortune et de ne pas donner de dot à ma fille.

PINGOLEY.

Et le bien de son père ?

MADAME BERNIER.

Il n'a rien laissé.

PINGOLEY.

Voilà un petit ménage qui ne roulera pas sur l'or.

MADAME BERNIER.

Ne les plaignez pas trop; j'ai cinquante mille livres de rente, et je ne suis point avare : même dans ces conditions-là ma fille est encore un magnifique parti, et je ne serais pas embarrassée de la marier richement. Si je veux un gendre sans sou ni maille, c'est pour être sûre qu'il ne me l'enlèvera jamais.

PINGOLEY.

Mais votre amour maternel n'est qu'un affreux égoïsme.

MADAME BERNIER.

Qui tournera au bonheur de ma fille. Remarquez que j'aurai du choix en fait de gendre, et que je pourrai rattraper du côté de la personne ce que je sacrifie du côté de la fortune; ne sommes-nous pas assez riches d'ailleurs?

PINGOLEY.

Pour deux, mais pour trois?

MADAME BERNIER.

L'entretien d'un homme est si peu de chose; puis j'entends que mon gendre ait une valeur personnelle qui tôt ou tard payera ses mois de nourrice...

PINGOLEY.

Et mademoiselle Clémentine est dans les mêmes dispositions que vous?

MADAME BERNIER.

Absolument. Elle ne tient pas à se marier, et s'y résigne parce qu'il n'y a pas d'autre carrière pour une fille; mais elle ne demande au mariage que de ne pas la séparer de moi. Elle n'est pas romanesque.

PINGOLEY.

Vous en êtes bien sûre?

MADAME BERNIER.

Voilà cinq ans que je la mène dans le monde, il n'y a plus de danger.

PINGOLEY.

Ne vous y fiez pas; c'est une petite fille à double fond.

SCÈNE XII

Les Mêmes, CLÉMENTINE.

CLÉMENTINE.

Je vous dérange?

PINGOLEY.

Oui, mademoiselle; nous parlions de vous.

CLÉMENTINE.

Alors je m'en vais! rien ne m'ennuie comme d'entendre parler de mes mariages.

PINGOLEY.

Vous ne comptez pas cependant coiffer sainte Catherine?

CLÉMENTINE.

Je ne sais pas seulement me coiffer moi-même. Je me marierai avec qui on voudra et quand on voudra, pourvu que ce soit à la Noël.

PINGOLEY.

Ou à la Saint-Jean.

CLÉMENTINE.

Non, à Noël.

MADAME BERNIER.

Alors, mets ton soulier dans la cheminée.

PINGOLEY.

Pourquoi à Noël ?

CLÉMENTINE.

Pour passer l'hiver à Rome.

PINGOLEY.

Un mari ne vous représente donc qu'un voyage ?

CLÉMENTINE.

Aimeriez-vous mieux qu'il me représentât la permission de lire des romans ? J'en ai tant lu que je n'en lis plus. Tandis que nous n'avons jamais voyagé, faute d'un protecteur pour la route.

PINGOLEY.

Vous aimez le déplacement ?

CLÉMENTINE.

Non, l'imprévu ; et il s'est réfugié sur les grands chemins.

MADAME BERNIER.

Il n'y a plus de grands chemins, il n'y a que des chemins de fer.

PINGOLEY.

Et ils ont supprimé les aventures.

CLÉMENTINE.

Restent les accidents.

PINGOLEY.

Ah ! ah ! vous aimez le danger ?

CLÉMENTINE.

Je suis très brave, demandez à maman.

PINGOLEY.

Diable ! si vous étiez un homme, je vois qu'il ne ferait pas bon...

CLÉMENTINE.

Ah ! je serais mauvais coucheur ! malheureusement je ne suis qu'une femme.

PINGOLEY, tortillant sa moustache.

Hum ! hum !

CLÉMENTINE.

Vous riez ?

PINGOLEY.

Non. (Éclatant.) Pardon... je suis sujet au fou rire.

CLÉMENTINE.

Ai-je dit une sottise ?

PINGOLEY, riant toujours.

Non, ce n'est pas vous, c'est ce pauvre La Palude... l'histoire la plus drôle.

MADAME BERNIER.

Monsieur le marquis !...

CLÉMENTINE.

Voyons cette histoire.

PINGOLEY, très grave.

Son préparateur s'en va.

CLÉMENTINE, de même.

Très drôle, en effet. Il le renvoie?

PINGOLEY.

M. Chambaud part de lui-même.

CLÉMENTINE, étourdiment.

Tiens, je le croyais amoureux de moi!

MADAME BERNIER.

Ma fille!

CLÉMENTINE.

Dame, maman!

MADAME BERNIER.

Tu rêves, il ne te parle jamais.

CLÉMENTINE.

Il me regarde.

PINGOLEY, à part.

Tiens! tiens!

MADAME BERNIER.

Petite présomptueuse!

CLÉMENTINE.

Mon Dieu! non. L'amour est une flatterie dont je ne prends jamais que la moitié pour moi; je sais que ma personne et la dot qu'on me suppose forment un joli total...

PINGOLEY.

Vous ne croyez plus à la sincérité des hommes, et vous ne faites pas de différence entre eux?

CLÉMENTINE.

Si fait, je les range en deux catégories : la première, qui regarde la fortune, et puis la femme; et la deuxième, qui regarde la femme, et puis la fortune.

PINGOLEY.

Vous n'en admettez pas une troisième qui ne regarde que la femme ?

CLÉMENTINE.

Et vous ?

PINGOLEY.

Moi, j'ai cinquante ans, et je trouve triste qu'une enfant de votre âge n'ait pas plus d'illusions que moi.

CLÉMENTINE.

Parlez-vous sérieusement ?

PINGOLEY.

Jamais, mademoiselle.

CLÉMENTINE, avec feu.

Eh bien! vous avez tort, parce qu'en effet ce n'est pas gai; nous sommes là tout un joli clan de filles riches, qui savons très bien qu'on ne nous recherche que pour notre argent, et qui ne nous indignons même plus; à qui la faute? à nous ou à ces messieurs? Nous ne demanderions qu'à être leurs dupes; ils ne se donnent même pas la peine de nous tromper! Les meilleurs sont encore ceux qui s'informent seulement de notre dot... il y en a un qui a demandé l'âge de ma mère. (Sautant au cou de sa mère.) Ma pauvre chérie !

MADAME BERNIER.

Là là, mon enfant... Le monde est ainsi fait.

CLÉMENTINE.

Je n'espère pas le corriger, et je suis bien bonne de me mettre en colère ! En somme, nous avons le beau rôle : les Turcs achètent leurs femmes, nous achetons nos maris.

PINGOLEY.

Nous vous trouverons un brave garçon qui vous fera changer d'idée.

CLÉMENTINE.

Je ne lui en demande pas tant : qu'il ne soit pas gênant chez lui et pas ridicule dehors, je le tiens quitte du reste... Et surtout, monsieur le marquis, si vous avez un protégé, qu'il ne se mette pas en frais d'éloquence sentimentale... Ça me donne sur les nerfs.

PINGOLEY, à part.

Drôle de petite fille. J'en suis pour ce que j'en ai dit.

SCÈNE XIII

Les Mêmes, PIERRE, MICHEL.

MICHEL.

Monsieur le marquis, nous venons vous faire nos adieux.

PINGOLEY.

J'ai deux mots à vous dire, si ces dames le permettent.

MADAME BERNIER.

Nous vous laissons.

Les deux femmes sortent ; Pierre les suit des yeux.

SCÈNE XIV

PINGOLEY, PIERRE, MICHEL.

PINGOLEY.

Monsieur Chambaud a pris congé de La Palude?

MICHEL.

Oui, et vous allez trouver M. le baron sot comme un bec de gaz dont on a tourné la clef.

PINGOLEY.

Très bien. (Allant à Pierre.) Qu'est-ce que vous regardez comme ça, monsieur Pierre? Mademoiselle Clémentine?

PIERRE, très troublé.

Non, monsieur, non.

PINGOLEY, à part.

Elle avait raison. (Le prenant sous le bras.) Qu'est-ce que vous diriez si je vous la faisais épouser?

PIERRE.

A moi?... c'est impossible !

PINGOLEY.

Pourquoi donc? ces dames ne tiennent pas à la for-

ACTE PREMIER.

tune; vous avez du mérite, vous êtes bien de votre personne, de bonne famille... Votre père n'était-il pas colonel d'artillerie?

PIERRE.

Oui, monsieur.

PINGOLEY.

Bourgeoisie d'épée que je préfère à certaine noblesse de robe. En France, tout soldat est gentilhomme. Vous êtes bien à cheval, bien en garde, bref un gentleman. Laissez-vous conduire, et dans deux mois mademoiselle Clémentine s'appellera madame Pierre Chambaud.

PIERRE.

Je vous en prie, monsieur, ne plaisantons pas.

PINGOLEY.

Je n'en ai pas envie.

MICHEL.

Qu'est-ce que tu vois là de si renversant? Je te le disais bien.

PINGOLEY.

Il paraît que rien ne vous renverse, vous.

MICHEL, souriant.

Si vous faites ce mariage-là, monsieur le marquis, nous ne vous en aurons pas moins une éternelle reconnaissance. Allons, je partirai seul.

PINGOLEY.

Pauvre garçon! il ne vous entend pas, il n'y est plus! Emmenez-le à Paris, conduisez-le chez un tailleur et faites-lui faire un habit. Dans huit jours, je le présente à ces dames. (Bruit de cloche.) Le déjeuner ! bon voyage !

MICHEL.

Bon appétit. (Pingoley sort.) Allons, viens, ahuri ! Il y a un Dieu pour les honnêtes gens, et je savais bien qu'il te gardait un beau mariage.

Ils sortent.

ACTE DEUXIÈME

Un salon très riche chez madame Bernier. — Porte au fond, portes latérales dans des pans coupés, cheminée à droite, fenêtre à gauche; près de la fenêtre une causeuse et une chiffonnière; près de la cheminée une table avec des albums, etc.

SCÈNE PREMIÈRE

CLÉMENTINE, SOPHIE, travaillant à un costume.

CLÉMENTINE.

Babin n'est pas arrivé ?

SOPHIE.

Non, mam'selle... je veux dire madame... je ne peux pas me faire à cette idée-là. Il y a pourtant quatre mois déjà...

CLÉMENTINE.

Pourvu que le costume aille bien !

SOPHIE.

Soyez tranquille : Babin en répond. Mais c'est monsieur, ce matin, qui cherchait son habit bleu !...

CLÉMENTINE.

Tu ne lui as pas dit qu'il servait de mesure ?...

SOPHIE.

Pas si bête... du moment que vous voulez lui faire une surprise. Je m'en suis tirée en bougonnant. Monsieur m'a appelée vieille bougon... en riant, car il est très gai, monsieur.

CLÉMENTINE.

Il n'a pas sujet d'être triste.

SOPHIE.

C'est vrai qu'il a eu une fameuse chance de vous épouser; mais il n'est pas ingrat : quand il vous regarde, la reconnaissance lui sort par les yeux.

CLÉMENTINE.

Oui, c'est un bon garçon. Il est certain que je pouvais plus mal tomber.

SOPHIE.

Je crois bien ! un si joli homme ! D'abord si ç'avait été un malbâti, je n'aurais pas consenti au mariage, moi. Va-t-il être agréable dans son costume ! Je vous réponds qu'il vous fera honneur ce soir.

CLÉMENTINE.

C'est bien mon intention.

SOPHIE.

Et votre maman sera-t-elle belle en duchesse d'Arpajon !

CLÉMENTINE.

Duchesse d'Étampes, malheureuse !

SOPHIE.

Arpajon, Étampes, ça se touche ! Mais dites donc, mam'selle, vous ne serez pas vilaine non plus dans cette toilette-là !...

CLÉMENTINE.

C'est bon. As-tu fait le corsage comme je t'ai dit ?

SOPHIE.

Oui. C'est une drôle d'idée tout de même, de cacher vos épaules.

CLÉMENTINE.

C'est mon idée.

SOPHIE.

Elles sont pourtant bonnes à voir.

CLÉMENTINE.

Pour peu qu'on les montre, les yeux de ces messieurs ne les quittent plus ; c'est insupportable.

SOPHIE.

Tiens ! c'est amusant d'être admirée.

CLÉMENTINE.

Rien ne m'irrite comme cette impertinence admirative, qui nous traite en objets d'agrément ; quand mon danseur regarde mon bras en causant, j'ai toujours envie de lui dire : « Parlez-moi donc comme à un homme, monsieur... ma conversation vaut bien la vôtre, je vous assure. » Mais ces messieurs se croient si supérieurs à nous avec leur barbe !

SOPHIE.

Dieu sait pourtant qu'ils sont bien au-dessous de nous, excepté qu'ils vont à la guerre!

CLÉMENTINE.

Nous y irions aussi bien qu'eux; nous avons plus de courage, nous sommes plus fortes contre la douleur.

SOPHIE.

Ah! pour ce qui est de souffrir, ce sont des poules mouillées; mais il faut dire qu'ils n'ont pas peur la nuit.

CLÉMENTINE.

Comment le sais-tu?

SOPHIE.

Dame, je me le figure. Je n'ai jamais désiré me marier qu'à cause de ça. Mais vous n'êtes pas poltronne, vous!

CLÉMENTINE.

Oh! moi... je dormais si bien.

SCÈNE II

LES MÊMES, PIERRE.

CLÉMENTINE.

Comme vous voilà crotté.

PIERRE.

Il demeure au bout du monde, le carrossier de ta mère... de votre mère.

Sophie se lève et ramasse son ouvrage.

ACTE DEUXIÈME.

CLÉMENTINE.

Pourquoi faire vos courses à pied ! par économie ?

PIERRE.

J'aime à me servir de mes jambes, après dîner.

Sophie sort.

CLÉMENTINE.

Vous avez mis Sophie en déroute avec votre tutoiement.

PIERRE.

Je me suis repris.

CLÉMENTINE.

C'était souligner le mot.

PIERRE.

C'est si naturel de tutoyer sa femme !

CLÉMENTINE.

Puisque ce n'est pas l'usage dans notre monde ! C'est une habitude à prendre. voilà tout. On ne s'en aime ni plus ni moins.

PIERRE.

Mais l'important est d'avoir l'air de s'aimer moins, n'est-ce pas ? Ne te fâche pas : je vous dirai *vous* avec mes lèvres, et *toi*, avec mon cœur, si vous le permettez.

CLÉMENTINE.

Tant que tu voudras !

PIERRE.

Merci. Ce petit mot-là me fait l'effet d'une caresse.

Il lui prend la main.

CLÉMENTINE, la retirant.

Alors, je le rétracte.

PIERRE.

Puisqu'il n'y a personne !

CLÉMENTINE.

Voilà comme vous êtes, vous abusez toujours.

PIERRE.

Vous trouvez que j'abuse ?

CLÉMENTINE.

Voyons, monsieur, ne prenez pas votre air grognon... nous allons au bal ce soir, et je vous ménage une surprise.

PIERRE.

Est-ce de rentrer de bonne heure ?

CLÉMENTINE.

Pour cela, n'y comptez pas. Je me suis fait faire un costume charmant et très cher : le bal me coûtera cinq cents francs l'heure, si j'en sors à minuit et cent francs seulement si j'y reste jusqu'au matin... Soyons économes.

PIERRE.

Vous avez toujours de bonnes raisons pour rentrer tard.

CLÉMENTINE.

Qu'est-ce que cela vous fait ? Je ne suis pas coquette.

PIERRE.

Non, certes !

CLÉMENTINE.

Alors, laissez-moi m'amuser dans le monde tout à mon aise.

PIERRE.

Vous vous y amuseriez moins si vous m'aimiez davantage.

CLÉMENTINE.

Ah! mon ami, je vous en prie, ne nous attendrissons pas! je vous ai prévenu que je n'étais pas romanesque; je vous aime tout autant que je peux, n'en demandez pas plus.

PIERRE.

C'est que je t'adore, moi!

CLÉMENTINE.

Oui, c'est convenu.

PIERRE.

Vous ne le croyez pas?

CLÉMENTINE.

Mais si! Vous seriez bien ingrat de ne pas m'aimer.

PIERRE.

Si au moins tu me disais souvent de ces choses-là!

CLÉMENTINE.

Cela vous suffirait? Je vous en dirai, mon ami, je vous en dirai!

PIERRE.

Mauvaise!... Bah! je t'aime trop pour que vous ne finissiez pas par m'aimer un peu, madame.

SCÈNE III

Les Mêmes, MADAME BERNIER.

MADAME BERNIER.

Eh bien ? ce coupé ?

PIERRE.

Vous l'aurez demain matin.

MADAME BERNIER.

Est-ce bien sûr, cette fois ? Est-il fini ? L'avez-vous vu ?

PIERRE.

Je l'ai vu de mes propres yeux.

CLÉMENTINE.

Est-il joli ?

PIERRE.

Charmant ; on le serait à moins...

CLÉMENTINE.

Ce qui veut dire ?

PIERRE.

Qu'il est fort cher !

MADAME BERNIER.

Combien donc ?

PIERRE.

Vous n'avez pas fait le prix d'avance ?

ACTE DEUXIÈME.

MADAME BERNIER.

A quoi bon! Je ne marchande jamais. Je sais à quelques louis près ce que valent les choses, cela me suffit.

CLÉMENTINE.

Mon cher, — le premier des luxes, c'est de ne pas liarder.

PIERRE.

Il ne s'agit pas de liards, ici. Je parie que votre carrossier vous vole au moins... je ne sais pas combien.

MADAME BERNIER.

Une cinquantaine de louis, tout au plus.

PIERRE.

Bagatelle. C'est un chef de brigands !

MADAME BERNIER.

Ne faut-il pas qu'il rentre dans l'intérêt de son argent ?

PIERRE.

L'intérêt... vous ne payez donc pas comptant ?

MADAME BERNIER.

D'où venez-vous, mon cher enfant ?

PIERRE.

Aucun de vos fournisseurs !

CLÉMENTINE.

Vous faites des questions de provincial.

PIERRE.

C'est qu'en effet j'arrive d'une province reculée, où nous ne connaissons pas le crédit.

CLÉMENTINE.

Tâchez de vous dépayser.

PIERRE.

J'aurai de la peine : j'ai été élevé dans l'horreur des dettes.

MADAME BERNIER.

Les dettes ne sont pas la dette, mon ami : si l'ordre est la fortune du pauvre, la fortune est l'ordre du riche.

CLÉMENTINE.

Gravez cette sentence dans votre cervelle d'homme.

PIERRE.

Je ne demande pas mieux que de me façonner. Mais comment faites-vous à la fin de l'année pour savoir où vous en êtes ?

MADAME BERNIER.

Ah ! que vous êtes curieux !

PIERRE.

Comme un provincial. Je serais bien aise de savoir...

MADAME BERNIER.

Je crois, Dieu me pardonne, que vous êtes inquiet.

CLÉMENTINE, à part.

Ah ! je n'aime pas cela !

PIERRE, avec effusion.

Oui, madame... inquiet pour vous qui ne sauriez plus vous désaccoutumer d'une vie abondante.

ACTE DEUXIÈME.

MADAME BERNIER.

Cela ne regarde que moi.

PIERRE.

Franchement, puis-je vous voir creuser un abîme sous vos pieds sans...?

MADAME BERNIER.

Oh! la belle phrase! un abîme sous mes pieds!

PIERRE.

C'est le mot.

MADAME BERNIER, sèchement.

En tout cas, de quoi vous troublez-vous? Votre fortune personnelle ne peut pas y tomber, dans cet abîme.

PIERRE, très froid.

Pardon, madame! j'ai cru de mon devoir de vous avertir; je n'y reviendrai plus.

MADAME BERNIER.

Ce n'est pas que je vous refuse des explications...

PIERRE.

Je n'en demande plus.

MADAME BERNIER.

Vous êtes piqué?

PIERRE.

Pas le moins du monde.

MADAME BERNIER.

Si vous ne l'êtes pas, écoutez mes comptes, une fois pour toutes.

PIERRE.

A quoi bon ?

MADAME BERNIER.

A n'y plus revenir d'abord, ensuite à ne pas me prendre pour une folle. Si je dépasse mon revenu, j'augmente mon capital ; c'est La Palude qui fait mouvoir mes fonds, et vous ne niez pas, je pense, son flair de spéculateur, il a fait ses preuves... Vous ne m'écoutez pas ?

PIERRE.

Non, madame.

MADAME BERNIER.

Je vais recommencer.

CLÉMENTINE, bas.

Ce n'est pas la peine... il a entendu...

UN DOMESTIQUE, annonçant.

M. le baron de La Palude.

MADAME BERNIER.

Que le bon Dieu le bénisse de venir à cette heure-ci.

SCÈNE IV

Les Mêmes, LA PALUDE.

LA PALUDE.

On vous trouve enfin !

MADAME BERNIER.

Bonjour, mon ami ; asseyez-vous.

ACTE DEUXIÈME.

PIERRE, s'inclinant.

Monsieur le baron...

LA PALUDE, négligemment.

Ah! ah! c'est vous, mon cher! Comment vous portez-vous? (Se tournant vers les dames.) Vous voyez, mesdames, un pédant qui vient sacrifier aux Grâces...

Il s'assied sur une chaise, près du canapé où sont les deux dames.

PIERRE, qui est resté incliné.

Très bien, merci.

LA PALUDE, à madame Bernier.

Si je n'ai pas fait ce mois-ci vingt tentatives infructueuses pour vous voir, je n'en ai pas fait une...

MADAME BERNIER.

Je le sais, mon pauvre baron.

CLÉMENTINE.

Mon mari s'est présenté chez vous pour vous exprimer nos regrets...

PIERRE.

Sans avoir l'avantage de vous rencontrer.

LA PALUDE, sans regarder.

En effet, j'ai trouvé votre carte. (Aux dames.) Vous sortez donc tous les soirs?

Pierre, renonçant à la conversation, va s'asseoir au coin de la cheminée et prend un livre sur la table.

MADAME BERNIER.

Ne m'en parlez pas; nous n'avons pas une soirée à nous. Aujourd'hui même un bal travesti.

LA PALUDE.

Vous avouerez que je joue de malheur.

CLÉMENTINE.

Et nous donc!

LA PALUDE.

Vous n'en pensez pas un mot, petite masque!

CLÉMENTINE.

Franchement... non ; mon costume est si joli !

LA PALUDE.

En quoi serez-vous ?

CLÉMENTINE.

En paysanne du temps de Louis XV.

LA PALUDE.

Tout le monde va chanter *le Seigneur du Village!*

PIERRE, à Clémentine, tout en feuilletant son livre.

Vous êtes-vous occupée de mon domino ?

CLÉMENTINE, se levant.

Je ne sais pas à quoi pense Babin !... je vais envoyer chez lui. Si vous êtes encore ici dans une heure, monsieur le baron, vous aurez le plaisir de me voir dans ma robe des dimanches. (Faisant une révérence villageoise.) Vot' servante, monsigneu.

LA PALUDE, la retenant par la main.

Oh! bien, puisque seigneur il y a, vous ne passerez pas sans payer le droit.

Il veut l'embrasser.

CLÉMENTINE, après une seconde révérence.

Faites excuse.

LA PALUDE.

Votre maman le permet... N'est-ce pas, madame?

PIERRE, sèchement.

Moi aussi.

CLÉMENTINE.

Si tout le monde étions d'accord, faites, faites...

Il l'embrasse. Elle sort.

SCÈNE V

MADAME BERNIER, PIERRE, assis près de la cheminée, et lisant; LA PALUDE, assis de l'autre côté de la scène.

LA PALUDE.

Allons! je n'ai pas perdu ma journée... Ne seriez-vous point aussi en paysanne, par hasard?

MADAME BERNIER.

Oh! moi, je suis tout simplement en vieille femme.

LA PALUDE.

C'est donc un bal... masqué? Je dis (Avec intention.) masqué.

MADAME BERNIER.

J'avais bien entendu : merci, Lindor.

LA PALUDE.

Chez qui ce bal?

MADAME BERNIER.

Chez madame d'Ablancourt.

LA PALUDE.

Femme d'esprit ; salon agréable, sur la lisière du faubourg Saint-Germain : Je ne savais pas que vous la connaissiez.

MADAME BERNIER.

C'est M. de Laroche-Pingoley qui nous a fait envoyer une invitation, et qui nous présente ce soir.

LA PALUDE, pincé.

M. de Laroche-Pingoley !

MADAME BERNIER.

Pourquoi pas ?

LA PALUDE.

Je n'ai rien à dire là contre, madame. Vous êtes parfaitement maîtresse de vos actions.

MADAME BERNIER.

Je l'espère bien.

LA PALUDE.

Le sort des vrais amis est de n'être pas écoutés... n'en parlons plus.

MADAME BERNIER.

C'est cela : n'en parlons plus.

LA PALUDE.

Sacrifiez tout à un vain titre, je le veux bien ! J'avoue que je vous estimais au-dessus de ces petitesses. Adieu, madame la marquise.

ACTE DEUXIÈME.

MADAME BERNIER.

Vous êtes fou. Je n'ai pas plus envie d'épouser M. de Laroche-Pingoley que de m'aller pendre.

LA PALUDE.

Alors pourquoi tolérez-vous ses assiduités compromettantes ?

MADAME BERNIER.

Parce qu'il est fort aimable, beaucoup plus aimable que vous, parce que je ne peux pas l'empêcher d'aller dans les endroits où je vais et où vous n'allez pas ; parce qu'enfin si ses assiduités compromettent quelqu'un c'est lui et non pas moi.

LA PALUDE.

Cependant le bruit de votre prochain mariage court partout.

MADAME BERNIER.

Laissez-le courir, quand il sera fatigué il se reposera.

LA PALUDE.

Prenez garde aux mauvaises langues.

MADAME BERNIER.

Elles ne sont pas assez maladroites pour me prêter un amant de cinquante ans peut-être ?

LA PALUDE.

Vous ignorez donc qu'à Paris l'invraisemblable est le ragoût de la calomnie ? Elle ressemble au lion de l'Évangile : *quærens quem devoret...* cherchant quelqu'un à manger.

MADAME BERNIER.

Qu'à cela ne tienne, elle mangera le marquis : ce sera

d'autant plus facile qu'il prête le flanc. Personne, j'imagine, ne supposera que notre mariage ait manqué par son refus ? Il passera pour un coureur de dot malheureux, voilà tout. Cela vous contrarie-t-il ?

LA PALUDE.

Non... oh! non! c'est-à-dire... ce pauvre Léopold... c'est mon ami d'enfance, et je serais désolé... mais il l'aura bien mérité. Vous êtes bien sûre au moins que vous ne l'épouserez pas ?

MADAME BERNIER.

A quoi bon ? N'avons-nous pas un homme dans la maison ?

LA PALUDE.

C'est juste, il ferait double emploi. Ce brave Pierre ! Il paraît que vous êtes contente de lui ?

Pierre ferme brusquement son livre.

MADAME BERNIER.

Autant qu'il l'est de nous, j'espère.

LA PALUDE.

Et moi qui m'opposais à ce mariage-là... (Se tournant vers Pierre.) Oui, jeune homme, je ne m'en cache pas, je vous ai fait la guerre ; mais c'était dans votre intérêt.

PIERRE, se levant.

Vous êtes bien bon.

LA PALUDE.

Non, vous aviez de l'avenir, je l'ai toujours dit ; mais il vous fallait l'aiguillon de la pauvreté. Tout le monde n'est pas de force à supporter l'atmosphère amollissante de la fortune : pour y produire, il ne faut pas moins que l'impérieuse fécondité du génie. Je gage que vous ne travaillez plus.

MADAME BERNIER.

Donnez-lui donc le temps de se reconnaître.

LA PALUDE.

Le fait est qu'il a l'air encore abasourdi de son bonheur. On le serait à moins. Vous avez fait, mon cher, une découverte impossible à la simple chimie : celle de la pierre philosophale. Vous pouvez vous en tenir là.

PIERRE, froidement.

J'en avais déjà fait quelques autres; mais elles n'ont pas paru sous mon nom.

LA PALUDE.

Qu'entendez-vous par là ?

PIERRE.

Rien, que ce que je dis.

LA PALUDE, très sèchement.

Si on vous a fait tort, faites valoir vos droits.

PIERRE.

Oh! la chose n'en vaut pas la peine.

LA PALUDE, se levant.

Il me semble pourtant... (Se tournant vers madame Bernier.) On est vraiment bien à plaindre, de porter un grand nom. Le monde est rempli de petites gens qui se vengent de notre supériorité sociale en nous refusant toute valeur personnelle.

MADAME BERNIER.

On ne conteste pas la vôtre, mon cher baron.

LA PALUDE.

Pardonnez-moi. Aussi je vous jure que, si on avait le choix de sa naissance, je serais uniquement fils de mes œuvres.

PIERRE.

C'est plus aisé que d'en être le père.

LA PALUDE, furieux.

Monsieur, vous oubliez à qui vous parlez...

PIERRE.

Et vous de quoi je parle !

LA PALUDE, saluant madame Bernier.

Je ne m'attendais pas, madame, à ce que mon préparateur me fermât les portes de votre maison.

Il se dirige vers la porte.

PIERRE.

Vous auriez mieux aimé qu'il vous ouvrît celles de l'Institut ?

La Palude exaspéré cherche une réponse et sort sans la trouver.

SCÈNE IV

PIERRE, MADAME BERNIER.

MADAME BERNIER, après un silence.

Je me suis tue de peur de verser de l'huile sur le feu, mais je suis plus mortifiée que le baron de votre sortie inqualifiable. Ce sont là des manières d'étudiant que vous auriez dû laisser sur le seuil de ma maison. Je regrette que vous n'ayez pas compris qu'en épousant ma fille, vous deveniez un homme du monde.

PIERRE.

Si vous avez une leçon de savoir-vivre à donner à quelqu'un, c'est au baron, madame, et non à moi.

MADAME BERNIER.

Il n'est plus d'âge à en recevoir, et je ne suis pas sa mère ; d'ailleurs, je ne vois pas qu'il ait manqué aux convenances ; sa suffisance de savant est trop ridicule pour être offensante ; mais, le fût-elle, vous deviez songer que vous parliez à un vieil ami de la maison et que vous lui parliez chez vous.

PIERRE.

Eh! madame, il s'agit bien d'une querelle de Vadius et Trissotin!

MADAME BERNIER.

De quoi donc alors?

PIERRE.

Si vous ne l'avez pas senti, c'est inutile à vous dire. Croyez bien que je n'oublierai pas que je suis chez moi lorsque ceux qui sont chez vous se le rappelleront.

MADAME BERNIER.

Mon Dieu, j'ai bien remarqué qu'il vous traitait un peu en jeune homme ; mais je n'ai vu là rien de choquant de la part d'un vieillard.

PIERRE.

Ses manières avec moi n'ont pas d'âge ; elles sont à peu près celles de tous vos amis, et je suis fâché que vous ne vous en aperceviez pas.

MADAME BERNIER.

Mais, mon cher enfant, j'ai autant de souci de votre dignité que vous-même, et si quelqu'un vous a manqué...

PIERRE.

Non, madame, non, malheureusement personne ne m'a manqué. Ce sont des nuances de dédain d'autant plus irritantes qu'elles sont négatives et que je suis même ridicule à m'en plaindre. Ici, quand vous recevez, dans le monde où vous me conduisez, partout, on me montre, à cause de vous, une politesse de seconde main, au fond de laquelle je sens parfaitement qu'on me tient pour non avenu.

MADAME BERNIER.

L'accueil dont vous vous plaignez est tout naturel ; vous entrez dans un monde qui ne vous connaît pas et auprès duquel votre seule recommandation jusqu'à présent est votre alliance avec nous.

PIERRE.

Il y a autre chose... et vous m'entendez bien.

MADAME BERNIER.

Et quand même? ne fallait-il pas vous attendre à rencontrer un peu d'envie et beaucoup de réserve? Votre avènement est trop récent pour être déjà à l'état de fait accompli. On se tient sur la défensive; on vous attend, et c'est tout simple. Parce que vous étiez pauvre hier, êtes-vous en droit d'exiger qu'on se jette à votre tête aujourd'hui? Car votre prétention n'a pas d'autre fondement, remarquez-le bien. Laissez faire au temps, mon cher Pierre, et ne brouillez pas les cartes... Ne vous brouillez pas surtout avec nos amis. Le baron est un des plus anciens et des plus dévoués; il me rend mille services;

si ridicule qu'il vous paraisse, son nom donne de la consistance à mon salon, et je serais désolée qu'il n'y vînt plus.

PIERRE.

Je n'y puis rien, madame.

MADAME BERNIER.

Bah! c'est un homme excellent et le moindre petit mot l'apaisera.

PIERRE.

Des excuses?

MADAME BERNIER.

A un vieillard!

PIERRE.

Mais, morbleu! c'est lui qui m'a offensé, et j'ai déjà rendu à son âge tout ce que je lui devais en ne le...

MADAME BERNIER.

Voyons, Pierre, je vous en prie.

PIERRE.

Non, madame, non! Tout ce que je peux faire pour vous est d'oublier son impertinence.

MADAME BERNIER.

Allons, puisqu'une chose si simple vous coûte tant, c'est moi qui m'en charge.

PIERRE, vivement.

Ah! permettez!

MADAME BERNIER.

Permettez aussi: vous ne nous avez pas apporté des

relations, et je ne vous le reproche pas; vous n'en aviez point. Mais c'est le moins que vous ne nous enleviez pas les nôtres. Qu'avez-vous à répondre?

PIERRE, abattu.

Rien.

UN DOMESTIQUE, annonçant.

M. Michel Ducaisne.

SCÈNE VII

Les Mêmes, MICHEL.

PIERRE, s'élançant vers lui.

Michel! mon vieux Michel! que je suis heureux de te revoir... (Il l'embrasse.) C'est lui, madame, lui, dont je vous ai tant parlé, mon meilleur ami!

MADAME BERNIER, tendant la main à Michel.

Et par conséquent le nôtre.

MICHEL, avec une courtoisie affectueuse.

Oui, madame. J'avais préparé de belles excuses pour la liberté que je prends de me présenter chez vous si tard et en redingote, mais votre charmant accueil me dispense de vous les dire.

MADAME BERNIER.

Vous êtes de la famille, monsieur.

MICHEL.

C'est vrai, je serai l'oncle de vos petits-fils.

PIERRE.

Depuis quand es-tu arrivé?

MICHEL.

Depuis le temps d'aller de la gare de Lyon chez moi, et de chez moi ici.

MADAME BERNIER.

Vous avez été bien inspiré de vous presser : une demi-heure plus tard vous ne trouviez personne.

MICHEL.

Vous alliez sortir? que je ne sois pas un obstacle.

MADAME BERNIER.

S'il s'agissait d'un bal ordinaire, nous vous le sacrifierions avec le plus grand plaisir; mais c'est un bal travesti, nos costumes sont prêts...

MICHEL.

Et nous sommes gens de revue.

MADAME BERNIER.

Permettez-moi donc de vaquer à ma toilette; vous ne serez pas fâché d'ailleurs de causer avec votre ami ; mais ne le gardez pas trop longtemps, n'est-ce pas?

MICHEL.

Je ne l'ai embrassé que sur une joue... le temps de l'embrasser sur l'autre et je vous le rends.

MADAME BERNIER.

A bientôt, monsieur.

MICHEL.

A demain, madame.

Elle sort.

SCÈNE VIII

PIERRE, MICHEL.

MICHEL.

Elle est charmante, ta belle-mère. Ah çà! laisse-moi te regarder, que je voie comment le bonheur te va. Il t'a un peu pâli, un peu changé, mais cela te donne un petit air de nouvelle mariée tout à fait intéressant... Tu baisses les yeux? La ressemblance est complète.

PIERRE, contraint.

Parle-moi de ton voyage.

MICHEL.

Non! parlons de ta femme! je la connais moins que toi l'Italie... Je n'en ai jamais lu la moindre description dans les *Magazines*.

PIERRE.

Tu l'as déjà vue.

MICHEL.

Entrevue!... Et puis il ne s'agit pas de son enveloppe mortelle; est-elle bonne et intelligente?

PIERRE.

Tout ce que je peux te dire, c'est que je l'adore.

MICHEL.

Donc elle est bonne, et elle te le rend, donc elle est intelligente. Me voilà renseigné. Vous devez faire un gentil ménage roucoulant. Tu sais que je suis inscrit pour être parrain, et, ma foi! si madame Bernier est la marraine, j'aurai là une commère de mon goût.

PIERRE.

Il n'est pas encore question de cela.

MICHEL.

Flâneur! éternel flâneur!

PIERRE.

L'homme propose et Dieu dispose.

MICHEL.

Pourquoi ce sourire triste? Tout vient à point à qui sait attendre, autre proverbe. Il n'y a point de temps perdu d'ailleurs; et y en eût-il, ne le regrette pas. Un enfant est un rival, le seul qu'une honnête femme donne à son mari; mais un rival terrible! n'aie pas la fatuité de croire que tu tiendras toujours la première place dans le cœur de Clémentine, et ne sois pas ingrat envers le temps qui te reste à être tout pour elle.

PIERRE, avec embarras.

Tu as été jusqu'à Naples?

MICHEL.

Oh! mon cher, quelle faute de n'y avoir pas passé ta lune de miel.

PIERRE.

Nous devions y aller, mais ma belle-mère a été souffrante, la saison des bals est arrivée...

MICHEL.

Et tu n'as pas été fâché de commencer ton tour du

monde par le grand monde. Tu as toujours eu un grain de vanité, toi !

PIERRE.

Si j'en avais...

MICHEL.

Qui t'en blâme? La vanité chez un homme comme toi, c'est un coquelicot dans le blé. Jouis donc de tes succès sans remords; je te donne l'absolution.

PIERRE, à part.

Mes succès !

MICHEL.

Inutile de te demander si tu travailles au milieu de cette existence de cocagne?

PIERRE.

Je n'ai guère le temps... toujours des fêtes...

MICHEL.

Ah çà, tu aimes donc le bal?

PIERRE

Modérément; mais il faut bien...

MICHEL.

Oui, on se t'arrache.

PIERRE.

Je ne dis pas cela.

MICHEL.

Vas-tu faire de la modestie avec moi? Il est tout simple que les gens du monde t'accueillent à bras ouverts, ils ne font pas tous les jours d'aussi belles recrues. Que te disais-je, mon cher enfant? La fortune est au mérite ce que la chandelle est à la lanterne magique. Mais tu ne dis rien? Est-ce qu'il y a un pli dans ton lit de roses?

PIERRE, avec une fausse gaieté.

Quel pli veux-tu qu'il y ait?... J'ai une femme adorable, une belle-mère adorable, je nage dans le luxe... Il ne me manque rien. Je suis parfaitement heureux.

MICHEL.

Dis-le donc! (Le serrant dans ses bras.) O mon cher parvenu, que je suis content de tout le bonheur qui t'arrive! qu'il est juste, qu'il est de bon exemple! Pourquoi, diantre! le destin ne s'amuse-t-il pas plus souvent à mettre ses détracteurs dans leur tort?

Un domestique entre.

PIERRE.

Qu'est-ce que c'est?

LE DOMESTIQUE.

Ce sont des cartes de visite que madame a commandées.
Il pose le paquet sur la table et sort.

MICHEL, regardant les cartes.

Tiens, ton nom s'est embelli.

PIERRE.

Oui... ma femme a voulu mettre un trait d'union entre Pierre et Chambaud : elle trouve le nom plus joli comme cela... je n'ai pas cru devoir la contrarier pour si peu.

MICHEL.

Tu as eu tort. Ce trait d'union était un acheminement à la particule. Madame de Chambaud, ce n'est pas bien tentant... tandis que madame de Pierre-Chambaud... diable!

PIERRE.

Clémentine a trop d'esprit...

MICHEL, lui tendant les cartes.

Si ce n'est pas elle, c'est donc quelqu'un des siens.

PIERRE, lisant.

De Pierre-Chambaud...

MICHEL.

Avec un petit casque au-dessus.

PIERRE, avec une colère contenue.

Morbleu! je te prie de croire que je ne suis pas complice de cette sottise! J'en dirai deux mots à ma belle-mère.

Il jette les cartes au feu.

MICHEL.

Elle te répondra que c'est assez l'usage aujourd'hui.

PIERRE.

Chez les sots... je n'entends pas être enrôlé dans leurs rangs. Mon nom m'appartient... c'est la seule chose qui m'appartienne ici!... Je trouve fort mauvais qu'on se permette d'en disposer.

MICHEL.

Ne te fâche pas... je suis de ton avis; mais ne va pas faire d'esclandre à ta belle-mère; elle n'a péché que faute de réflexion, j'en suis sûr.

SCÈNE IX

Les Mêmes, SOPHIE, portant un costume de François Ier.

SOPHIE.

Voilà, monsieur.

PIERRE.

Qu'est-ce que c'est que ça?

MICHEL.

Un costume de François Ier, sois-en certain ; voilà la toque, la plume, l'épée... Où est le cheval?

SOPHIE, posant les habits sur un fauteuil.

Je ne sais pas. Madame prie monsieur de mettre ça, tout de suite.

MICHEL.

Où?

PIERRE, d'une voix brève.

Pour qui me prend-on ici? Remportez cette mascarade, et dites à ces dames que je ne suis pas un pantin.

SCÈNE X

Les Mêmes, MADAME BERNIER, en duchesse d'Étampes.

SOPHIE.

Madame... monsieur qui ne veut pas se déguiser à cette heure !

MADAME BERNIER.

Comment?

PIERRE.

Non, madame, non.

MADAME BERNIER.

Sortez, Sophie. (Sophie sort. — A Pierre.) Daignerez-vous m'expliquer ce caprice?

PIERRE.

Je n'ai pas besoin d'un ridicule de plus.

MADAME BERNIER.

Quel ridicule voyez-vous à aller déguisé dans un bal où tout le monde le sera?

PIERRE.

Je ne suis pas dans la position de tout le monde, vous le savez bien.

MADAME BERNIER.

Vous vous le figurez; quoi qu'il en soit, ma fille s'est fait une fête de vous préparer cette surprise, et c'est bien mal reconnaître les attentions qu'elle a pour vous...

PIERRE.

J'en suis fâché, mais je ne suis pas une poupée.

MICHEL, à part.

Que se passe-t-il donc ici?

SCÈNE XI

Les Mêmes, CLÉMENTINE, en paysanne.

CLÉMENTINE.

Que me dit Sophie? que ce costume n'a pas le bonheur de vous plaire?...

MICHEL, s'avançant.

Je suis confus, madame, du hasard qui me rend témoin...

MADAME BERNIER, à Clémentine.

M. Michel Ducaisne, ma fille.

CLÉMENTINE.

Témoin d'un malentendu, monsieur, c'est le premier, et il ne sera pas long. J'ai cru être agréable à votre ami; je me suis trompée, voilà tout.

PIERRE.

Je vous suis très reconnaissant de l'intention, ma chère Clémentine, mais si vous m'aviez consulté...

CLÉMENTINE, sèchement.

C'est moi qui ai tort, n'en parlons plus.

MICHEL.

Je ne veux pas vous retenir plus longtemps, mesdames...

CLÉMENTINE.

Restez, restez, nous ne sortirons pas.

Elle s'assied.

MADAME BERNIER.

Comment! tu n'iras pas au bal ?...

CLÉMENTINE.

Sans mon mari ? Dans une maison où nous allons pour la première fois ? Quelle tournure cela aurait-il ?

PIERRE.

Mais je ne refuse pas de vous accompagner.

CLÉMENTINE.

C'est tout comme : l'habit noir n'est pas admis. (A sa mère.) Puisque monsieur est un homme trop sérieux pour condescendre à nos amusements frivoles, tu iras sans moi, maman. Je te confierai au marquis.

MADAME BERNIER, s'asseyant aussi.

Non, je n'irai pas non plus, je n'y allais que pour toi. Je n'imaginais pas cloîtrer ma fille en la mariant.

PIERRE, à part.

Ah! mille millions...

Il sonne.

MADAME BERNIER.

Je vous demande pardon, monsieur Ducaisne, de cette scène ridicule.

UN DOMESTIQUE, entrant.

Madame a sonné ?

PIERRE.

Non, c'est moi. Portez ce costume dans ma chambre, je vais m'habiller.

CLÉMENTINE.

C'est inutile. Je n'ai plus envie d'aller au bal. (Au domestique.) Qu'on serve le thé.

PIERRE.

Comme il vous plaira.

LE DOMESTIQUE, qui a ouvert la porte pour se retirer, annonce :

M. de Laroche-Pingoley.

SCÈNE XII

Les Mêmes, PINGOLEY, un domino sur le bras.

CLÉMENTINE, vivement.

Nous vous attendions, monsieur le marquis ; partons vite.

MICHEL, à part.

Tiens ! tiens !

PINGOLEY.

Est-ce que Pierre ne vient pas ?

CLÉMENTINE.

Non.

MADAME BERNIER.

Il est un peu souffrant.

PINGOLEY.

Qu'avez-vous, mon cher ?

CLÉMENTINE.

Une extinction de voix, cela passera.

PINGOLEY, apercevant Michel.

Monsieur Ducaisne !... Parbleu ! monsieur, je suis ravi que vous soyez de retour...

CLÉMENTINE.

Que les hommes sont bavards... nous n'arriverons pas !

PINGOLEY.

Allons, mesdames. (A Michel.) Au revoir, n'est-ce pas ?
Il passe devant avec Clémentine.

MADAME BERNIER, bas, à Michel.

J'espère que cela ne vous découragera pas de revenir ?

MICHEL.

Au contraire, madame.
Elle rejoint le marquis et sa fille.

SCÈNE XIII

PIERRE, MICHEL.

MICHEL.

Ce costume est peut-être un peu prétentieux, mais, en somme, la mode est aux costumes historiques, et je ne vois pas là matière...

PIERRE, avec explosion.

Tu ne vois rien, toi ! Ce n'est pas en François Ier qu'il faut m'habiller, c'est en Cadet-Roussel, c'est en Jocrisse !

Sais-tu ce que je suis pour les amis de ces dames, pour leur monde fashionable? Le mari d'une femme qui a fait un sot mariage, un mari subalterne, un chaperon, un porte-éventail! Je leur fais l'effet, dans l'exercice de mes privilèges maritaux et domestiques, d'un laquais en galanterie avec sa maîtresse. Et moi-même, quand il faut entrer dans leurs salons et subir leur politesse dédaigneuse, je me prends à envier les drôles galonnés dont le service, du moins, ne dépasse pas l'antichambre! Tu me parlais de mes succès... les voilà!

MICHEL.

Je suis consterné... mais c'est impossible... tu te trompes, ta femme ne t'exposerait pas...

PIERRE.

Si on la traitait comme on me traite, j'en pleurerais de rage... Elle ne s'en aperçoit seulement pas!

MICHEL.

Elle ne t'aime donc pas?

PIERRE, brusquement et essuyant une larme.

Non.

MICHEL.

Tu es fou. Pourquoi t'aurait-elle épousé?

PIERRE.

Est-ce que je sais! Je lui ai plu un jour... un jour sans lendemain! Pourquoi me l'a-t-on donnée? Je pouvais l'oublier! je ne le puis plus maintenant qu'elle est à moi... Je suis bien malheureux, va! Est-ce le mépris du monde qui m'atteint dans son cœur?

Il tombe sur une chaise.

MICHEL.

Il faut qu'il y ait dans tout cela un malentendu... ce n'est pas possible autrement; le monde n'est pas si bête et si méchant que nous autres, pauvres diables, nous nous plaisons à nous le figurer. Je suis convaincu qu'à son insu ses iniquités apparentes cachent toujours une logique profonde; sois certain qu'il y a dans ta situation quelque chose qui nous échappe...

PIERRE, avec amertume.

C'est bien simple! Je suis un homme de rien, le piston de M. de La Palude.

MICHEL.

Un parvenu enfin... un parvenu par les femmes... Parbleu! nous y sommes... c'est ça!... Ils ont raison!...

PIERRE.

Michel!

MICHEL.

Certainement; il n'est pas permis à un homme de cœur de tout devoir à sa femme, et tu dois tout à la tienne.

PIERRE.

Michel!...

MICHEL.

Donne-lui un nom, et vous serez quittes. Travaille, morbleu! travaille! c'est par là qu'il fallait commencer, nous sommes deux niais de ne pas l'avoir compris! Montre ta valeur à ce monde qui l'ignore! ta situation est pitoyable, mais, vive Dieu! il ne dépend que de toi de la changer! Tu es déshonoré par ta fortune comme un militaire par un avancement scandaleux... Gagne tes épaulettes et on les saluera! (Pierre se lève, les yeux éclatants.) Courage, mon Pierre! n'es-tu pas soulagé de savoir que ta dignité, l'amour de ta femme, le bonheur, tout cela est à la portée de ta main?

PIERRE, fiévreusement.

Ai-je une valeur seulement?

MICHEL.

Comment! vous êtes sur la voie d'une découverte égale à celle de la vapeur, destinée à la remplacer un jour, et vous faites de la modestie!

PIERRE.

Oui, l'idée est belle! mais la mènerai-je à fin?

MICHEL.

Ces idées-là ne viennent pas aux impuissants. Voyons, pas de découragement, ne te laisse pas aplatir par les salons. Tu ne me prends pas pour un imbécile, j'espère? Eh bien, je crois en toi!

PIERRE, brusquement.

Tu m'aimes tant...

MICHEL, brutalement.

Je t'aime parce que tu es un homme de génie! C'est stupide à dire, tant pis, je suis en veine de grossièretés.

PIERRE.

Du génie!... si j'avais seulement du talent!

MICHEL.

Quand je te dis une chose, tu peux bien me faire l'honneur de me croire. D'ailleurs, rien de plus facile que de t'en assurer, et cela en vaut bien la peine.

PIERRE.

Tu me remets du cœur au ventre.

MICHEL.

En avant, François Ier! L'amour de Clémentine t'attend au retour de Marignan.

PIERRE, avec feu.

Cette idée-là me tiendra lieu de génie. J'étais désarçonné, tu m'as remis en selle, merci!... Adieu, mon bon Michel.

MICHEL.

Tu me renvoies?

PIERRE.

Oui. Je vais passer la nuit à relire mes notes, à retrouver le fil de mes idées, et demain matin j'aurai renoué la chaîne de mes travaux que je n'aurais jamais dû rompre. Ah! mes petits messieurs, vous verrez jusqu'où il parviendra, ce parvenu!

MICHEL.

Ils ne demandent pas mieux que de le voir. Adieu, monsieur Pierre Chambaud... votre femme n'aura bientôt plus besoin de mettre votre nom sur des échasses.

Il sort par le fond; Pierre par la droite.

ACTE TROISIÈME

Même décoration.

SCÈNE PREMIÈRE

CLÉMENTINE, MADAME BERNIER.

MADAME BERNIER.

Là là, ma chère ; caprice n'est pas crime.

CLÉMENTINE.

S'il a des caprices, qu'est-ce que nous aurons donc, nous ? Je l'ai attendu hier pendant tout le bal ; j'étais assez naïve pour croire qu'il se raviserait ! Mais il me le payera ; déjà, en rentrant, j'ai repris ma petite chambre d'autrefois... à quelque chose malheur est bon.

MADAME BERNIER.

N'exagérons rien, ma chérie ; il n'y a pas là de quoi fouetter un chat. J'ai beaucoup réfléchi cette nuit ; ton mari est un excellent garçon dont le seul défaut est l'oisiveté.

CLÉMENTINE.

L'oisiveté? il mène la vie de tous les hommes que nous connaissons.

MADAME BERNIER.

Oui, mais il ressemble à un paysan qu'on voudrait nourrir de gâteaux; notre régime d'occupations... feuilletées n'est pas assez substantiel pour son... gésier... Il se creuse, il se ronge, il a l'esprit malade.

CLÉMENTINE.

Qui l'empêche de travailler à sa chimie depuis quatre mois?

MADAME BERNIER.

Ah! voilà! c'est qu'il n'a pas l'impérieuse fécondité du génie, comme disait hier La Palude, à qui je viens d'écrire, par parenthèse. M. de Laroche-Pingoley nous a beaucoup surfait le mérite de son protégé. Je crois que ce ne sera jamais un grand savant.

CLÉMENTINE.

Je l'en tiens quitte; la gloire débonnaire de ces messieurs ne me touche pas. Je n'ai jamais cru d'ailleurs que j'épousais un aigle; mais j'ai cru épouser un homme facile à vivre, c'est bien le moins; et si M. Pierre s'aigrit par l'oisiveté, et ne sait pas se créer d'occupations...

MADAME BERNIER.

Sois tranquille; j'ai de quoi l'occuper. Il va immédiatement entrer en fonctions.

CLÉMENTINE.

Quelles fonctions?

MADAME BERNIER.

Tu ne te doutes pas, ma chère enfant, des servitudes de la richesse ; c'est moi qui les subis depuis la mort de ton pauvre père ; il est juste que mon gendre me relaye. J'ai reçu une lettre de Touraine ; mon fermier des Moulineaux m'écrit que la commune me cherche de mauvaises querelles ; elle veut étendre son pré communal à mes dépens ; le tout embrouillé d'une question de prescription, la bouteille à l'encre ; d'un autre côté, mon notaire trouve enfin un acquéreur pour le moulin des Brossettes ; à toutes ces causes, il est bon que nous ayons quelqu'un sur les lieux. Or, j'hésitais par respect pour la lune de miel à mettre Pierre en campagne ; j'ai reculé tant que j'ai pensé que nos intérêts seuls souffraient de son désœuvrement, mais, puisqu'il en souffre aussi, tout est pour le mieux ; il partira demain.

CLÉMENTINE.

A la bonne heure !... Et combien de temps durera son absence ?

MADAME BERNIER.

Quinze jours ou trois semaines.

CLÉMENTINE.

Bon, jusqu'à notre départ pour l'Italie.

MADAME BERNIER.

Tu penses donc toujours à ce voyage ?

CLÉMENTINE.

Plus que jamais. Il faut espérer que monsieur mon mari n'aura pas le temps d'avoir des lubies en route. Est-ce que tu n'es plus en humeur vagabonde, toi ?

MADAME BERNIER.

Je suis toujours en humeur de faire ce qui te plaît ; mais comme tu n'en parlais plus...

CLÉMENTINE.

Je ne parle jamais des choses convenues, tu sais bien. Au lieu de commencer par Venise, nous irons tout droit à Rome pour les fêtes de Pâques.

MADAME BERNIER.

J'entends ton mari ; voyons, ne le boude pas ; il part demain.

CLÉMENTINE.

Eh bien ! nous nous réconcilierons demain matin.

MADAME BERNIER.

Comme tu tiens à ta rancune !

CLÉMENTINE.

C'est mon petit bénéfice !

SCÈNE II

Les Mêmes, PIERRE, son chapeau à la main.

PIERRE, à madame Bernier.

Bonjour, madame.

CLÉMENTINE, à part.

Il n'a pas l'air assez triste.

Elle sort.

PIERRE.

C'est moi qui la fais fuir. Elle me boude.

MADAME BERNIER.

Elle en a sujet.

PIERRE.

Oui, madame, et si elle m'en eût donné le temps, je lui aurais fait mes excuses : recevez-les vous-même, et soyez sûre qu'à l'avenir le bon accord ne sera troublé par rien de semblable.

MADAME BERNIER.

A la bonne heure, mon cher enfant; la paix est faite. Mais j'ai beaucoup réfléchi depuis hier sur votre situation, et je crois avoir mis le doigt sur la plaie.

PIERRE.

Moi aussi, madame; tout le mal vient de mon oisiveté.

MADAME BERNIER.

C'est le cas de dire que les beaux esprits se rencontrent; je suis charmée de n'avoir à prêcher qu'un converti. Puisque nous nous entendons si bien, je vous annonce sans autre préambule que vous partez demain pour la Touraine.

PIERRE, étonné.

Pour la Touraine ?

MADAME BERNIER.

Oui. J'ai là des propriétés et tout ce qui s'ensuit, c'est-à-dire un procès. Vous verrez mon avoué à qui vous remettrez mes pièces; puis vous terminerez quelques affaires en souffrance que je vous expliquerai sans être bien sûre de les comprendre moi-même... Vous en aurez pour trois semaines au plus.

PIERRE.

Trois semaines! Mais, madame, vous n'y pensez pas! Je n'ai pas trois semaines à perdre.

MADAME BERNIER.

Qu'avez-vous donc de si urgent?

PIERRE.

Nous ne nous entendions pas du tout : c'est de la science que je compte faire et non de la procédure.

MADAME BERNIER.

C'est une très bonne idée que j'approuve fort. Vos travaux scientifiques seront un excellent fonds d'occupation. Mais chaque chose en son temps. Allons d'abord au plus pressé. J'ai de gros intérêts engagés dans ce procès, quand je dis j'ai! je devrais dire nous avons; car après tout, mon bien est le vôtre, en espérance.

PIERRE.

Oh! madame!

MADAME BERNIER.

C'est le mot. Vous ne l'auriez pas inventé, je le sais, mais enfin c'est le mot. Je suis fâchée que cette petite expédition dérange vos projets, mais qui terre a, guerre a, et, naturellement, c'est vous que la guerre regarde.

PIERRE.

Il est vrai; mais ma présence là-bas est-elle indispensable?... Je m'entends peu en affaires.

MADAME BERNIER.

Vous vous y entendez toujours autant que moi, et si vous ne pouviez pas aller sur les lieux, c'est moi qui serais obligée...

PIERRE.

Je n'insiste plus... Mais je vous avoue que ce départ me contrarie au dernier point... Mon idée me talonne depuis hier, il me semble que je touche à la solution de mon problème; si ce voyage pouvait se retarder de huit jours seulement.

MADAME BERNIER.

Impossible, mon cher. Vous n'aurez pas trop de trois semaines pour tout ce que vous avez à faire, et le carême commence dans quinze jours.

PIERRE.

Eh bien ! plaider n'est pas faire gras.

MADAME BERNIER.

Oubliez-vous que nous devons être à Rome à Pâques?

PIERRE.

A Rome?

MADAME BERNIER.

Je ne vous apprends rien de nouveau, ce me semble. Nous devions partir à Noël; ma santé nous a retenus; me voici rétablie, fouette cocher ! N'êtes-vous pas curieux de voir l'Italie ?

PIERRE.

Très curieux; mais enfin... passe pour les voyages d'affaires, mais les voyages d'agrément !...

MADAME BERNIER.

Celui-là est presque une clause de votre contrat! Ma fille y tient au delà de toute vraisemblance, et nous ne pouvons pas voyager seules peut-être?

PIERRE.

Sans doute, madame... mais quand nous renverrions à un an...

MADAME BERNIER.

Que les hommes sont imprévoyants! Pourrons-nous quitter Paris l'an prochain? J'espère bien que non. Profitons vite du temps où je ne suis pas grand'mère. Voyons, ne faites pas la moue!... Vous n'êtes pas bien à plaindre de faire un voyage charmant.

PIERRE.

Ah! madame, vous ne connaissez pas la tyrannie d'une idée.

MADAME BERNIER.

Bah! votre tyran n'est pas aussi despote que vous croyez. Il vous a laissé bien tranquille depuis votre mariage, soit dit sans reproche.

PIERRE.

Mais depuis mon mariage, je n'ai pas eu un jour à moi! les bals, les dîners, les visites, que sais-je? Quand aurais-je travaillé?

MADAME BERNIER.

Mais, mon cher, on travaille à ses moments perdus, une heure par-ci, dix minutes par-là... et je vous assure qu'à ce régime on abat bien de la besogne; tenez, voici un pouf que j'ai brodé pour M. de La Palude avec cette

ACTE TROISIÈME.

simple recette, et il y a des points là-dedans, je vous en réponds.

PIERRE.

Je ne fais pas de poufs, moi; je les laisse au baron, et mes moments perdus sont ceux où je ne travaille pas. Nos idées demandent une suite, un recueillement que n'exigent pas les travaux d'aiguille, soit dit avec tout le respect qui leur est dû; et on ne fait pas de la science à une heure par-ci, dix minutes par-là.

MADAME BERNIER.

Combien donc vous faut-il? des journées de douze heures?

PIERRE.

A peu près.

MADAME BERNIER.

Vous dites?... Je croyais plaisanter! douze heures de travail par jour?

PIERRE.

Oui, madame.

MADAME BERNIER.

C'est-à-dire la réclusion complète pour vous, et par conséquent pour votre femme?

PIERRE.

Complète... non.

MADAME BERNIER.

Vous êtes bien bon. Mais ma fille ne s'est pas mariée pour se claquemurer; en l'épousant vous saviez ce que vous faisiez.

PIERRE.

Vous deviez le savoir aussi, madame, en la donnant...

MADAME BERNIER.

A un savant ! Je ne m'en doutais pas, je vous le jure, n'ayant jamais vu que La Palude. Mais vous ne l'avez pas prise à l'aveuglette ; vous avez été plus à même de juger de nos habitudes que nous des vôtres... douze heures ! bonté divine ! Si vous m'aviez avertie, j'y aurais regardé à deux fois. — Mais, mon ami, quand on veut travailler douze heures par jour, on épouse une petite bourgeoise élevée, au quatrième étage, à compter son linge le matin et à le repriser le soir sous l'abat-jour patriarcal.

PIERRE.

C'est précisément parce que je n'ai pas épousé une petite bourgeoise que j'ai besoin de plus d'efforts pour combler la distance. Croyez bien que l'égoïsme a peu de part dans mon ambition ; ce n'est pas mon nom, c'est celui de votre fille que je voudrais illustrer, et par des moyens plus honnêtes que l'adjonction d'une particule furtive.

MADAME BERNIER.

Mais votre moyen à vous me semble un peu bien héroïque, en admettant que nous ne lâchions pas la proie pour l'ombre.

PIERRE.

Comprenez-moi, de grâce ! C'est une question de probité chez moi ! Je vous dois tout, madame ! il est de mon honneur, de mon bonheur même de m'acquitter.

MADAME BERNIER.

Mais nous vous donnons quittance !

PIERRE.

Cette quittance-là est une aumône ; je n'en veux pas ! C'est une faillite que vous m'imposez sans réhabilitation possible. Vous doutez de moi, c'est tout simple; mais au moins, laissez-moi faire mes preuves ; je vous en supplie.

MADAME BERNIER.

Je ne vous en empêche pas, mon cher enfant. Ne prenez pas les choses au tragique! Y a-t-il vraiment péril en la demeure? Quand vous ajourneriez votre célébrité à notre retour d'Italie, où serait le mal? Remarquez bien que nous ne vous demandons qu'un sursis. Nous serons certainement revenus en mai, et nous passerons six mois à la campagne. Vous vous en donnerez là tout à votre aise. Il y a au fond du jardin un charmant pavillon tendu de perse rose, qu'on vous abandonnera. Êtes-vous content ?

PIERRE.

Non... mais avec vous le moyen de se fâcher ?

SCÈNE III

LES MÊMES, UN DOMESTIQUE.

LE DOMESTIQUE, à Pierre.

Une lettre pour monsieur.

PIERRE, regardant l'adresse.

Très pressée. — Quand l'a-t-on apportée ?

LE DOMESTIQUE.

Ce matin à huit heures.

PIERRE.

Et vous me la remettez maintenant ?

LE DOMESTIQUE.

Monsieur était enfermé.

PIERRE.

Allez! (A Madame Bernier.) Vous permettez?

Il lit la lettre.

SCÈNE IV

PIERRE, MADAME BERNIER.

MADAME BERNIER.

Qu'est-ce que c'est? (Pierre lui tend la lettre; elle lit.) « Mon cher Pierre, je devais toucher quinze cents francs en arrivant; j'apprends ce matin que je ne les aurai qu'à la fin de la semaine. Fais-moi le plaisir de me les prêter jusque-là; j'irai les chercher après déjeuner. MICHEL. » Qu'allez-vous répondre?

PIERRE.

Que dois-je répondre? (Madame Bernier va à un coffret, y prend trois billets de cinq cents francs, et les donne à Pierre.) Oh! madame, je vous remercie.

MADAME BERNIER.

Il ne peut être question de remerciements entre nous. Mais parmi les écueils de votre situation, il en est un qui vous échappe et qu'il est de mon devoir de vous signaler. Vous avez dû laisser derrière vous nombre d'amis, de camarades, plus voisins de la gêne que de l'aisance. Je ne les en estime pas moins, mais il ne faudrait pas qu'ils s'habituassent...

PIERRE.

D'abord, madame, c'est le premier service de ce genre qu'on me demande ; puis Michel n'est pas un camarade, un ami pour moi, mais, que sais-je? un parent, un frère.

MADAME BERNIER.

Aussi n'est-ce pas pour lui que je parle; je suis très heureuse du petit sacrifice...

PIERRE.

Mais il vous remboursera !

MADAME BERNIER.

Peu m'importe; ce n'est pas la question.

PIERRE.

Mais il m'importe, à moi, que vous n'en doutiez pas.

MADAME BERNIER.

Eh bien ! je n'en doute pas ; mais insinuez-lui, avec tous les égards possibles, qu'on nous dit plus riches que nous ne sommes, que... vous m'entendez bien.

PIERRE.

Parfaitement, madame; si parfaitement que je refuse pour lui un service inacceptable en pareils termes.

MADAME BERNIER.

Vous êtes bien susceptible, ce matin !

PIERRE.

On ne l'est jamais trop pour ses amis.

MADAME BERNIER.

Décidément mes observations, si simples qu'elles soient, auront toujours le don de vous déplaire.

PIERRE.

Non, madame, tant qu'elles ne blesseront que moi. J'écrirai à M. Ducaisne que je n'ai pas d'argent; voici le vôtre.

UN DOMESTIQUE.

M. Michel Ducaisne est là.

PIERRE.

Dites que je n'y suis pas.

MADAME BERNIER.

Faites entrer! (A Pierre.) Pas d'enfantillage, vous le mettriez dans l'embarras.

SCÈNE V

Les Mêmes, MICHEL.

PIERRE, prenant la main à Michel qui entre.

Détrompez-vous, madame; il ne connaît personne qui ne s'empressât de lui rendre ce petit service; car un homme de son caractère honore ceux dont il consent à être l'obligé. S'il s'est adressé à moi d'abord, c'est que je suis le premier dans son amitié.

MICHEL.

Sans doute; et pour peu que tu m'autorises à chercher ailleurs...

ACTE TROISIÈME.

PIERRE.

Oui. Je n'ai pas d'argent.

MADAME BERNIER.

Si vous le voulez bien, monsieur, c'est moi qui serai votre créancière.

PIERRE.

Non, madame, non; vous n'en avez plus le droit.

MADAME BERNIER.

Comme il vous plaira. (A Michel.) Vous avez un ami bien ridicule.

Elle sort.

SCÈNE VI

PIERRE, MICHEL.

MICHEL.

J'arrive toujours mal. Qu'est-ce qu'il y a?

PIERRE.

Tu ne devines pas?

MICHEL.

A peu près... et je te sais gré du refus autant et plus que du service. Mais tu es pâle de colère. Voyons!... Je serais désolé d'être une occasion de trouble chez toi. — Soyons justes, d'ailleurs; ta belle-mère est excusable de craindre que tes amis ne te prennent pour caissier, et de te mettre en garde contre leurs indiscrétions.

PIERRE.

Par l'estime qu'elle fait d'eux, je vois celle qu'elle fait de moi.

MICHEL.

Tu es fou. Pourquoi ne t'estimerait-elle pas?

PIERRE.

L'insolence de l'argent! N'as-tu pas entendu qu'elle trouve ridicule, déplacée chez moi une susceptibilité qu'elle aurait elle-même? Les raffinements de délicatesse ne nous sont pas permis à nous autres! On s'en étonne, on s'en offense comme d'un empiètement!

MICHEL.

Aussi, pourquoi diable vas-tu mêler ta belle-mère à nos affaires?

PIERRE.

Il le fallait bien... est-ce que je dispose de rien ici?

MICHEL.

Ton revenu pourtant, la dot de ta femme?

PIERRE.

Elle n'en a pas eu.

MICHEL.

Comment?

PIERRE.

Eh non! ma belle-mère nous fait à chacun une pension.

MICHEL.

Et tu t'es laissé marier dans de pareilles conditions?

PIERRE.

A quel titre les aurais-je discutées? Ce mariage n'était-il pas encore disproportionné pour moi? D'ailleurs j'aurais rougi de défendre mes intérêts. Qu'importe, au surplus? Ce n'est pas de là que viennent les douleurs de ma situation. Ma femme aurait un million de dot que je n'en serais pas moins sa créature aux yeux du monde et aux siens, et ce prêt de quinze cents francs n'aurait échappé au contrôle de ma belle-mère qu'en se cachant.

MICHEL.

C'est vrai. Plus j'y songe, plus je vois que le travail est ta seule ancre de salut.

PIERRE.

Travailler? Ah bien! oui. Est-ce qu'on croit à mon avenir? Est-ce qu'on s'en soucie? La science est un dada qu'on me permet en souriant d'enfourcher à mes moments perdus.

MICHEL.

On te permet!... Sacrebleu! n'es-tu pas le maître en somme? n'es-tu pas le chef de la famille? Puisqu'on te réduit à casser les vitres, casse-les. Parle ferme; et si ta belle-mère veut te prendre par la famine, emmène ta femme.

PIERRE.

Hélas! quand ma femme m'aimerait assez pour me suivre, de quel droit lui infligerais-je la pauvreté, de quel droit la séparerais-je de sa mère? Va, tu ne sais pas dans quels liens je piétine, dans quelles impossibilités je me débats! Je n'ai pas un reproche à faire à ces dames; c'est moi qui ai toujours tort; moi, ou plutôt ma situation! Ne viens-tu pas toi-même de donner raison à madame Bernier? Eh bien, c'est ainsi pour tout et toujours!

MICHEL.

Mais, saprelotte ! si on te refuse le droit au travail ?...

PIERRE.

On ne me le refuse pas! Madame Bernier ne me fournit jamais le moindre prétexte de révolte. Par exemple, en ce moment, elle a un procès qui la forcerait à aller en Touraine, si je n'étais pas là ; évidemment, je dois lui épargner cette corvée.

MICHEL.

Sans doute.

PIERRE.

Voilà trois semaines de perdues. Ensuite nous partons pour l'Italie, un voyage arrêté dès avant le mariage, une fête que Clémentine se promet depuis dix ans. Je n'ai encore rien à objecter, d'autant plus qu'on me leurre au retour de six mois de liberté à la campagne.

MICHEL.

Si toutefois elles ne transportent pas la ville aux champs... trois toilettes par jour et les feux de Bengale!

PIERRE.

Oh! je me doute bien qu'elles ont une façon à elles de comprendre la nature, et qu'il n'y aura de changé pour moi que la manière de perdre mon temps. Mais que veux-tu que j'y fasse? Puis-je exiger qu'elles ne jouissent pas de leur opulence? Madame Bernier m'a dit un mot très juste : j'aurais dû épouser une petite bourgeoise élevée au quatrième étage... j'ai épousé une femme riche, je ne m'appartiens plus; j'appartiens à sa fortune.

MICHEL.

Pauvre garçon! pauvre garçon!

PIERRE.

Voyons, que ferais-tu à ma place?

MICHEL.

Je n'en sais rien; mais je souhaiterais que ma belle-mère me dît un mot de trop.

PIERRE.

Elle ne le dira pas! Il n'y a pas à en sortir, vois-tu, la clef est perdue.

UN DOMESTIQUE, annonce.

M. de La Palude!

SCÈNE VIII

LES MÊMES, LA PALUDE.

PIERRE, saluant.

Ma belle-mère est chez elle, monsieur.

LA PALUDE.

C'est à vous que j'ai à parler, mon cher ami.

PIERRE.

Votre cher ami?

LA PALUDE.

Sans doute; entre gens comme nous, un moment de vivacité ne compte que ce qu'il dure. Les excuses de madame Bernier étaient superflues.

PIERRE.

Des excuses ?

LA PALUDE.

Laissons cela ; c'est à propos d'elle que j'ai à vous parler, et très sérieusement... Je vous demande pardon, monsieur Ducaisne.

MICHEL.

J'allais me retirer, quand vous êtes entré... A bientôt, Pierre, du courage !... (A part.) Que d'heureux on ferait avec tout le bonheur qui se perd en ce monde !

Il sort.

SCÈNE VIII

PIERRE, LA PALUDE, s'asseyant tous deux.

PIERRE.

De quoi s'agit-il, monsieur ?

LA PALUDE.

Je viens en vieil ami de la maison toucher une question délicate. Votre belle-mère...

PIERRE.

Permettez, monsieur ; je ne suis rien ici, je ne vous l'apprends pas, et je n'y puis rien être.

LA PALUDE.

Détrompez-vous. Votre belle-mère est sous votre tutelle, aussi bien que votre femme, et tout ce qu'elles font de compromettant, elles le font sous votre responsabilité :

bref, vous êtes en faute dès que leur considération est en danger.

PIERRE.

Oui, monsieur; mais je ne vois pas... ma belle-mère est la plus honnête femme du monde; on serait mal venu à en douter devant moi.

LA PALUDE.

A qui le dites-vous, mon cher enfant? mais précisément parce qu'elle est la plus honnête femme du monde, elle a toute la témérité des consciences nettes et joue avec le péril; or, c'est toujours un mauvais jeu. Hier encore elle faisait fi de mes avertissements, et le soir même, chez M. de Lavardin, j'assistais à un demi-tour à gauche de l'opinion sur elle et le sire de Pingoley. Des gens très écoutés commencent à dire que ce double manège dure trop longtemps : « Puisqu'elle ne veut pas l'épouser, pourquoi souffre-t-elle ses assiduités? Il l'engagera plus avant qu'elle ne veut; tout cela finira mal; il n'y a donc pas d'homme dans la maison? » Sur quoi, une jolie petite dame, que je ne vous nommerai pas, a riposté : « Il y a bien un gendre, mais c'est M. de Pingoley qui l'a placé. »

PIERRE, se levant brusquement.

On a dit ce mot-là?... Vous l'avez entendu?...

LA PALUDE.

On ne l'inventerait pas... C'est bien un mot de femme.

PIERRE.

Ce n'est plus du dédain à présent... C'est du mépris! On m'attaque dans mon honneur.

LA PALUDE.

C'est pourquoi j'ai cru devoir vous avertir. Ces bruits

ne font que de naître; vous les arrêterez en éconduisant Pingoley.

PIERRE.

Oui... vous avez raison; il le faut.

Entre Pingoley.

SCÈNE IX

LA PALUDE, PIERRE, PINGOLEY.

PINGOLEY, à La Palude.

Bonjour, mon bon!... la santé?

LA PALUDE.

Excellente!... parfaite!...

PINGOLEY.

Méfie-toi! Un quart d'heure avant sa mort, il était encore en vie... ton pauvre patron.

LA PALUDE, à part.

Rira bien qui rira le dernier.

PINGOLEY, à Pierre.

Le raccommodement a eu lieu, pas vrai? on a boudé, on a pleuré; vivent les larmes en amour : c'est de l'eau de Jouvence. — Votre belle-mère est-elle visible?

PIERRE.

Oui, monsieur; mais je vous demanderai d'abord un moment d'entretien.

ACTE TROISIÈME.

PINGOLEY.

A moi, comte, deux mots... De quel air de Cid vous me dites cela ?

LA PALUDE.

Si je suis de trop.

PINGOLEY.

Tu t'en iras.

PIERRE.

Non; ce que j'ai à dire n'a rien de secret. Je suis votre obligé, monsieur ; vous m'avez marié, et, dans le monde où vous m'avez introduit, vous êtes le seul en qui j'aie trouvé de la bienveillance ; mais le service même que vous avez voulu me rendre, m'a créé des devoirs qui prennent le pas sur la reconnaissance. Le premier est de veiller de près à la considération de ma nouvelle famille. Or, depuis six mois, vous faites à madame Bernier une cour si assidue, qu'elle aurait abouti si elle devait aboutir : mais madame Bernier déclarait encore hier qu'elle ne voulait pas se remarier ; elle le déclare partout et tout haut, et devant cette intimité dont le seul but avoué est de ne pas s'épouser, vous concevez que le monde commence à gloser.

PINGOLEY, regardant La Palude.

A glousser, vous voulez dire.

PIERRE.

Un pareil état de choses ne peut pas se prolonger sans préjudice pour la réputation de ma belle-mère et la mienne. J'en appelle à vous-même : si votre meilleur ami vous mettait à son insu dans la position où je me trouve, ne prendriez-vous pas votre courage à deux mains pour le prier de suspendre des visites, dont le moindre inconvénient serait de vous faire accuser d'une complaisance inqualifiable ?

PINGOLEY.

Je vois ce que c'est : on vous a rapporté de misérables cancans. (A La Palude.) As-tu déjeuné, Jacquot? (A Pierre.) Mais je vous trouve un peu bien prompt à me signifier mon congé, et cette reconnaissance dont vous me parlez aurait peut-être dû chercher d'abord un autre remède à ce prétendu mal.

PIERRE.

Je serais charmé, pour ma part, que ma belle-mère se ravisât...

LA PALUDE.

Qu'est-ce que vous dites donc?...

PIERRE.

Mais je ne l'espère pas. Cependant, pour en avoir le cœur net, si vous voulez lui poser la question...

LA PALUDE, à Pierre.

Voilà que vous mollissez à présent...

PINGOLEY.

Décidément, Alfred, vous êtes de trop...

LA PALUDE.

Je sais bien qu'à la place de M. Chambaud...

PINGOLEY.

De quoi te mêles-tu ?

LA PALUDE.

Vous voulez la perdre, pour avoir à la sauver, mais je dévoile partout votre odieuse tactique.

ACTE TROISIÈME.

PINGOLEY.

Eh bien, à la bonne heure, finissons-en avec notre vieille amitié... il y a assez longtemps que nous nous détestons.

LA PALUDE.

Vous jetez enfin votre masque.

PINGOLEY.

Si tu pouvais en faire autant de ta figure !

LA PALUDE.

Monsieur de Laroche-Pingoley ?

PINGOLEY.

Alfred !

LA PALUDE.

Nous verrons de nous deux lequel prête le plus au ridicule !

PINGOLEY.

Ce sera tôt vu, à la façon dont il te rembourse.

LA PALUDE.

Je ne vous suivrai pas plus longtemps sur ce terrain-là. Les quolibets ne sont pas de ma compétence. — Monsieur Chambaud, prenez garde de donner raison au mot de la petite veuve.

Il sort.

PINGOLEY, le suivant jusqu'à la porte.

Tu voulais me faire expulser... attends-moi donc.

Entre madame Bernier.

SCÈNE X

MADAME BERNIER, PIERRE, PINGOLEY, puis CLÉMENTINE.

MADAME BERNIER.

On se querelle ?

PINGOLEY.

Non, madame ; c'est ce cher La Palude qui prétendait qu'un de nous est de trop ici.

MADAME BERNIER.

Eh bien, il est sorti : il n'y a plus de difficultés.

PIERRE.

Pardon, madame, il y en a encore une.

MADAME BERNIER.

Ah! et laquelle?... S'agit-il encore de la dignité de vos camarades ?

PIERRE.

Non, madame : de la mienne et de la vôtre.

MADAME BERNIER.

De la mienne ?

PIERRE.

Vous êtes bien jeune pour rester veuve et surtout pour jouir impunément des immunités du veuvage...

MADAME BERNIER.

Ne prenez pas tant de souci; je suis d'âge à me conduire. Quant aux caquets du monde, n'en faites pas, je vous prie, plus de cas que moi.

PIERRE.

Il viendra un jour où vous reconnaîtrez qu'il faut compter avec eux; ce jour-là, vous consentirez à résigner cette soi-disant indépendance qui vous est si chère. Pourquoi ne pas le faire tout de suite sans attendre d'y être forcée?

MADAME BERNIER.

Je vous répète, mon cher, qu'il y a bien assez d'un homme dans la maison.

PIERRE.

Voilà M. le marquis qui a pour vous un attachement sincère; il porte un beau nom, et vous ne trouverez jamais plus belle occasion de troquer votre liberté.

MADAME BERNIER.

Je rends complètement justice aux qualités de M. de Pingoley, mais je me suis expliquée sur ce chapitre avec lui-même et je m'étonne...

PINGOLEY.

Notez bien, madame, que ce n'est pas moi qui vous presse.

PIERRE.

Non, madame, c'est moi; et permettez-moi d'insister sur la convenance et l'opportunité d'une alliance...

MADAME BERNIER.

Ah çà! messieurs, auriez-vous fondé entre vous une société de mariages mutuels?

PIERRE, à part.

Elle aussi!...

MADAME BERNIER.

Le détour n'est pas adroit, mon cher marquis, je vous en préviens. Si mon amitié ne vous suffit pas, rompons notre pacte.

PINGOLEY.

Elle me suffit parfaitement, madame : ce n'est pas moi qui réclame. Seulement votre gendre prétend que si vous ne m'épousez pas, il faut que je cesse mes visites.

PIERRE.

Pas tout à fait, monsieur; mais que vous les rendiez moins fréquentes.

PINGOLEY.

Qu'en pensez-vous, madame?

MADAME BERNIER.

Ce que j'en pense?... (Entre Clémentine.) Et qu'en penses-tu, toi? Ton mari qui s'ingère de faire la police de ma maison! Monsieur de Pingoley, voulez-vous nous accompagner ce soir à l'Opéra?

PIERRE.

Ne vous dérangez pas, monsieur, c'est moi qui accompagnerai ces dames.

PINGOLEY.

Qu'à cela ne tienne, la loge est de quatre.

ACTE TROISIÈME.

PIERRE, très sec.

Je vous prie de n'y pas paraître.

PINGOLEY.

Croyez-bien, madame, que je n'avais pas besoin de cette nouvelle invitation.

Mouvement de Pierre.

CLÉMENTINE, effrayée.

Messieurs !

PIERRE.

Ne craignez rien : je suis dans l'exercice de mon droit, monsieur ne m'a pas offensé, je ne l'offense pas, il n'y a pas matière à duel.

PINGOLEY.

Comme vous voudrez.

PIERRE.

Je ne suis pas un raffiné, moi.

CLÉMENTINE, à part.

Oh! non.

PIERRE.

Si on ne pouvait fermer sa porte aux gens sans être tenu de leur rendre raison...

PINGOLEY.

Vous y regarderiez à deux fois avant de me fermer la vôtre.

MADAME BERNIER.

De grâce, monsieur le marquis... C'est moi seule que cela regarde. (A Pierre.) Chez qui sommes-nous donc? chez moi, ou chez vous ?

PIERRE.

Dès qu'il s'agit d'honneur, chez moi.

MADAME BERNIER.

Il n'y a que mes amis qui soient ici chez eux. Souvenez-vous-en et ne le prenez pas de si haut.

PIERRE.

Je le prends comme il convient.

MADAME BERNIER.

A vous peut-être, mais pas à moi... En vous acceptant pour gendre, je n'ai pas entendu me donner un maître.

PIERRE.

C'est un laquais qu'il vous faut ?

MADAME BERNIER.

Non, mais un homme modeste, qui se rappelle tout ce qu'il me doit.

Un silence.

PIERRE.

Vous avez dit un mot de trop, madame. Puisque ma femme ne l'a pas relevé, son silence me délie envers elle comme j'étais déjà délié envers vous... c'est moi qui sors d'ici, pour n'y jamais rentrer, moi à qui votre insolente fortune aura du moins enseigné le prix de l'indépendance et de la pauvreté !

Il sort.

SCÈNE XI

MADAME BERNIER, CLÉMENTINE, PINGOLEY.

MADAME BERNIER.

Qu'est-ce que cela signifie?...

CLÉMENTINE.

Cela signifie qu'il a du cœur.

MADAME BERNIER.

Quelle position te fait-il? Je ne m'attendais guère à ce coup de tête...

CLÉMENTINE.

Moi non plus.

MADAME BERNIER.

Quel ridicule!... quel scandale!... rappelle-le donc!

PINGOLEY.

Soyez tranquille, il ne sera pas longtemps dehors.

CLÉMENTINE.

Vous croyez?...

PINGOLEY.

Sans doute. Il se retire sur le mont Aventin pour imposer ses petites conditions : ne mettez pas les pouces, il viendra faire sa soumission.

CLÉMENTINE, tristement.

Vous croyez ?

PINGOLEY.

Parbleu ! le luxe est comme l'opium, quand on en a tâté une fois on ne peut plus s'en passer.

CLÉMENTINE, à part.

S'il revenait, ce serait un lâche.

ACTE QUATRIÈME

Une grande chambre blanchie à la chaux. — Au fond, un vitrage dont toutes les vitres sont brisées. — A droite une porte avec un paravent faisant tambour. — Porte à gauche. — Près du paravent une petite table. — Un fourneau devant la fenêtre. — Au milieu de la scène, au second plan, un cylindre de fonte cerclé de fer, suspendu sur deux fourches de fer. Au premier plan à gauche, contre le mur, un autre cylindre éclaté. Çà et là des instruments de chimie.

SCÈNE PREMIÈRE

PIERRE, MICHEL, en blouse, les manches retroussées, achevant de préparer l'appareil.

PIERRE.

Tout est prêt, déjeunons.

MICHEL.

Les comestibles sont en retard. Il me semble que le père Wagram se relâche à notre endroit. Je l'ai pourtant mis sur mon testament.

PIERRE.

Tu as fait ton testament ?

MICHEL.

Hier soir! Oui, mon bonhomme... trouves-tu la précaution intempestive?

PIERRE.

Mon brave Michel, j'accepte de ton amitié un dévouement...

MICHEL.

Tu m'ennuies. Il te faut un second, n'est-ce pas? c'est un honneur qui me revient de droit, et que tu ne me ferais pas l'affront d'offrir à un autre; donc, pas de phrase à ce sujet. D'ailleurs, j'espère bien que les choses se passeront en douceur.

PIERRE.

Espérons-le.

MICHEL.

Mais il faut tout prévoir! je suis un homme d'ordre, moi, et j'ai des devoirs de reconnaissance...

PIERRE.

Envers qui?

MICHEL.

Envers ma petite rente qui m'a nourri pendant si longtemps. Je ne peux pas la laisser sur le pavé après moi, n'est-ce pas? Je te la lègue, avec recommandation d'en avoir bien soin; et à ton défaut, pour le cas où ton aimable découverte nous escofierait tous deux, elle reviendra à la caisse de secours des savants. Voilà comment agit le sage, et tu devrais en faire autant.

PIERRE.

Moi, je n'ai que ta petite rente, et puisque tu as pourvu à son sort.....

MICHEL.

Ta, ta, ta, je te parie que tu as écrit à quelqu'un.

PIERRE.

Eh bien, oui !... Une lettre qui ne sera remise qu'en cas d'accident.

MICHEL.

Un simple billet de faire part?... Elle n'en mérite pas davantage.

PIERRE.

Je t'en prie, Michel !

MICHEL.

Laisse-moi donc tranquille! c'est un brimborion. Elle n'a ni cœur ni intelligence, tu en es convenu toi-même.

PIERRE.

Son erreur est pardonnable ; ma position auprès d'elle était si équivoque.

MICHEL.

Elle ne devait pas l'être pour elle. D'ailleurs, elle ne l'est plus pour personne depuis un mois. Cette dame n'a plus le moindre prétexte de te croire intéressé. T'a-t-elle donné signe de vie ?... Non... elle est enchantée d'être sa maîtresse. Elle jouit de tous les privilèges du grade supérieur qui est le veuvage... Ton billet de faire part sera reçu comme un brevet.

PIERRE.

Tu la calomnies... Elle est plus étourdie que méchante.

MICHEL.

Elle est plus sèche qu'étourdie ! je déteste cette petite race de pécores qui se mêlent de ne croire à rien. Elles me font l'effet de poupées sceptiques. Est-ce que tu l'aimes encore, par hasard ?

PIERRE.

J'en suis honteux... mais il y a des jours où malgré moi...

MICHEL.

Lorsque tu n'as rien de mieux à faire... Ce n'est pas le cas aujourd'hui.

PIERRE.

Non, certes !

MICHEL.

J'entends le pas belliqueux du père Wagram. En avant le dernier banquet.

SCÈNE II

LES MÊMES, LE PORTIER, avec un pain et une boîte à lait.

MICHEL.

Arrivez donc, vieux lambin.
Il met les provisions sur la table.

LE PORTIER.

Ah ! si vous croyez qu'on avale cinq étages au galop de charge !

MICHEL, à Pierre.

Monsieur est servi.

LE PORTIER.

Ce n'est pas ce qu'on peut appeler un déjeuner à douze francs par tête, le vin non compris.

PIERRE.

Nous ne sommes pas des Sardanapales, père Wagram.

LE PORTIER.

Vous vous nourrissiez mieux autrefois, monsieur Pierre.

PIERRE.

Nous avons un vice, nous nourrissons un quine à la loterie, et tout notre argent y passe.

LE PORTIER.

Compris, le quine ! c'est votre invention. Elle vous a déjà rapporté quelque chose que je suis chargé de vous signifier, le congé du propriétaire.

MICHEL.

Sous quel prétexte?

LE PORTIER.

Sous le prétexte que vous démolissez sa maison. Tous les locataires se sont plaints du vacarme d'avant-hier. Ils disent que ça était comme un tremblement de terre, et que toutes leurs vitres se sont cassées.

PIERRE.

Eh bien, qui casse les verres les paye; nous payerons.

LE PORTIER.

Oui, mais je me doute que vous allez **recommencer** votre feu à volonté.

MICHEL.

N'en doutez pas.

LE PORTIER.

S'il y a du bon sens !... Vous voulez donc vous périr à toute force ?

MICHEL.

Qui ne risque rien n'a rien, père Wagram.

LE PORTIER.

Quand le diable y serait ! vous en êtes réchappés une fois, vous n'en réchapperez pas deux ; ça fait trembler ce joujou-là... ça n'est pas fait pour des pékins !... ça ressemble à un obusier, mais c'est plus traître.

PIERRE.

Ça ne peut tuer que l'artilleur.

LE PORTIER.

Une jolie arme ! Écoutez, je n'avais pas froid aux yeux dans mon temps, et j'ai fait mes preuves, comme mon sobriquet l'indique : mais c'est pis que la guerre, votre sacré métier. Nous, au moins, quand nous risquions notre peau, nous savions pourquoi !

MICHEL, étonné.

Et pourquoi ?

LE PORTIER.

Tiens donc ! parce que nous ragions ; parce que nous

en voulions à l'ennemi... mais vous ne ragez pas, vous autres, vous n'en voulez à personne.

PIERRE.

Pardon, excuse, père Wagram, nous en voulons à un secret.

LE PORTIER.

Faut-il être curieux, mon bon Dieu! Qu'est-ce qu'il vous a fait ce secret? ne l'asticotez pas : vous voyez bien qu'il est plus méchant que vous ; s'il ne vous a pas tués l'autre jour, ce n'est pas de sa faute... Regardez-moi un peu cet éclat de bombe qu'il vous a craché à la figure.

Il montre l'appareil déchiré.

MICHEL.

Vous voyez bien que Dieu nous protège.

LE PORTIER.

C'est possible ; mais pour plus de sûreté, je vais avertir la police.

MICHEL.

Vous n'en ferez rien, vieux voltairien.

LE PORTIER.

Non ! c'est mon sac ! je me gênerai ! j'y vais pas plus tard que tout de suite. Le plus souvent que je vous laisserai vous détruire !

Il sort.

MICHEL, *ouvrant la porte.*

Père Wagram ! vous êtes sur mon testament.

LE PORTIER, *du dehors.*

Farceur !

MICHEL.

Je vous en donne ma parole d'honneur.

<small>Le portier chante en descendant l'escalier : *Toi qui connais les hussards de la garde...*</small>

SCÈNE III

PIERRE, MICHEL.

MICHEL.

Nous pouvons être sûrs de sa discrétion.

PIERRE.

J'en ai peur pour lui.

MICHEL.

Ah çà ! nous avons déjeuné comme des dieux ; je demande à fumer une pipe avant de nous mettre à la besogne.

PIERRE.

Accordé la pipe ; je ne suis pas fâché d'être réconcilié avec le tabac ; ç'a été le premier ami consigné par ces dames.

MICHEL.

Avoue que tu es plus heureux ici que dans leur hôtel.

PIERRE.

Sans comparaison. Riches et pauvres ? mauvaise classification. Dépendants et indépendants, voilà la véritable.

SCÈNE IV

Les Mêmes, PINGOLEY.

PIERRE.

Vous ici, monsieur !

PINGOLEY.

Moi-même, mon cher, revêtu du caractère auguste de parlementaire. — Vous n'êtes pas de trop, monsieur Ducaisne.

MICHEL.

Merci, monsieur, je vous gênerais... et moi aussi. Il vaut mieux que j'aille de l'autre côté tenir compagnie à ma pipe.

PINGOLEY.

Fumez donc, messieurs, je vous en prie, il n'y a pas d'inconvénient... (Regardant les vitres cassées.) en plein air ! A votre place, je plaquerais sur la fenêtre ce paravent qui n'a presque rien à faire devant la porte.

MICHEL.

C'est l'antichambre.

PINGOLEY.

A la bonne heure. Permettez-moi de garder mon chapeau. — Je vous disais donc que je viens en parlementaire : j'ai été la cause involontaire de votre rupture ; j'ai demandé à être l'agent de la réconciliation. C'est vous dire que je ne peux plus être un brandon de discorde entre vous et votre belle-mère, et que votre honorable susceptibilité à mon endroit a reçu satisfaction. J'ai l'honneur de vous faire part de mon prochain mariage avec madame Bernier.

PIERRE.

J'en suis charmé, monsieur ; souvent femme varie !

PINGOLEY.

Mais non ; ce n'est pas elle qui a varié ; ce sont les circonstances. Elle n'avait que deux objections contre le mariage : la première, c'est qu'il suffisait d'un homme dans la maison ; la seconde, c'est qu'elle voulait rester maîtresse de sa fortune. Votre escapade a levé l'une, et j'ai levé l'autre en acceptant le régime de la séparation de biens.

MICHEL.

Quelle imprudence, monsieur le marquis !

PINGOLEY.

Non pas ! je suis presque aussi riche que ma future : j'ai hérité de mon oncle avant-hier.

PIERRE.

De votre jeune oncle ?

PINGOLEY.

Oui. Ce pauvre garçon était, comme vous savez, un fruit de vieillesse ; il était venu au monde à l'âge où on en sort ; il a pris le sage parti d'y renoncer volontairement.

MICHEL.

Un suicide ?

PINGOLEY.

Pas tout à fait : il s'est retiré à la Trappe à la suite d'une aventure qui lui a fait voir trente-six chandelles. Je devais lui servir de témoin, quand tout à coup, le matin même du duel, le soin de son salut l'a touché... Je me suis battu à sa place pour l'honneur du nom, et pour le même motif il m'a fait abandon de ses biens, à condition que je me marierais.

PIERRE.

A ce compte, vous êtes devenu un parti superbe !

PINGOLEY.

Sans doute, et j'en suis bien aise pour madame Bernier ; c'est une charmante femme. D'ailleurs on dit que je l'ai compromise, et je lui dois une réparation que je suis trop galant homme pour ne pas lui donner. Enfin, ce mariage-là fera tant plaisir à mon excellent ami La Palude, que cette raison seule me suffirait. A propos de La Palude, mon cher Ducaisne, j'ai lu tous vos articles depuis votre retour ; c'est du nanan. Je les colporte dans certains salons dont ledit La Palude est la bête noire...

MICHEL.

Pourquoi noire ?

PINGOLEY.

Toujours est-il qu'il n'est pas blanc. — Oh ! ça, mon gendre, car vous le serez bientôt, et je vous en fais mon sincère compliment, la cause de votre malentendu avec votre belle-mère n'existant plus, je ne vois pas pourquoi le malentendu lui-même subsisterait plus longtemps. Ces dames étaient résolues à vous attendre de pied ferme ; mais elles reconnaissent la supériorité de votre obstination, et baissent pavillon. Vous êtes humblement prié de réintégrer le domicile conjugal.

PIERRE.

Je ne suis pas un enfant, monsieur; si je pouvais rentrer, je ne serais pas sorti.

PINGOLEY.

Voyons, pas de don quichottisme. Je sais bien que votre belle-mère a prononcé quelques paroles difficiles à oublier, mais elle les regrette sincèrement et vous en demande pardon. D'ailleurs, votre situation chez ces dames se trouve fort modifiée par mon intronisation; elles ont dorénavant un cavalier, et vous aurez tout le temps nécessaire à vos travaux. Enfin, que la mauvaise honte de revenir aux yeux du monde sur une détermination chevaleresque ne vous retienne pas : personne ne soupçonne votre escapade. Ces dames ont eu soin d'expliquer votre absence par un voyage d'affaires dans leurs propriétés. Vous n'avez rien à objecter, habillez-vous et venez avec moi.

PIERRE.

Pardon, monsieur le marquis : je suppose que vous, qui ne semblez pas vous piquer de don quichottisme, vous ayez été recueilli par un ami assez intime pour vous rendre un pareil service. Je suppose que, dans un moment de vivacité, cet ami s'oublie jusqu'à vous reprocher son bienfait. Sans nul doute, vous sortiriez immédiatement de chez lui. S'il revenait, je ne dis pas un mois après, mais le lendemain, plein du plus sincère repentir, vous demander pardon, vous lui pardonneriez, j'en suis sûr; mais rentreriez-vous chez lui ? non ! La chaîne du bienfait est la seule qui ne se renoue pas... Je ne puis plus rien devoir à ma belle-mère, et par conséquent je ne peux pas rentrer chez elle.

MICHEL.

Bien, Pierre.

PINGOLEY.

Bien! bien! sans doute c'est très bien, mais vous ne songez pas à la position intolérable que vous faites à Clémentine.

PIERRE.

Ce n'est pas moi qui la lui fais, et je la subis comme elle, plus qu'elle! car elle ne m'aime pas. Elle en sera quitte pour me donner tous les torts... personne ne prendra ma défense, soyez-en sûr... pas même moi! on la plaindra, et ce rôle de victime flattera son amour-propre, sa seule passion. Tandis que moi... moi, je l'aime!

PINGOLEY.

Vous l'aimez et vous ne voulez pas revenir?...

PIERRE.

Non! et quand elle m'aimerait aussi par un miracle, quand elle serait là suppliante à mes pieds, je répondrais encore non! car il est des injures qu'on ne peut pardonner sans s'avilir, qu'à condition de ne pas les oublier.

MICHEL.

Il n'y a rien à répliquer, monsieur le marquis.

PINGOLEY, à part.

Clémentine à la rescousse! (Haut.) Vous êtes un fou, mais on ne dira pas que vous soyez un pied-plat. (Il lui tend la main.) En somme, c'est moi qui paye les pots cassés.

Me voilà chargé de deux femmes au lieu d'une, ça n'est pas gai. Adieu, messieurs. (Regardant autour de lui.) C'est très curieux un intérieur de savant, je n'en avais jamais vu.

MICHEL.

Ne faites pas attention au désordre; l'appartement a été fait par une explosion.

PIERRE, montrant le cylindre éclaté.

Voici nôtre femme de ménage.

PINGOLEY.

Vous vous occupez donc d'artillerie, maintenant?

PIERRE.

Non, de chimie.

PINGOLEY.

Alors, que faites-vous de cette bombarde?

MICHEL.

C'est un cylindre de fonte qui a éclaté pendant une expérience.

PINGOLEY.

Et il ne vous a pas tué? Il y a des grâces d'état! ma parole, il faut que la mort ait été élevée dans le respect des savants.

MICHEL.

Ne croyez pas qu'elle se gêne avec eux. Elle est déjà longue la liste des soldats de la science morts au champ d'honneur! Gehlen, empoisonné par le gaz hydrogène arséniqué; Boullay, brûlé par la vapeur d'éther; Hennel foudroyé par le fulminate de mercure, et tant d'autres sans compter les blessés.

ACTE QUATRIÈME.

PINGOLEY.

Tiens! tiens! nous ne nous doutons pas de tout cela dans les salons; nous estimons votre métier le plus paterne de tous les métiers. Comment se fait-il que ces catastrophes n'aient pas plus de retentissement?

MICHEL.

C'est que la science n'inscrit pas ses morts dans ses bulletins : elle n'y inscrit que ses conquêtes. Le courage n'est même pas compté dans la gloire du savant.

PINGOLEY.

Mais, dites-moi donc, est-ce que La Palude s'expose aussi?

MICHEL.

Il ne fait pas de la science, lui, il ne fait que des confitures.

PINGOLEY.

Au Fidèle Berger... Prunes et mirabelles. Mais vous n'êtes pas gens à risquer votre vie pour des prunes, j'espère?

MICHEL.

Si nous réussissons, Pierre aura l'honneur d'avoir découvert une force supérieure à la vapeur.

PINGOLEY.

Diable! sa fortune est faite.

MICHEL.

Non, monsieur le marquis. Ce n'est pas à lui que l'invention profitera : l'homme de génie trouve une loi de la nature, c'est un mécanicien qui l'applique; c'est un industriel qui l'exploite. Papin a découvert la vapeur au

XVIIe siècle ; Watt a inventé la machine à vapeur au XVIIIe siècle, et les chemins de fer ont enrichi les actionnaires au XIXe.

PINGOLEY.

Désintéressement complet. C'est d'autant plus beau. Sur ce, bonsoir, je suis gelé ; il fait un froid de loup ici. Est-ce l'explosion qui a brisé vos vitres ? Je vous engage fortement à les remplacer.

PIERRE.

C'est inutile, nous allons recommencer.

PINGOLEY.

Recommencer ! et vous espérez qu'il y aura encore du dégât...

MICHEL.

C'est à craindre... nous avons pourtant apporté quelques perfectionnements à notre appareil. Seront-ils suffisants ? voilà la question.

PINGOLEY.

Eh bien, vous êtes deux lurons. Je viendrai savoir de vos nouvelles ce soir.

PIERRE, le prenant à part.

Si par hasard vous ne trouviez plus personne, voici une lettre que je vous prie de remettre à Clémentine.

PINGOLEY.

Mais, mes pauvres enfants... Morbleu ! je suis ému... voyons, embrassez-moi.

PIERRE, l'embrassant.

Au revoir, monsieur le marquis.

PINGOLEY.

Oui... au revoir...J'aime mieux ce mot-là. Au revoir, mon cher Ducaisne, à ce soir.

MICHEL, lui serrant la main.

A ce soir.

PIERRE.

Vous ne remettrez la lettre qu'au cas...

PINGOLEY.

C'est entendu! (A part.) Je t'en moque... elle l'aura dans cinq minutes!

SCÈNE V

LES MÊMES, LA PALUDE.

PINGOLEY.

Ah! monsieur le baron!..... comment cela va-t-il? toujours savant?

LA PALUDE, à Michel.

J'ai à vous parler, monsieur Ducaisne.

Pierre sort par la porte de gauche.

PINGOLEY.

Bien, bien, je m'en vais... A propos, il n'a été question que de vous hier au soir chez le duc d'Aurai : « Que fait-il? que devient-il? comme il a l'air sérieux! — C'est qu'on l'étrille, a dit une dame. — Plus bas! a dit le duc aux rieurs, plus bas! il a l'oreille longue. » — Eh bien, je trouve que le second mot a le tort de doubler la balle du premier. Dans ce genre de plaisanterie il ne faut pas appuyer, c'est votre avis, n'est-ce pas ? Adieu, monsieur le baron.

Il sort.

SCÈNE VI

MICHEL, LA PALUDE, tremblant de colère.

LA PALUDE.

Il faut que cela finisse, monsieur.

MICHEL.

Quoi donc ?

LA PALUDE.

J'en ai assez de votre odieuse persécution, j'en ai assez de servir de plastron à mes amis et connaissances ! J'en ai assez ! il faut que cela finisse... à tout prix.

MICHEL.

Comment l'entendez-vous ?

LA PALUDE.

Parbleu ! comme vous l'entendez vous-même ! Je suis riche et je ne marchande pas.

MICHEL fait un geste violent aussitôt réprimé.

Que vous avez de beaux cheveux blancs, monsieur le baron !...

LA PALUDE.

Il ne s'agit pas de mes cheveux. Je suis exaspéré... Combien voulez-vous pour vous taire ? je n'y vais pas par quatre chemins, moi.

ACTE QUATRIÈME.

MICHEL.

Vous avez tort. A votre place je m'y prendrais autrement.

LA PALUDE.

Et comment, s'il vous plait?

MICHEL.

Vous ne savez pas l'*a b c d* de la corruption : il y a mille manières de faire accepter un marché honteux à un homme... en voici une, par exemple.

LA PALUDE.

Je n'ai que faire de la savoir, je suis furieux et vais droit au but.

MICHEL.

Eh bien, soit, soyons cyniques, et sablons un verre de honte. Vous voulez m'acheter mon silence ? j'ai quelque chose de mieux à vous offrir.

LA PALUDE.

Vos éloges ?

MICHEL.

Mieux encore. Pierre vient de faire une assez belle découverte : il a trouvé le moyen de liquéfier le gaz carbonique.

LA PALUDE.

Allons donc! c'est la quadrature du cercle.

MICHEL.

Une première expérience n'a réussi qu'à moitié par la faute de l'appareil, mais nous l'avons perfectionné, et nous sommes à peu près sûrs du succès.

LA PALUDE.

Cette découverte serait tout simplement une révolution dans tout notre système de locomotion !

MICHEL.

C'est moi qui ai servi de préparateur à Pierre. J'ai donc une part dans ce beau travail : eh bien, monsieur le baron, je vous la vends.

LA PALUDE, charmé et troublé.

Mais ne serait-ce pas me parer des plumes du paon ?

MICHEL.

Plumes de paon, plume de journaliste, vous veniez acheter de la plume, n'est-ce pas ? D'ailleurs, si vous avez des scrupules, on peut vous donner un droit légitime sur l'œuvre, une part réelle de collaboration. Vous prendrez place auprès de Pierre, dans l'expérience définitive.

LA PALUDE.

A la bonne heure.

MICHEL.

Vous fermez ainsi la bouche à vos envieux, vous rétorquez victorieusement mes articles, et vous forcez les portes de l'Institut. Quant à mon silence et à celui de Pierre, il vous est assuré par ce que le marché a de fâcheux pour nous, car je ne me dissimule pas.....

LA PALUDE.

Quelle folie !

MICHEL.

Non... J'ai même peur d'encourir votre mépris.

ACTE QUATRIÈME.

LA PALUDE.

Moi, vous mépriser... mon cher Michel, mon ami, mon sauveur!

MICHEL.

Oh! monsieur le baron...

LA PALUDE.

Appelez-moi La Palude tout court, je vous en prie.

MICHEL.

Eh bien, mon cher Alfred, voici la chose... Je ne crains pas d'indiscrétion. Le raisonnement a conduit Pierre à conclure que le gaz carbonique, cette substance invisible et intangible, devait se liquéfier par la compression. Vous ne vous en seriez pas douté... ni moi non plus. Nous avons fait construire ce cylindre de fonte, qui se ferme avec une clef à vis graissée de suif. (Ils s'approchent de l'appareil.) Nous le remplissons aux deux tiers d'un mélange d'eau et et de bicarbonate de soude pulvérisé, que nous combinons avec de l'acide sulfurique par un mouvement d'oscillation graduelle imprimé à l'appareil.

LA PALUDE.

Il doit, en effet, se dégager une quantité de gaz effroyable.

MICHEL.

Qui, s'entassant dans le petit espace resté vide, arrive à une pression de quatre cents atmosphères. L'opération est très simple et dure en tout sept minutes.

LA PALUDE.

Très simple... mais très dangereuse! Quatre cents atmosphères! Il n'en faut que dix pour faire marcher les chemins de fer. C'est horriblement dangereux.

MICHEL.

Oh ! l'explosion n'est réellement à craindre qu'entre la sixième et la septième minute, quand on renverse tout à fait l'appareil, comme il nous est arrivé avant-hier.

Il montre le cylindre éclaté.

LA PALUDE.

Ah ! déjà avant-hier... Quand faites-vous l'expérience ?

MICHEL.

Tout de suite.

LA PALUDE.

J'ai justement un rendez-vous...

MICHEL.

Nous vous attendrons.

LA PALUDE.

A quoi bon ? Ma présence n'est qu'une formalité.

MICHEL.

Car le traité tient toujours, n'est-ce pas?...

LA PALUDE.

Sans doute...

MICHEL.

Eh bien, monsieur le baron, vous demandiez comment on fait accepter un marché honteux : voilà.

LA PALUDE.

Vous moquez-vous de moi, monsieur ?

MICHEL.

Depuis un quart d'heure !

LA PALUDE.

Têtebleu !

Il se couvre.

MICHEL.

Ne mettez donc pas votre chapeau : il cache votre sauf-conduit. Adieu, monsieur le baron ; prenez la peine de sortir par la porte, et sans rancune. Une autre fois, quand vous irez chez de pauvres diables comme moi, regardez bien s'il y a un bouchon de paille à la sonnette.

LA PALUDE, sur la porte.

Monsieur ! je me retire dans mon indépendance et dans ma dignité. Je vous abandonne au tribunal de votre conscience.

Il sort.

SCÈNE VII

MICHEL, puis PIERRE.

MICHEL, seul.

Un homme d'esprit n'aurait pas trouvé un mot : celui-là sort majestueusement... la bêtise est une belle chose !

PIERRE, entrant.

Il est parti !...

MICHEL, riant.

Figure-toi qu'il venait me corrompre !...

PIERRE.

J'ai entendu la scène. Nous en rirons ce soir. Pour le moment, nous avons quelque chose de plus sérieux à faire. A l'ouvrage !

La physionomie de Michel devient grave ; il casse sa pipe en deux et en jette les morceaux dans la cheminée. Pierre s'approche de l'appareil et se met en devoir de le charger. Michel lui donne à mesure le flacon de bicarbonate, l'entonnoir et l'eau.

PIERRE.

L'acide sulfurique? (Michel le lui donne.) La clef? (Ils la vissent tous deux avec effort.) Et maintenant, à la grâce de Dieu !

MICHEL, avec un demi-sourire.

Cent sous que ça n'éclatera pas !

PIERRE.

En tous cas, mon vieux...

Il lui donne une poignée de main.

MICHEL.

En avant !

PIERRE.

Compte les minutes.

Il met un genou en terre près du cylindre et commence à le faire osciller. Michel est debout, de l'autre côté, sa montre à la main ; tous deux tournent le dos à la porte d'entrée.

SCÈNE VIII

Les Mêmes, CLÉMENTINE, une lettre froissée à la main.
Elle entre avec précaution et regarde par le coin du paravent.

CLÉMENTINE, à part.

Dieu soit loué! j'arrive à temps !

MICHEL, comptant les minutes.

Une.

CLÉMENTINE, lisant la lettre.

« Quand vous lirez ces lignes, vous serez veuve. » Non, tu ne mourras pas seul. « Je vous pardonne tout ce que » j'ai souffert par vous ou à cause de vous, et je remer-

» cie la mort de l'autorité qu'elle prête à mes dernières
» paroles. »

MICHEL.

Deux.

CLÉMENTINE.

« Vous me croirez maintenant, quand je dis que je
» vous ai aimée de toute mon âme et que je vous aime
» encore. »

MICHEL.

Trois.

CLÉMENTINE.

« Nous aurions été heureux sans votre fortune ; c'est
» elle qui vous a rendue injuste, c'est elle seule que je
» maudis. »

MICHEL.

Quatre.

CLÉMENTINE.

« Adieu, chère bien-aimée ! que ma bénédiction vous
» protège... »

Elle baise la lettre.

MICHEL.

Cinq. (Un silence.) Six !

PIERRE, prenant l'appareil dans ses bras.

Tiens, mon vieux, va-t'en ! il y a assez de moi ici.

Michel hausse les épaules, met un genou en terre de l'autre côté et aide Pierre à renverser le cylindre. Clémentine s'approche vivement et se tient droite derrière eux.

MICHEL.

Sept !... ça y est !... lâche tout !

CLÉMENTINE, d'une voix étranglée.

Sauvés !...

PIERRE, se relevant, avec terreur.

Clémentine!

CLÉMENTINE, se jetant dans ses bras en sanglotant.

O Pierre, mon amour! ma vie!... nous serions morts ensemble!... mais tu m'es rendu! Quel bonheur! que Dieu est bon! que je t'aime!... — Pardonne-moi! je t'ai cru lâche... je t'ai cru vil!... je t'ai méprisé, toi! toi que j'adore... ô courage! ô génie! pardonne, Pierre!... pardonne à ta compagne! à ta servante... (Mouvement de Pierre qui se dégage de son étreinte.) Sois tranquille... Je ne viens pas te demander de rentrer chez ma mère... Je connaissais ta résolution, et loin de la combattre, je la soutiendrais si elle venait à faiblir... car elle est mon honneur, puisqu'elle est le tien. — Mais si tu ne peux pas partager ma fortune, je peux, moi, partager ton dénuement... Je suis ici chez moi, et j'y reste.

MICHEL.

Ah! madame, voilà une noble inspiration.

CLÉMENTINE.

Appelez-moi Clémentine, mon bon Michel.

MICHEL.

Que je vous appelle Clémen... Clémen...
 Il frappe du pied et se retourne pour cacher son émotion.

PIERRE.

O chère Clémentine, c'est digne de toi de vouloir partager mon existence; mais...

CLÉMENTINE.

J'en ai la force, va! Tu ne me connais pas... Personne ne me connaît. — Par désespoir de rencontrer mon vrai maître, j'enveloppais d'ironie et de dédain tout ce que j'ai de précieux, faisant bon marché du reste au premier venu... Je te prenais pour le premier venu! mais tu t'es révélé, mon cœur s'ouvre, j'appartiens... et je ne veux plus d'autre bonheur! — Rends-moi ta main, Pierre, cette main virile, et sois sûr qu'elle ne sentira pas trembler la mienne.

PIERRE.

Tu le veux! eh bien, soit! En acceptant ton sacrifice, je contracte une dette immense... Mais cette reconnaissance-là me gonfle le cœur de courage et de fierté! Merci!...

Il la prend dans ses bras.

MICHEL, à Clémentine.

Je vais avertir madame votre mère de ne pas s'inquiéter, n'est-ce pas?...

CLÉMENTINE, regardant son mari en souriant.

Allez!

FIN D'UN BEAU MARIAGE

NOTE.

Rendons à César ce qui est à César. La découverte de la liquéfaction du gaz carbonique, plus connue des savants que du public, n'appartient pas à notre héros, comme on pourrait le croire, mais au célèbre Faraday. L'appareil dont nous nous servons au quatrième acte a été inventé par Thilorier, dont il a tué le préparateur, Hervy.

LES EFFRONTÉS

A

M. PROSPER MÉRIMÉE

DE L'ACADÉMIE FRANÇAISE

Cher maître,

Cette dédicace est depuis six ans la première chose que j'imprime sans vous consulter. Acceptez-la, je vous prie, comme un petit témoignage d'une grande admiration et d'une grande amitié.

É. AUGIER.

Janvier 1861.

PERSONNAGES

		1861	1883
CHARRIER, banquier.	MM.	Provost.	Barré.
HENRI, son fils.		Delaunay.	Delaunay.
LE MARQUIS D'AUBERIVE.		Samson.	Thiron.
VERNOUILLET, faiseur d'affaires.		Regnier.	Febvre.
DE SERGINE, journaliste.		Leroux.	Laroche.
GIBOYER, bohème.		Got.	Got.
LE VICOMTE D'ISIGNY.		Mirecour.	Leloir.
LE BARON.		Chéry.	Joliet.
LE GÉNÉRAL.		Barré.	Vilain.
LA MARQUISE D'AUBERIVE.	Mmes Arnould-Plessy.	Tholer.
CLÉMENCE, fille de Charrier.		Marie Royer.	Durand.
LA VICOMTESSE D'ISIGNY.		Édile-Riquer.	Édile-Riquer.
UNE FEMME DE CHAMBRE.		J. Bondois.	Jamaux.
DOMESTIQUE DE CHARRIER.	MM.	Montet.	Roge.
DOMESTIQUE DE LA MARQUISE.		Tronchet.	Masquillier.
DOMESTIQUE DE VERNOUILLET.		Masquillier.	Roger.

La scène se passe à Paris, vers 1845.

LES EFFRONTÉS

ACTE PREMIER

Un riche salon chez Charrier. Cheminée au fond, avec un feu très vif ; porte à droite conduisant au dehors ; porte à gauche conduisant à l'intérieur ; au milieu, devant la cheminée, une table en marqueterie avec une chaise dorée, de chaque côté.

SCÈNE PREMIÈRE

CLÉMENCE, seule, assise à gauche de la table, lisant le journal, puis HENRI, entrant par la porte de gauche ; il s'approche à pas de loup, embrasse le cou de Clémence qui pousse un petit cri.

CLÉMENCE.

Ah ! tu m'as fait peur !

HENRI.

Tu ne m'avais pas entendu entrer ! C'est un peu fort de lire le journal à ce point-là... A ton âge, ô ma sœur !

CLÉMENCE.

Je parcourais...

HENRI.

Attentivement. (Prenant le journal.) *La Conscience publique!*... beau titre pour un journal à vendre!

CLÉMENCE, se levant.

A vendre?

HENRI.

Oui; le propriétaire a fait sa pelote et veut céder son fonds. A vendre *la Conscience publique!* Au comptant et en un seul lot! — Quelle affaire pour une bande noire!

CLÉMENCE.

Que va devenir M. de Sergine?

HENRI.

Sergine? Est-ce que ça le regarde?

CLÉMENCE.

Puisqu'il écrit dans ce journal...

HENRI.

Si mon père vendait sa maison, qu'est-ce que ça ferait aux locataires? L'ami Sergine peut être tranquille, le preneur ne lui donnera pas congé : c'est lui qui est la fortune du journal.

CLÉMENCE.

Ses articles sont si beaux, si honnêtes, si éloquents!

HENRI.

Vous les comprenez donc, mademoiselle?

CLÉMENCE.

Que c'est courageux de passer sa vie à chercher la vérité et à la dire sans flatter les grands ni les petits! Sais-tu bien que M. de Sergine est un caractère?

HENRI.

Oui, car c'est un parfait honnête homme; et il y faut une terrible volonté par les exemples qui courent les rues.

CLÉMENCE.

Je crois que cela ne coûte guère à M. de Sergine.

HENRI.

Pardon! Cela lui coûte précisément ce que lui rapporterait le contraire.

CLÉMENCE.

J'entends qu'il en fait le sacrifice sans effort. Il n'est pourtant pas riche.

HENRI.

Lui? son travail lui rapporte une vingtaine de mille francs et lui laisse à peine le temps d'en dépenser dix! Ce qui est ruineux, c'est la fortune: je ne ferais pas un sou de dettes si je gagnais seulement la moitié de ce que me donne mon père. — A propos, quelle mine faisait-il au déjeuner?

CLÉMENCE.

Sa mine ordinaire.

HENRI.

C'est qu'il n'a pas reçu le paquet.

CLÉMENCE.

Encore des dettes ? c'est très mal, Henri !

HENRI.

Il faut bien faire quelque chose.

CLÉMENCE.

A la bonne heure ; mais quand c'est fait, plutôt que de fâcher son père, on vient trouver sa sœur ; et comme elle connaît son panier percé de frère, elle a une petite réserve de louis d'or...

HENRI.

O Clémence, la bien nommée !... Garde tes économies, ma chérie ; je ne veux pas dilapider l'argent des pauvres.

CLÉMENCE.

Je suis assez riche pour eux et pour toi. J'ai mes douze cents francs de notre pauvre mère..

HENRI.

Comme moi.

CLÉMENCE.

Et papa ne me refuse rien.

HENRI.

Mais si tu te mettais à payer mes dettes, je n'oserais plus en faire. Non, petite sœur ; j'en serai quitte pour une mercuriale, et encore ! J'ai une recette pour couper court aux sermons de mon père.

CLÉMENCE.

Je la connais : ta vocation militaire. — Mais à quoi peux-tu dépenser tant d'argent ?

ACTE PREMIER.

HENRI.

A quoi? Parbleu... dame! je n'en sais rien.

CLÉMENCE.

Tu ne veux pas le dire? C'est bien, tu as des secrets pour moi, j'en aurai pour toi.

HENRI.

C'est bien différent! Tu es ma sœur, tandis que moi... je suis ton frère. D'ailleurs je n'ai pas le moindre secret.

CLÉMENCE.

Eh bien! moi, j'en ai un.

HENRI.

Un gros?

CLÉMENCE.

Oui... que je cherche à te dire depuis une heure sans que tu viennes à mon aide.

HENRI.

Tiens! tiens! Voyons, de quoi me parles-tu depuis une heure? De Sergine, parbleu!... Est-ce que? (Elle baisse la tête.) Que le diable t'emporte!

CLÉMENCE.

Ne m'as-tu pas dit vingt fois qu'il ne faut pas rechercher la fortune dans le mariage? que le vrai luxe d'une fille riche c'est d'épouser un homme digne d'elle?...

HENRI.

Sans doute, sans doute...

CLÉMENCE.

Trouves-tu M. de Sergine indigne de moi?

HENRI.

Non, certes! c'est l'homme du monde que j'aime et que j'honore le plus; mais le *hic*, c'est qu'il ne pense pas à toi.

CLÉMENCE.

N'est-ce que cela?

HENRI.

C'est quelque chose.

CLÉMENCE.

Eh bien, rassure-toi : il y pense.

HENRI.

Où prends-tu cela?...

CLÉMENCE.

A mille petits riens qui font que j'en suis sûre. Tu sais si je suis avantageuse et portée à m'accorder d'autres charmes que ma dot?

HENRI.

C'est vrai ; tu es même d'un scepticisme immodéré à l'endroit de tes soupirants.

CLÉMENCE.

Tu peux donc me croire quand je te dis que M. de Sergine m'aime.

HENRI.

Au fait, pourquoi pas?

CLÉMENCE, souriant.

Sans doute, pourquoi pas?

ACTE PREMIER.

HENRI, à part.

Il y a assez longtemps qu'il aime la marquise. (Haut.) Ma foi, ma petite Clémence, tu ne pourrais me donner un beau-frère qui me plût davantage.

CLÉMENCE.

Cher Henri!...

HENRI.

Mais j'ai peur que le père ne se fasse tirer l'oreille.

CLÉMENCE.

Nous lui en tirerons chacun une. D'ailleurs il m'a toujours dit que je choisirais mon mari.

HENRI.

Je sais bien, mais dire et faire!... Enfin, nous verrons. Il faut d'abord sonder Sergine, et m'assurer que tu ne te trompes pas. Je m'y prendrai adroitement.

CLÉMENCE.

Adroitement?... Dis-lui : Ma sœur vous aime...

HENRI.

Hein?

CLÉMENCE.

Et je vous autorise à demander sa main.

HENRI.

Comme tu y vas!

CLÉMENCE.

Comme une honnête fille riche avec un honnête homme pauvre.

HENRI.

Chut!... Le père!

SCÈNE II

HENRI, CLÉMENCE, CHARRIER.

CLÉMENCE, bas.

Voici l'orage.

HENRI, de même.

Gare là-dessous!

CHARRIER.

Ma chère Clémence, j'ai à causer avec ton frère, laisse-nous. (Clémence sort.) Asseyez-vous, monsieur. (Henri s'assied à gauche de la table et Charrier reste adossé à la cheminée.) Votre grand-père était un pauvre petit percepteur à Saint-Valery...

HENRI.

En Caux.

CHARRIER.

Veuillez ne pas m'interrompre. Quand j'eus achevé mes études au collège de Rouen, il m'embarqua pour Paris avec quinze louis dans ma bourse et une lettre de recommandation pour Laffitte. Savez-vous ce qu'il me dit en me quittant?

HENRI.

Parfaitement. Tu me le répètes chaque fois que tu...

CHARRIER.

Je vous prie de remarquer que je ne vous tutoie pas.

HENRI.

Parbleu! tu es fâché contre moi qui ai fait des lettres de change; mais moi, je ne le suis pas contre toi qui les as payées. Je n'ai aucun motif de te parler sévèrement.

CHARRIER.

Et croyez-vous que ce soit en faisant des lettres de change que, parti de rien, je suis arrivé où j'en suis? Non, monsieur; c'est par le travail, la conduite, l'économie! A votre âge, je vivais avec douze cents francs par an et je ne faisais pas de dettes!

HENRI.

Je crois bien, c'est toi qui les aurais payées.

CHARRIER.

Et aujourd'hui même, monsieur, je ne dépense pas autant que vous!

HENRI.

Il ne manquerait plus que cela.

CHARRIER.

Comment?

HENRI.

Vas-tu comparer le fils d'un pauvre diable de percepteur avec celui du premier banquier de l'époque?

CHARRIER.

Oh! le premier...

HENRI.

D'un maire de Paris?

CHARRIER.

Cela, c'est exact.

HENRI.

D'un futur pair de France?

CHARRIER.

Pas si vite ! nous n'en sommes pas là!

HENRI.

Ne fais pas le modeste; la pairie ne peut pas te manquer. Eh bien! je m'y prépare. Le fils d'un pair de France ne peut pas vivre comme un clerc d'huissier; tu ne le voudrais pas !

CHARRIER.

Mais il y a une juste limite.

HENRI.

L'ai-je dépassée? Voilà bien du bruit pour un méchant billet de deux cents louis !

CHARRIER.

Si c'était le premier... ou le dernier !

HENRI.

Ce n'est ni l'un ni l'autre, j'en conviens. Mais soyons de bon compte : tu me l'as dit souvent : l'oisiveté est la mère de tous les vices; or, je suis oisif.

CHARRIER.

C'est justement ce que je vous reproche !

HENRI.

A qui la faute ? J'avais une vocation pour l'état militaire ; tu m'as défendu de la suivre !... M'y autorises-tu maintenant ?

CHARRIER.

Non, diable !

HENRI.

Je te promets que je ne ferais plus de dettes.

CHARRIER.

J'aime encore mieux payer ! Je n'ai pas amassé des millions pour envoyer mon unique héritier se faire casser la tête en Afrique !

HENRI.

Unique héritier ?

CHARRIER.

Du nom.

HENRI.

Oh ! tu t'appelles Charrier.

CHARRIER.

Eh bien ! méprisez-vous le nom de votre père, à présent ?

HENRI.

Non, certes ! Je n'en sache pas de plus honorable, et je te remercie de me l'avoir gardé sans tache. C'est une partie de l'héritage dont les pères se préoccupent médiocrement par le temps qui court, et je ne te suis pas peu reconnaissant d'y avoir songé.

CHARRIER, lui prenant les mains.

Voilà ma récompense, mon cher enfant ! — Mais, sapristi ! je ne suis pas venu pour te dire des tendresses ! Où en étions-nous ?

HENRI.

Tu tiens à reprendre?

CHARRIER.

Oui, morbleu! Tu as fait des sottises, et je veux, non plus te gronder, tu m'as fait perdre le fil de ma colère, mais te parler raison.

HENRI.

Reprenons donc. Je te disais qu'en me fermant la carrière militaire, tu m'avais condamné à l'oisiveté, et que, l'oisiveté étant la mère de tous les vices, tu devais avoir des bontés pour sa petite famille.

CHARRIER.

Mais il y a d'autres carrières.

HENRI.

Permets! Si je suis trop riche pour faire ce qui me plaît, à plus forte raison pour faire ce qui ne me plaît pas. Concession pour concession : je consens à ne pas être soldat; mais tu me permettras, en retour, de n'être rien du tout, et, partant, de faire quelques folies pour passer le temps, jusqu'au jour où il te plaira me marier. Elles coûtent un peu cher, mais tu es millionnaire.

CHARRIER.

Aussi n'est-ce pas ta dépense qui me contrarie le plus... j'aimerais mieux te voir dépenser le double à autre chose.

HENRI.

Oui, à autre chose qui ne m'amuserait pas.

CHARRIER.

Qui ne t'afficherait pas, malheureux! Comment veux-tu que je marie un pilier de coulisses?

HENRI.

Où veux-tu donc que j'exerce? où veux-tu que j'aille? Parle! j'irai.

CHARRIER.

Je n'ai pas besoin de savoir où tu vas; je ne te le demande pas... mais s'il faut absolument que tu ailles quelque part, il est certain qu'une liaison avec une femme... comment dirai-je?

HENRI.

Mariée?

CHARRIER.

Non! mais enfin... avec une femme qui aurait des ménagements à garder... Il est certain, dis-je, qu'une telle liaison te coûterait moins cher et ne nuirait pas à ton établissement.

HENRI.

A la bonne heure; un peu de morale ne gâte rien.

CHARRIER.

Mon Dieu, je sais bien que ce n'est pas la morale de l'Évangile, mais c'est celle du monde; que veux-tu que j'y fasse?

HENRI.

Bah! je parie que toi, tout le premier, tu refuserais ta fille à un homme dans cette position.

CHARRIER.

Pas du tout.

HENRI.

Voyons, je suppose que mon ami Sergine, par exemple...

CHARRIER.

C'est autre chose : sa liaison est publique.

HENRI.

Publique ? Ni lui ni la marquise ne l'avouent, et personne n'a l'air de s'en douter.

CHARRIER.

C'est le secret de Polichinelle.

HENRI.

Alors Polichinelle est bon enfant, car la marquise est reçue partout et tout le monde va chez elle.

CHARRIER.

Du moment qu'elle sauve les apparences...

HENRI.

Tout est sauvé... fors l'honneur ! — J'admire ta facilité à l'endroit des femmes légères... Je la partage ; mais je suis très collet monté quand il s'agit de ma sœur, et je m'étonne que tu lui laisses voir sa marraine, si sa liaison avec Sergine est en effet publique.

CHARRIER.

Quand je dis qu'elle est publique, je veux dire...

HENRI.

Qu'elle ne l'est pas.

CHARRIER.

Tu m'ennuies. La marquise fréquente la meilleure compagnie, elle y est très bien vue, et je n'ai pas de motif pour rompre avec elle.

HENRI.

Je ne dis pas le contraire, mais il serait piquant qu'elle ne fût pas compromise et que Sergine le fût au point de ne plus trouver à se marier.

CHARRIER.

Il l'est, marié! Sa liaison est acceptée comme un mariage morganatique. D'ailleurs, qu'est-ce que tu me chantes avec ton Sergine? Crois-tu que je mènerais ta sœur chez la marquise si cette relation était de nature à lui faire tort?

HENRI.

Loin de moi,...

CHARRIER.

J'honore la marquise! je la considère comme un ange...

HENRI.

Un ange déchu, en tout cas.

CHARRIER.

Va, la pauvre femme est plus à plaindre qu'à blâmer.

HENRI.

Je veux bien ne pas la blâmer du tout, mais je demande à ne pas être obligé de la plaindre. Il me semble que tout lui a assez bien réussi ; orpheline et sans le sou, elle a épousé un vieux mari pour sa fortune...

CHARRIER.

Ce n'est pas vrai. Elle a épousé son oncle par raison de famille et non par intérêt. Elle a été angélique pour lui, ce qui n'est pas un petit mérite, car le bonhomme est un braque des mieux conditionnés ; je ne pense pas que ton goût pour la contradiction aille jusqu'à le défendre ?

HENRI.

Non, oh ! non ! Il me donne sur les nerfs, ce petit vieux paradoxal, pointu et pointilleux, cet ennemi personnel de l'égalité, ce détracteur narquois de notre révolution ! Je suis enchanté que sa femme ait eu l'esprit de le mettre dans son tort et de se séparer en lui tirant une pension de 50 000 francs ; je ne suis pas fâché qu'elle ait, depuis, accommodé de toutes pièces ce voltigeur de Louis XIV, et que le monde lui ait passé cette petite douceur, à la pauvre femme. Mais quant à la trouver malheureuse, non, non, non !

UN DOMESTIQUE, annonçant à droite.

M. le marquis d'Auberive !

SCÈNE III

HENRI, CHARRIER, LE MARQUIS.

CHARRIER.

Ah ! monsieur le marquis, pourquoi avez-vous pris la peine de vous déranger ?

ACTE PREMIER.

LE MARQUIS.

Comment donc, monsieur, rien ne saurait moins me déranger que de venir chez vous.

CHARRIER, s'inclinant.

Monsieur le marquis!

LE MARQUIS.

Sans doute : vous êtes sur le chemin de mon cercle. — Vous m'aviez fait l'honneur de m'écrire pour me demander un rendez-vous chez moi, il fallait vous répondre et, en passant devant votre porte, je me suis dit : Parbleu! économisons une course à ce bon M. Charrier, et une lettre à moi. Vous n'imaginez pas mon horreur pour les plumes.

HENRI.

Horreur que ce bon M. Charrier doit bénir, puisqu'elle lui vaut l'honneur inappréciable de votre visite.

CHARRIER.

Henri!

LE MARQUIS.

Je vous ai choqué, jeune homme? Ce n'était pas mon intention; mais si vous n'êtes pas content...

CHARRIER.

Il l'est.

HENRI.

Pas trop.

CHARRIER.

Fais-moi le plaisir de t'en aller; j'ai à parler d'affaires avec monsieur.

LES EFFRONTÉS.

HENRI, à part.

Au fait, ce serait ridicule. (Haut.) Votre serviteur, monsieur.

Il sort par la gauche.

SCÈNE IV

CHARRIER, LE MARQUIS.

LE MARQUIS.

Il est gentil votre garçon ; il a du sang.

CHARRIER.

Il n'en a que trop. — Je suis chargé...

LE MARQUIS.

A quoi le destinez-vous ?

CHARRIER.

Au mariage.

LE MARQUIS.

Vous êtes sévère. Est-ce qu'il n'a pas d'autre vocation ?

CHARRIER.

Il voulait être militaire ; mais vous comprenez que je ne m'en soucie pas.

LE MARQUIS.

Vous ne voulez pas que votre nom périsse, je conçois cela. Encore un trait de l'aristocratie financière. Je les recueille religieusement. Les travers du vainqueur sont la consolation du vaincu : consolation bien innocente. Vous nous avez renversés, et je me gaudis à voir ce que vous avez mis à notre place.

CHARRIER.

L'égalité.

LE MARQUIS.

Elle est jolie votre égalité, parlons-en ! vous avez substitué une caste à une autre, voilà tout.

CHARRIER.

Il y aurait beaucoup à répondre, mais ce serait long et nous n'avons pas de temps à perdre, dans cette caste où l'on travaille. — Je suis chargé par madame la marquise, votre femme...

LE MARQUIS.

Ma nièce, s'il vous plaît.

CHARRIER.

Votre nièce, soit, m'a chargé auprès de vous d'une négociation délicate.

LE MARQUIS.

Rien de plus simple entre gens délicats. Parlez.

CHARRIER.

En deux mots elle s'est laissée gagner par la fièvre de spéculation qui tient Paris...

LE MARQUIS.

Et elle a perdu. C'est à moi de payer : j'ai bon dos.

CHARRIER.

D'abord, vous n'êtes pas obligé de payer : les engagements contractés par la femme...

LE MARQUIS.

Passons. — Combien doit-elle ?

CHARRIER.

Cent mille francs.

LE MARQUIS.

Peste !

CHARRIER.

Elle ne vous les demande pas. Elle vous propose seulement de lui avancer la somme, et de lui retenir la moitié de sa pension jusqu'à l'entier payement de sa dette, capital et intérêts.

LE MARQUIS.

La proposition n'est pas acceptable ; mais ce sont là des arrangements de famille qui se régleront mieux d'elle à moi que par intermédiaire. Je pense qu'elle ne fera pas difficulté de me recevoir : si son mari a eu des torts envers elle, son oncle n'en a pas eu. — Dans quelle escroquerie s'est-elle laissée prendre ?

CHARRIER.

Dans la Banque territoriale de M. Vernouillet. Elle a souscrit deux cents actions, sans me consulter...

LE MARQUIS.

Elle ne figurait pourtant pas au procès intenté par les actionnaires.

CHARRIER.

Elle n'a pas cru devoir mêler votre nom aux débats de cette sale affaire.

ACTE PREMIER.

LE MARQUIS.

Je lui en sais bon gré.

CHARRIER.

D'ailleurs, il était probable que les actionnaires seraient déboutés de leur demande ; Vernouillet est trop roué pour se laisser prendre sans vert.

LE MARQUIS.

C'est un garçon d'esprit.

CHARRIER.

Vous le connaissez ?

LE MARQUIS.

Pour l'avoir vu dans les salons de la haute finance, où je mets quelquefois les pieds.

CHARRIER.

Vous ne l'y verrez plus.

LE MARQUIS.

Et pourquoi ? Il a gagné son procès.

CHARRIER.

Vous n'avez donc pas lu les considérants de l'arrêt ? Ils sont terribles contre lui, même celui qui lui donne gain de cause. « Attendu, toutefois, que les manœuvres dudit Vernouillet ne constituent point un délit prévu par la loi... »

LE MARQUIS.

Du moment qu'il est en règle avec la loi, qu'avez-vous à dire ? Vous serez le premier à lui donner la main.

CHARRIER.

Moi !

LE MARQUIS.

Vous la donnez tous les jours à des gens qui ne valent pas mieux que lui.

CHARRIER.

Jamais !

LE MARQUIS, lui prenant la main.

Homme vertueux ! — Je suis moins puritain que vous. (Il lui lâche la main et secoue ses doigts, après avoir passé à gauche, où il s'assied.) Mais permettez-moi d'admirer votre inconséquence. Vous êtes dans les meilleurs termes avec M. Barbançon, qui est une lourde bête...

CHARRIER.

C'est un honnête homme.

LE MARQUIS.

Le salueriez-vous s'il était pauvre ?

CHARRIER.

S'il était pauvre, je ne le connaîtrais pas.

LE MARQUIS.

C'est donc uniquement sa position que vous connaissez et son argent que vous saluez. Eh bien, croyez-vous qu'il y ait bien loin de saluer l'argent d'un imbécile à saluer l'argent d'un fripon ? — Contredisez-moi si vous pouvez, mais ne haussez pas les épaules. — Quant à moi, j'adore l'argent partout où je le rencontre ; les souillures humaines n'atteignent pas sa divinité ; il est parce qu'il est.

CHARRIER.

Mais saprelotte, il a toujours été, de votre temps comme du nôtre !

LE MARQUIS.

Permettez ! de notre temps ce n'était qu'un demi-dieu. Ce qui m'amuse dans votre admirable révolution, c'est qu'elle ne s'est pas aperçue qu'en abattant la noblesse, elle abattait la seule chose qui pût primer la richesse. — Vous avez une réponse piquante à me faire ?

CHARRIER.

Non, monsieur, non.

LE MARQUIS.

Si fait ; je le vois à vos mouvements nerveux. Ne vous gênez pas, mon cher. (Tirant sa montre.) J'ai encore un quart d'heure à vous donner.

CHARRIER.

Vous êtes trop bon.

LE DOMESTIQUE, venant de la droite.

M. Vernouillet demande si monsieur peut le recevoir.

CHARRIER.

Non.

LE MARQUIS.

Avez-vous peur d'être obligé de lui donner la main devant moi ?

CHARRIER, fièrement au domestique.

Faites entrer !

SCÈNE V

LE MARQUIS, assis; CHARRIER, VERNOUILLET.

CHARRIER, très hautain.

Si vous avez à me parler, monsieur, je suis désolé de ne pas être disponible pour le moment : je suis en affaire avec monsieur.

VERNOUILLET, très humble.

Il suffit, monsieur. Je repasserai.

LE MARQUIS.

Mais non, je n'entends déranger personne. D'ailleurs nous avons terminé. Si je suis de trop...

VERNOUILLET.

Non, monsieur.

CHARRIER.

Alors, monsieur, faites vite, car je suis attendu.

VERNOUILLET.

C'est bien simple, monsieur ; je m'occupe de réaliser ma fortune ; j'ai des fonds chez vous, et je venais vous prier...

CHARRIER.

Je vais donner l'ordre qu'on règle votre compte ; vous l'aurez dans un instant. Monsieur le marquis, je suis votre serviteur.

Il sort par la gauche

SCÈNE VI

LE MARQUIS, assis, VERNOUILLET.

LE MARQUIS, à part.

Tu lui donneras la main, faquin, c'est moi qui te le dis. (Tirant sa montre.) Bah! le cercle aura tort. J'ai ici de quoi m'amuser. (A Vernouillet, qui examine les tableaux par contenance.) Vous ne me reconnaissez pas, monsieur Vernouillet?

VERNOUILLET.

Pardon, monsieur le marquis, mais je craignais de ne pas être reconnu moi-même.

LE MARQUIS.

A cause de votre procès? Il paraît bien que le cas n'était pas pendable puisqu'on ne vous a pas pendu... et d'ailleurs l'accueil rogue de ce bon M. Charrier m'a tout disposé en votre faveur.

VERNOUILLET.

Ah! monsieur, je vous jure que mon seul but dans cette malheureuse spéculation était de faire un coup qui me mît à même de rester honnête homme.

LE MARQUIS.

En effet, cela ne vaut-il pas mieux pour un garçon de cœur que de passer sa vie à *carotter*, pour parler la langue de vos salons? On s'exécute une bonne fois, c'est pénible, mais on n'a pas à y revenir : voilà comme je comprends la probité.

VERNOUILLET.

Moi aussi. Malheureusement j'ai échoué au port.

LE MARQUIS.

En somme, de quoi vous plaignez-vous? Vous avez fait le saut périlleux : vous pouviez vous casser les reins, et vous en êtes quitte pour une entorse, ce qui prouve que vous êtes retombé sur vos pieds ! — Voyons, je suis quelquefois de bon conseil ; ouvrez-moi votre cœur : quel est votre actif?

VERNOUILLET.

Huit cent mille francs.

LE MARQUIS.

Huit cent mille francs ! Que parliez-vous d'honnêteté? Vous êtes de plain-pied avec la délicatesse... Quel est votre plan ?

VERNOUILLET.

Je vais quitter la France.

LE MARQUIS.

Et pourquoi?

VERNOUILLET.

Vous avez vu l'accueil de M. Charrier. Eh bien, cet accueil je le trouve partout depuis huit jours !

LE MARQUIS.

Parbleu ! vous vous présentez avec une mine penaude qui invite. Vous avez l'air en train d'avaler votre condamnation. Le niais l'avale, l'homme fort la crache. Il faut se faire un front qui ne rougisse plus. L'effronterie, voyez-vous, il n'y a que cela dans une société qui repose tout entière sur deux conventions tacites : *primo*, accepter les gens pour ce qu'ils paraissent ; *secundo*, ne pas voir à travers les vitres tant qu'elles ne sont pas cassées.

VERNOUILLET.

Mais, monsieur le marquis, est-ce que les miennes ne le sont pas, cassées ?

LE MARQUIS.

Fêlées seulement. Mais ne vous abandonnez pas, morbleu ! L'œil provocant, la voix haute ! N'attendez pas les gens, ils ne viendraient pas à vous : n'allez pas au-devant d'eux, ils vous tourneraient le dos ; marchez sur eux en leur tendant une main menaçante, et ils la prendront : Charrier tout le premier, ce qui m'amusera.

VERNOUILLET.

Vous croyez véritablement ?...

LE MARQUIS.

J'en suis sûr. Vous rencontrerez peut-être quelque tempérament sanguin, quelque don Quichotte qui regimbera ; mais vous ferez un exemple, et tout sera fini.

VERNOUILLET.

Je tire assez bien l'épée.

LE MARQUIS.

Fi donc ! Mettez-vous tout bonnement sous la protection de la loi. Elle est admirable, la loi ! Elle n'admet pas le diffamateur à la preuve du fait... et voyez en effet où nous en serions, si, pour vilipender impunément un honnête homme comme vous, il suffisait de prouver son dire.

VERNOUILLET.

Il n'y aurait plus de sécurité pour personne.

LE MARQUIS.

Que pour les imbéciles.

VERNOUILLET.

Et vous êtes sûr qu'on oubliera tout à fait?...

LE MARQUIS.

Parbleu! regardez Charrier : ne jouit-il pas de l'estime générale?

VERNOUILLET.

Comment, Charrier? Est-ce que?...

LE MARQUIS.

Vous ne le saviez pas? Vous voyez bien que cela s'oublie. Oui, il a gagné son procès, il y a quelque quinze ans, un procès qui est le pendant du vôtre. Qui s'en souvient aujourd'hui? Personne... pas même lui!

VERNOUILLET.

Et le voilà maire de son arrondissement!

LE MARQUIS.

Bientôt pair de France, dit-on!... cela doit vous encourager.

VERNOUILLET.

Merci, monsieur le marquis! J'avais perdu mes étriers, vous me remettez en selle! Je me retrouve, et morbleu!...

LE MARQUIS.

Vous saurez encore dominer la situation.

VERMOUILLET.

Rapportez-vous-en à moi. Le trajet que Charrier a fait en quinze ans, je le ferai, moi, en quinze jours.

LE MARQUIS.

Comment cela ?

VERNOUILLET.

Par le droit chemin.

LE MARQUIS.

C'est-à-dire par le plus court, c'est tout un... en mathématiques.

VERNOUILLET.

On m'a offert hier *la Conscience publique.* Qu'avais-je à faire d'une arme ? Je me croyais perdu sans ressource, j'étais ahuri, j'ai refusé. Mais elle n'est pas encore vendue, il ne tient qu'à moi de l'avoir... Je l'aurai ! Et, morbleu ! mes petits messieurs, les rôles vont changer !

LE MARQUIS.

C'est une idée de génie que vous avez là ! (A part.) Ils achètent un journal comme nous achetions un régiment. (A Vernouillet.) Ah ! ah ! vous allez bien vous venger !

VERNOUILLET.

Me venger ? Allons donc ! la vengeance est un enfantillage de vaincu, et moi, je serai demain le maître du monde ! Je m'empare, avec mon argent, de la seule force dont l'argent ne disposât pas encore, de l'opinion ; je réunis dans ma main les deux pouvoirs qui se disputaient l'empire, la finance et la presse ! Je les décuple l'une par l'autre, je leur ouvre une ère nouvelle, je fais tout simplement une révolution.

LE MARQUIS.

Et moi qui vous donnais des conseils! C'est le pigeon qui couve un épervier!

VERNOUILLET.

Non pas! Sans vous je me laissais étouffer; aussi ma reconnaissance...

LE MARQUIS.

Vous ne m'en devez pas. Je serai payé par votre grandeur. J'aime à voir au pinacle les honnêtes gens comme vous qui se sont enrichis par leur travail et leur intelligence : c'est de bon exemple ; c'est l'honneur de notre temps et la consolation de ma vieillesse.

SCÈNE VII

LE MARQUIS CHARRIER, VERNOUILLET.

CHARRIER, à Vernouillet.

Voici votre compte, monsieur ; vous pouvez vous présenter à la caisse.

VERNOUILLET.

Merci.

CHARRIER.

Vous êtes encore là, monsieur le marquis?

LE MARQUIS.

Ma foi, oui. Je me suis attardé à faire ma cour à M. Vernouillet.

ACTE PREMIER.

CHARRIER.

Votre cour?

LE MARQUIS.

Tel que vous le voyez, M. Vernouillet va devenir une puissance.

VERNOUILLET, à Charrier.

M. le marquis plaisante ; mais, véritablement, si je puis vous être utile, j'en serai charmé.

CHARRIER.

Ah çà! messieurs, que signifie?...

LE MARQUIS, allant à Vernouillet.

Cela signifie que vous voyez l'acquéreur de *la Conscience publique*.

CHARRIER.

Bah!

VERNOUILLET.

Oui, mon cher monsieur Charrier ; c'est pour payer que je réalise ma fortune.

LE MARQUIS, à Charrier.

Vous honoriez en lui la vertu toute nue, vous en serez récompensé. Adieu, messieurs ; je suis en retard d'une heure sur mon rendez-vous, mais je n'ai pas perdu mon temps. (A part, en sortant.) Crève donc, société!

SCÈNE VIII

VERNOUILLET, CHARRIER.

VERNOUILLET.

J'ai été fort attaqué dans ces derniers temps ; mais je sais que vous m'avez toujours défendu, et je vous en suis profondément reconnaissant.

CHARRIER.

Mon Dieu, je n'ai pas eu beaucoup d'occasions de vous défendre...

VERNOUILLET.

Mais vous n'en n'avez pas laissé échapper une, j'en suis sûr ; et un mot de votre bouche a plus d'autorité que toutes les calomnies. (Lui tendant la main.) C'est entre nous à la vie, à la mort. (Charrier lui donne la main, en regardant instinctivement la porte par où est sorti le marquis.) Ah çà ! mon cher, je ne suis pas un faiseur de vaines protestations : en quoi puis-je vous servir ?

CHARRIER.

Non, mon cher... ma conduite envers vous a été ce qu'elle devait être, et je n'en veux pas de récompense.

VERNOUILLET.

Pas d'enfantillage, mon ami;... vous ajouterez à ma reconnaissance en m'offrant une occasion de vous la témoigner.

Il s'assied à gauche de la table.

ACTE PREMIER.

CHARRIER, à part.

Il est plein de cœur!

VERNOUILLET.

Parlez. J'ai quelques fidèles à servir, mais je veux commencer par vous.

CHARRIER.

C'est que je ne vois pas trop...

VERNOUILLET.

Je sais de bonne source qu'il est question de vous pour la pairie. Le roi résiste, mais nous lui forcerons la main.

CHARRIER.

Comment cela?

VERNOUILLET.

En lui assénant un bon article contre la Chambre des pairs où l'on ne fourre que des hommes hors d'âge et de service, au détriment des gens comme vous qui unissent l'expérience à l'activité. Cela vous va-t-il?

CHARRIER.

Il n'en faudrait peut-être pas davantage...

VERNOUILLET.

Eh bien, c'est dit... Ne me remerciez pas, c'est encore moi qui serai votre obligé, je vous le répète.

Ils se lèvent.

CHARRIER, à part.

Plein de cœur!

VERNOUILLET.

Je vous quitte ; il faut que je passe à la caisse.

CHARRIER.

N'en prenez pas la peine, je vous enverrai la somme chez vous.

VERNOUILLET.

Non, non. Je vais la prendre en sortant.

UN DOMESTIQUE, annonçant de la droite.

M. le vicomte et madame la vicomtesse d'Isigny.

VERNOUILLET.

Candidats perpétuels à l'Académie française.

SCÈNE IX

CHARRIER, VERNOUILLET, LA VICOMTESSE, LE VICOMTE.

VERNOUILLET.

Désolé, madame, de sortir quand vous entrez, mais les affaires commandent et je pars...

LA VICOMTESSE.

Pour la Belgique ? (Allant à Charrier.) Vous êtes étonné de ma visite, cher monsieur? Voilà ce que c'est : M. d'Isigny avait à vous parler de je ne sais quoi et je suis montée avec lui pour vous inviter à mon bal du trois.

CHARRIER.

C'est trop d'honneur, belle dame.

LA VICOMTESSE.

Ne vous pressez pas d'en tirer vanité! Ce n'est pas à vous spécialement que je tiens, — on a toujours assez de whisteurs, — mais à votre charmante fille et à votre mauvais sujet de fils, un des derniers jeunes gens qui dansent encore.

CHARRIER.

Il vous remerciera lui-même, madame.
Il va tirer un cordon de sonnette à la cheminée.

VERNOUILLET, à part.

Son mari est vicomte comme moi... Je te remettrai au pas!

CHARRIER, à un domestique qui entre de la gauche.

Priez M. Henri et mademoiselle de venir.

VERNOUILLET, à Charrier.

Adieu, mon ami. (Il lui serre la main. — Au vicomte en lui tendant la main.) Au revoir, cher vicomte. (Le vicomte lui serre la main.) Madame... (Elle lui rend à peine son salut. — A part.) Pimbêche, va!

Il sort.

SCÈNE X

CHARRIER, LA VICOMTESSE, assise; **LE VICOMTE.**

LA VICOMTESSE, au vicomte.

Comment osez-vous donner la main à cette espèce?

LE VICOMTE.

Dame! j'ai vu que M. Charrier la lui donnait...

LA VICOMTESSE.

Les hommes sont plats!

CHARRIER.

Mon Dieu! madame, à tout péché miséricorde.

LA VICOMTESSE.

Eh bien, moi, je suis moins pitoyable. C'est avec ces indulgences-là, messieurs, que les honnêtes gens se laissent déborder par les fripons.

LE VICOMTE.

Il est certain que si nous ne serrons pas les rangs, nous finirons par marcher pêle-mêle avec les maraudeurs et les goujats.

CHARRIER.

Permettez. Vernouillet n'est pas un homme ordinaire.

LA VICOMTESSE.

Cartouche non plus.

LE VICOMTE.

Très juste!

CHARRIER.

S'il y a quelques petites choses à dire sur la source de sa fortune, je parierais qu'il en fera du moins un bon usage... Il a déjà commencé... Il vient d'acheter *la Conscience publique.*

LE VICOMTE.

Le journal?

CHARRIER.

Oui.

LE VICOMTE, bas, à sa femme.

Ah! mais, ça devient un homme à ménager.

LA VICOMTESSE, de même.

Certainement.

UN DOMESTIQUE, de la droite.

M. de Sergine.

SCÈNE XI

CHARRIER, SERGINE, LA VICOMTESSE, LE VICOMTE.

CHARRIER.

Bonjour, Sergine. Est-ce pour moi que vous venez, ou pour mon fils?

SERGINE.

Aujourd'hui c'est pour Henri.

CHARRIER.

Je viens justement de le faire appeler.

LA VICOMTESSE.

Monsieur de Sergine... Que dites-vous de la grande nouvelle ?

SERGINE.

Je dis que je ne la sais pas.

LA VICOMTESSE.

Votre journal est vendu.

SERGINE.

Ah! ce pauvre Deschamps a donc enfin trouvé un acquéreur? J'en suis bien aise. Le nom de mon nouveau chef ?

CHARRIER.

Vernouillet.

SERGINE.

Vernouillet!

LE VICOMTE.

Eh bien, qu'en dites-vous, cette fois?

SERGINE.

Je dis que Deschamps a fait une mauvaise action et donné un exemple funeste. Comment! voilà un homme qui ne vendrait pas sa maison à un teneur de tripot et qui vend son journal à un Vernouillet!

LE VICOMTE, bas, à sa femme.

Compromettant, ce monsieur.

SERGINE.

Ce Vernouillet! Croit-il par hasard avoir aussi acheté les rédacteurs?

LA VICOMTESSE, froidement à Sergine.

Avez-vous reçu notre invitation pour le trois?

SERGINE.

Oui, madame, je vous remercie.

LA VICOMTESSE, au vicomte.

Venez, mon ami.

LE VICOMTE.

Oui, mon amie.

LA VICOMTESSE.

Adieu, messieurs.

LE VICOMTE.

Adieu, messieurs.

Ils sortent.

SCÈNE XII

CHARRIER, SERGINE.

SERGINE.

On dirait que je fais fuir la vicomtesse. Est-ce que M. Vernouillet serait de ses amis?

CHARRIER.

Vous avez la parole légère, mon cher.

SERGINE.

Je l'ai franche.

CHARRIER.

Ce n'est pas moi qui vous détournerai de la franchise, j'en fais profession moi-même; mais, que diable! il y a des occasions où il faut se borner à être franc *in petto*. Quoi que vous pensiez de Vernouillet, vous allez vous trouver avec lui dans des relations forcées et, disons-le, inégales...

SERGINE.

Mon cher monsieur Charrier, je n'ai jamais été dans la dépendance de personne, et je n'y serai jamais. Je ne mets pas ma plume au service d'un journal, je mets un journal au service de mes idées. Le jour où ce Vernouillet voudra déshonorer *la Conscience publique*, je chercherai l'hospitalité ailleurs.

CHARRIER.

Rien de mieux, mais d'ici là?

SERGINE.

D'ici là, soyez tranquille, je le tiendrai poliment à distance.

SCÈNE XIII

CHARRIER, HENRI, SERGINE.

HENRI, à Sergine.

Bonjour, mon cher. — Tu m'as fait appeler, père?

CHARRIER.

Oui, mais tu viens trop tard; la vicomtesse voulait t'inviter elle-même à son bal : elle est partie.

HENRI.

J'en suis au désespoir. M. le vicomte était avec elle?

CHARRIER.

Sans doute.

HENRI.

Mon désespoir redouble. J'ai manqué la fleur de l'aristocratie. Tu sais, Sergine, qu'on leur a contesté leur noblesse... des envieux! Mais on a été aux sources, et l'on a reconnu que le vicomte est bien réellement d'Isigny, à preuve que son grand-père y vendait du beurre.

CHARRIER.

Tu ne te plais qu'à critiquer les gens que je reçois chez moi.

HENRI.

Reçois-en d'autres. — A propos, j'oubliais... on te demande à la caisse.

CHARRIER.

Que ne le disais-tu tout de suite! Bonjour, Sergine. (En s'en allant.) Il faut que ce garçon-là dise des sottises quand il n'en fait pas.

Il sort par la gauche.

SCÈNE XIV

HENRI, SERGINE

HENRI, à demi voix.

Eh bien ?

SERGINE.

Je quitte Villefort; il déclare qu'en parlant des banquiers il ne faisait pas la moindre allusion à ton père, pour qui d'ailleurs il professe le plus grand respect, et il te le répétera lui-même ce soir au cercle, devant témoins.

HENRI.

Allons, tout est pour le mieux. Je regrettais presque la démarche que je t'avais demandée; la réputation d'un honnête homme ressemble à celle d'une honnête femme; on la compromet en se battant pour elle. Je ne t'en remercie pas moins.

SERGINE.

Tu sais à quel point je suis à ton service.

HENRI.

Ah! pardieu, pas plus que moi au tien. Je n'aime pas les phrases sentimentales, mais j'éprouve le besoin de te dire...

SERGINE.

Quoi ?

HENRI.

Non, c'est bête comme une romance. Enfin je suis

ACTE PREMIER.

flatté d'être ton ami, cela me donne une bonne idée de moi-même.

SERGINE.

Il paraît que tu t'en fais une de moi exorbitante.

HENRI.

J'ai même un projet dont il faut que je te parle, un projet que je caresse depuis quelque temps dans la solitude du cigare. — Comment trouves-tu ma sœur? Tu rougis! Bravo! Je m'en doutais! Le mot devant lequel je reculais tout à l'heure, grâce à ce mariage-là, ne sera plus ridicule... mon frère!

SERGINE.

Mon brave Henri! Je suis touché au fond du cœur de ce que ton amitié rêve pour moi, mais c'est impossible!

HENRI.

Pourquoi donc?

SERGINE.

J'aime ta sœur, je ne m'en défends pas, et j'avais besoin de cette explication, car je ne savais sous quel prétexte cesser mes visites ici sans affliger ton amitié.

HENRI.

Mais, morbleu! pourquoi les cesser?

SERGINE.

Parce que je dois oublier ta sœur, mon ami... je ne suis pas libre.

HENRI.

Mais, du moment que tu aimes Clémence, tu n'aimes plus la marquise, et dès lors je ne vois pas...

SERGINE.

Le lien n'en subsiste pas moins. La marquise n'est pas une femme que j'aie rencontrée libre et qui n'ait rien eu à sacrifier pour se donner à moi.

HENRI.

Comment ?

SERGINE.

Après ton ouverture fraternelle, je te dois toute la vérité. Mon intimité avec la marquise est antérieure à sa séparation ; elle en est la seule cause.

HENRI.

Bah !

SERGINE.

Le marquis avait des soupçons depuis quelque temps : il surveilla, et bientôt il eut des preuves.

HENRI.

Et il ne t'a pas tué, ce bretteur ?

SERGINE.

Il fit mieux. — Il entra chez moi un matin, très pâle et vieilli de dix ans. « Monsieur, me dit-il, vous êtes l'amant de ma nièce ; ne niez pas ! Je ne peux pas vous tuer sans déshonorer une d'Auberive ; c'est ce qui vous sauve la vie. J'ai droit de disposer de vous : partez et faites un voyage de trois mois. » C'est alors que j'allai à Florence où je te rencontrai. A mon retour la marquise était séparée de son mari ; il lui avait manqué devant témoins, et avait exigé qu'elle lui intentât un procès en séparation. L'honneur était sauf.

HENRI.

Tiens, tiens! Le voltigeur de Louis XIV remonte dans mon estime.

SERGINE.

Oui, mais tu comprends que le monde, en nous amnistiant, a créé entre nous un lien plus indissoluble que le mariage même. La condition tacite de sa tolérance, c'est la perpétuité de notre liaison : le jour où en se rompant elle deviendrait une aventure vulgaire, tout le scandale en suspens sur la tête de la pauvre femme tomberait tout à coup sur elle et l'écraserait. — Et maintenant, crois-tu que j'aie le droit de l'abandonner?

HENRI.

Non.

SERGINE.

Ne parlons plus de cela, n'en reparlons jamais. Il ne faut pas toucher à une plaie quand on veut qu'elle se cicatrise. Je ne viendrai plus ici, viens chez moi... viens souvent... (La porte de gauche s'ouvre.) Ta sœur! adieu.

Clémence, en voyant Sergine, s'arrête sur la porte; Sergine la salue froidement et sort.

SCÈNE XV

CLÉMENCE, HENRI.

CLÉMENCE.

Eh bien?

HENRI, à part.

Tranchons dans le vif. (Haut.) Ma pauvre enfant, c'est moi qui avais raison; il ne songe pas à toi. Il en aime une autre.

CLÉMENCE, après un silence.

Qui ?

HENRI.

Il ne me l'a pas nommée. C'est une jeune fille du faubourg Saint-Germain qu'il ne peut épouser. (Clémence s'assied sur la chaise auprès de la table, et pleure silencieusement dans son mouchoir. Henri s'agenouille devant elle et l'entoure de ses bras.) Voyons, ma chérie, ne pleure pas... tu me fends le cœur. Nous te trouverons un mari digne de toi, quand je devrais l'aller chercher au bout du monde. Mais ne pleure pas, petite sœur, je t'en prie. (Pleurant à moitié.) Je t'aime bien, moi ! (Clémence l'embrasse au front, se lève et sort lentement par la gauche. Henri la suit des yeux.) S'il ne peut pas quitter la marquise, c'est la marquise qui le quittera.

Il prend son chapeau et sort.

ACTE DEUXIÈME

Le boudoir de la marquise. Cheminée au fond avec du feu : portes à droite et à gauche. Un canapé à droite de la cheminée tournant le dos à la porte d'entrée. Un fauteuil à gauche de la cheminée faisant face au canapé. Deux fauteuils sur le devant à gauche, un fauteuil sur le devant à droite.

SCÈNE PREMIÈRE

SERGINE, LA MARQUISE, travaillant à un métier à broder. Sergine entre par la droite et pose son chapeau au fond.

LA MARQUISE, cachant sa tapisserie.

Bonjour, Albert.

SERGINE.

Que cachez-vous là ?

LA MARQUISE

Au fait, c'est presque fini, vous pouvez voir.

SERGINE.

Une charmante tapisserie.

LA MARQUISE.

C'est une chaise. Devinez pour qui.

SERGINE.

Mon chiffre brodé dans l'écusson semble indiquer que j'en suis le héros. Voilà une aimable surprise, madame. Où avez-vous pris le temps de faire tous ces petits points?

LA MARQUISE.

J'y travaille quand vous n'êtes pas là. J'ai commencé il y a huit jours, et, vous voyez, j'ai fini ! Et vous, avancez-vous ?

SERGINE, s'asseyant dans le fauteuil, près de la cheminée.

J'ai achevé le dernier article de la série ; reste à savoir dans quel journal cela paraîtra.

LA MARQUISE.

Pourquoi pas dans *la Conscience publique ?*

SERGINE.

Elle a changé de propriétaire, et je doute fort que le nouvel exploiteur soit dans mes idées.

LA MARQUISE.

Qui est-ce ?

SERGINE.

Une espèce de banquiste nommé Vernouillet.

LA MARQUISE.

Ah ! le vilain homme !

SERGINE.

Vous le connaissez ?

LA MARQUISE.

J'ai payé pour le connaître.

SERGINE.

Bah? vous seriez-vous laissée prendre à sa banque?

LA MARQUISE.

Vous êtes l'homme du monde que cela regarde le moins, mon cher Albert.

SERGINE.

Permettez cependant; en général, je tiens autant à ignorer vos affaires d'argent que vous à me les cacher ; mais le jour où vous seriez dans l'embarras...

LA MARQUISE.

Merci, mon ami. Mais rappelez-vous qu'un jour aussi vous vous êtes trouvé dans l'embarras et que vous avez refusé mes services... assez vertement même. Au surplus, rassurez-vous ; il s'agit d'une bagatelle, et je suis en mesure. Mais ne rengainez pas votre obligeance, je vous prie ; je vais la mettre à une autre épreuve... plus rude, peut-être.

SERGINE.

Parlez.

LA MARQUISE.

J'ai besoin de votre bras pour aller ce soir à *Guillaume Tell*.

SERGINE.

C'est là cette épreuve terrible?

LA MARQUISE.

Je vous demande pardon de mon importunité, mais votre présence à l'Opéra est tout à fait nécessaire.

SERGINE.

J'en suis charmé ; mais pourquoi ?

LA MARQUISE.

Tout simplement pour m'ôter un petit air de femme négligée, que vous me laissez prendre depuis quelque temps. Ne craignez rien, mon cher Albert; je respecte votre travail, je respecterais même vos plaisirs. Tout ce que je vous demande, c'est de ne pas augmenter les difficultés de ma situation par vos apparences de froideur.

SERGINE.

J'en serais d'autant plus désolé, marquise, que ce seraient des apparences bien menteuses; mais je ne pense pas les avoir.

LA MARQUISE.

Cependant les femmes commencent à me plaindre à demi-mot, ce qui est mortifiant pour moi, et les hommes à me faire la cour, ce qui devrait être inquiétant pour vous.

SERGINE.

Je ne vous fais pas l'injure d'être jaloux.

LA MARQUISE.

Savez-vous bien, mon ami, que, sans vous en apercevoir, vous tournez singulièrement au mari ?

SERGINE.

Notre alliance n'est-elle pas en effet un mariage ?

LA MARQUISE, souriant tristement.

Oui, dont vous n'avez pas les charges et dont je n'ai pas les privilèges. J'ai perdu jusqu'au droit de coqueter le plus innocemment du monde, car la sévérité de mon attitude doit prouver incessamment que, si j'avais rencontré Sergine plus tôt, je n'aurais jamais failli ; je n'ai pas même le droit de crier que je m'ennuie, ce droit dont abusent les femmes mariées, car ma faute perd sa seule excuse le jour où elle cesse de remplir mon existence... et si vous devenez mon ami, que me reste-t-il à moi ?

SERGINE.

En sommes-nous là, Charlotte ?

LA MARQUISE.

Non, mais nous nous y acheminons. Et quand l'évolution de nos cœurs sera accomplie, que deviendrai-je ? Tenez, j'ai des jours de désespoir où je songe à la retraite, et des moments de folie où j'ai envie de jeter mon bonnet par-dessus les moulins.

SERGINE.

Pourquoi vous tourmenter ainsi ? Ce que vous prévoyez ne se réalisera jamais, du moins par mon fait, je vous le jure.

LA MARQUISE, après un silence.

Vous avez raison. Je suis absurde. — Puisque vous me conduisez à l'Opéra, voulez-vous dîner avec moi ? Êtes-vous libre ?

SERGINE.

Non, mais je peux me libérer.

LA MARQUISE.

Qu'est-ce que vous cherchez ?

SERGINE.

Mon chapeau.

LA MARQUISE, le lui montrant sur une chaise.

Vous l'avez mis là il y a un quart d'heure... en entrant.

SERGINE.

Injuste que vous êtes ! Je ne vous quitte que pour être à vous toute la soirée.

Il sort par la droite.

SCÈNE II

LA MARQUISE, seule.

Quelle situation ! Quelle impasse ! Ma faute est devenue un devoir ; ma fidélité à Sergine est tout ce qui me reste d'honneur... et je ne sais plus si je l'aime ! Chose horrible à dire, il m'ennuie avec son respect inaltérable ! Il y a des moments où j'ai envie de lui crier : Mais, bats-moi donc, chevalier Grandisson !

UNE FEMME DE CHAMBRE, venant de la droite.

Madame reçoit-elle ?

LA MARQUISE.

Qui ?

LA FEMME DE CHAMBRE.

M. Henri Charrier.

LA MARQUISE.

Je n'y suis pas... (La rappelant.) Julie !...

LA FEMME DE CHAMBRE.

Madame ?

LA MARQUISE.

Priez-le de m'attendre et venez me mettre une robe.

Elle sort par la gauche.

LA FEMME DE CHAMBRE, à la cantonade.

Veuillez entrer, monsieur ; — madame vous prie de l'attendre un moment.

Elle suit sa maîtresse.

HENRI, entrant.

J'attendrai.

SCÈNE III

HENRI, seul.

Mon entreprise est assez risquée. Après tout, si on me met à la porte, je le verrai bien. (S'approchant du guéridon.) Des livres... Dis-moi qui tu hantes, je te dirai qui tu es. (Prenant les livres.) *L'Imitation... la Physiologie du mariage... le Contrat social... les Harmonies...* Me voilà bien renseigné ! — Une bizarrerie assez fréquente chez les femmes du monde, me disait un vieil habitué de l'Opéra, c'est d'aimer à être traitées comme ces demoiselles. Pourquoi s'en étonne-t-on, ajoutait-il, tandis qu'on ne s'étonne pas que ces demoiselles aiment à être traitées comme des femmes du monde ? C'est le même esprit de révolte de part et d'autre, toujours le péché d'Ève qui agit en sens inverse, les points de départ étant contraires ; et les unes doivent être curieuses d'irrévérences comme les autres de respect. Et l'indulgent vieillard ajoutait : Il n'y a que deux catégories de femmes, mon enfant : les mères, qui sont la caste sainte, une et indivisible... et les petites dames. Quant aux femmes à une seule chute, elles sont rares comme le Niagara; la plupart tombent en cascade, de curiosité en curiosité. Philosophe aimable, moraliste bienveillant!... Il en est mort. (Entre la marquise.) Sapristi! qu'elle est belle!

SCÈNE IV

LA MARQUISE, HENRI.

LA MARQUISE.

Pardonnez-moi, monsieur Henri, de vous avoir fait attendre. J'étais encore en déshabillé du matin, et vous n'êtes pas un homme qu'on puisse recevoir en ami.

Elle s'assied sur le canapé.

HENRI.

Pourquoi donc cela, madame?

LA MARQUISE.

Il faut bien que les femmes du monde vous traitent en ennemi, puisque vous n'êtes pas de leur camp.

HENRI.

Il y en a donc un autre?

LA MARQUISE.

Plein de comparaisons terribles pour nous.

HENRI.

Je vous répondrais que vous les défiez toutes, si vous ne le saviez aussi bien que moi.

LA MARQUISE.

Vous devenez galant. (Henri tire son mouchoir.) Votre mouchoir embaume! Comment va votre sœur? il y a une éternité que je ne l'ai vue. Est-ce sur sa toilette que vous avez rencontré ce parfum-là?

HENRI.

Oh! pas du tout.

LA MARQUISE.

Les honnêtes femmes n'ont pas le secret de ces aromes étranges... Où se procure-t-on cela? chez Guerlain?

HENRI.

Permettez-moi, madame, de vous en envoyer un flacon.

LA MARQUISE, souriant.

Non, donnez-moi l'adresse de votre parfumeur.

HENRI.

Comme c'est amusant, n'est-ce pas, de mettre un pauvre homme entre une réponse inconvenante et des faux-fuyants maladroits! Mais prenez garde : avec moi il n'y a pas de plaisir à ce jeu-là. Dès qu'on m'éclabousse je me jette à l'eau, comme dit... mon parfumeur.

LA MARQUISE.

Ces demoiselles ont donc de l'esprit?

HENRI.

Un aimable enjouement, voilà tout.

LA MARQUISE.

Je voudrais bien savoir si ces créatures-là s'attachent.

HENRI.

Ma foi, madame, vous êtes plus curieuse que moi; je ne leur ai jamais demandé.

LA MARQUISE.

Et vous autres, les aimez-vous?

HENRI.

Beaucoup... par-ci, par-là.

LA MARQUISE.

Fi! vous êtes affreux!

HENRI.

On élève si mal les jeunes gens aujourd'hui!

LA MARQUISE.

Ce sont bien eux qui s'élèvent eux-mêmes. Pourquoi fuient-ils la société des femmes comme il faut?

HENRI.

Elles sont trop sévères.

LA MARQUISE.

Vous n'en savez rien.

HENRI.

Je le leur ai entendu dire.

LA MARQUISE, riant.

Vous êtes un impertinent, mon cher monsieur; vous croyez-vous ici chez mamselle... mamselle?...

HENRI.

Vous voulez savoir son nom?

ACTE DEUXIÈME.

LA MARQUISE.

Vous êtes insupportable. Je voulais qu'il vous échappât.

HENRI, riant.

Il m'échappe,... mademoiselle Taffetas.

LA MARQUISE.

Ça m'amusera de me la faire montrer dans le ballet... car elle en est, je suppose?

HENRI.

Mieux que cela, madame; elle danse des pas qui me couvrent de gloire.

LA MARQUISE.

Est-elle jolie?

HENRI.

Entre deux, mais très drôle, avec des mains de duchesse. Je ne sais pas où elle se les est procurées.

LA MARQUISE, jouant avec un éventail.

Vous attachez du prix aux belles mains?

HENRI.

Oui, je vois bien; les vôtres sont admirables.

LA MARQUISE.

Je ne vous les montrais pas.

HENRI.

Pardon, je l'ai cru.

LA MARQUISE.

Vous êtes un fat.

HENRI.

Quelle fatuité y a-t-il? Ne montrait-on pas à Tantale de beaux fruits qui n'étaient pas pour ses lèvres? Il n'en était pas plus fier, allez!

LA MARQUISE.

Vous avez un tour d'esprit singulier qui me choque et me plaît. Vous êtes meilleur que vous ne croyez.

HENRI.

Oui, j'aurais peut-être valu quelque chose si j'étais tombé en de certaines mains...

LA MARQUISE.

Maintenant encore, sous cette couche d'ironie, je suis sûre qu'en cherchant bien...

HENRI.

Connaissez-vous quelqu'un qui voudrait se donner la peine de chercher?

LA MARQUISE.

Manque-t-il de femmes qui soient tentées par le rôle d'ange gardien?

HENRI.

C'est que, je vais vous dire... je ne voudrais pas être gardé par le premier ange venu. Je suis très maniaque. D'abord il est inutile de se présenter si l'on n'a pas les cheveux blonds et les yeux noirs.

LA MARQUISE, froidement.

Avez-vous vu votre ami Sergine, ces jours-ci?

HENRI.

Oui, madame. (A part.) Je suis peut-être allé trop vite.

UN DOMESTIQUE, annonçant de la droite.

M. Vernouillet.

LA MARQUISE.

Que veut cet homme?

HENRI.

Faites serrer l'argenterie.

Il fait un pas vers la droite pour sortir.

LA MARQUISE.

Restez donc!

SCÈNE V

LA MARQUISE, assise; HENRI, VERNOUILLET.

VERNOUILLET.

Excusez-moi, madame la marquise, de me présenter sans presque avoir l'honneur d'être connu de vous.

LA MARQUISE, sèchement.

Pardonnez-moi, monsieur, vous l'êtes parfaitement. Vous venez sans doute me parler d'affaires?

VERNOUILLET.

Oui, madame.

LA MARQUISE.

Veuillez vous asseoir.

Elle lui montre le canapé; Vernouillet s'y assied.

HENRI.

Adieu, madame.

LA MARQUISE.

Vous êtes bien pressé ! Dites à votre sœur qu'elle est une vilaine de me négliger comme elle fait.

HENRI.

Si vous vouliez me permettre de réparer ses négligences ?...

LA MARQUISE.

Commencez par réparer les vôtres... vous avez un long arriéré avec moi.

HENRI.

Je ne demande qu'à me mettre au courant.

Il lui baise la main.

LA MARQUISE.

On se croirait à Versailles.

HENRI.

C'est tout ce que je voudrais ressusciter de l'ancien régime. Je déteste votre poignée de main anglaise ; c'est une hypocrisie brutale ; tandis que le baisemain... c'est toujours cela de pris.

LA MARQUISE.

Sur l'ami. A bientôt, n'est-ce pas ?

HENRI.

Merci... (A part, en sortant.) C'est égal, cette marquise-là, ce n'est pas le Niagara !

Il sort par la droite.

SCÈNE VI

LA MARQUISE, VERNOUILLET.

LA MARQUISE.

Parlez, monsieur.

VERNOUILLET.

Je serai bref, madame. Vous devez cent mille francs à la Caisse territoriale.

LA MARQUISE.

Je ne suis pas encore en mesure, mais demain...

VERNOUILLET.

Vous ne me comprenez pas. C'est une restitution que je vous fais. Vous perdiez cent mille francs par ma faute ; je vous rends votre signature ; vous ne devez plus rien.

LA MARQUISE.

Quoi ! monsieur...

VERNOUILLET.

Cela vous étonne, madame ? J'ai été si calomnié ! Mais, soyez-en sûre, dans cette désastreuse affaire il n'y a eu de ma part que mauvaise gestion, et non mauvaise foi. Je m'apprêtais à en donner une preuve éclatante en désintéressant tous mes actionnaires, quand ils m'ont intenté cet odieux procès. La restitution devenait impossible devant une accusation d'escroquerie ; c'eût été me condamner moi-même ; et je me dois aujourd'hui d'user rigoureusement de mon droit contre des gens qui ont voulu me déshonorer. Vous seule, madame, ne vous êtes pas jointe à mes ennemis, vous seule avez voulu rester la créancière de ma conscience, et vous voyez que vous n'y avez rien perdu... Vous y avez même gagné le serviteur le plus dévoué... Vous souriez ? Vous doutez de mon dévouement ? Soit ! J'espère bien vous le prouver avant peu.

LA MARQUISE.

Comment cela ?

VERNOUILLET.

En attelant mon journal à la fortune de M. de Sergine.

LA MARQUISE.

Monsieur !... vous avez le dévouement un peu bien familier.

VERNOUILLET.

C'est vrai ; je me sens si complètement à vous que j'agis comme si vous le saviez... Pardon !

LA MARQUISE.

Après cela, il faut vous mettre à la porte... ou vous remercier. (Lui tendant la main.) Je vous remercie.

VERNOUILLET.

Voilà une poignée de main qui double mes forces. C'est bien vrai que tout notre courage nous vient des femmes. Tout ce que nous sommes, c'est à elles que nous le devons. Ce sentiment vous étonne de ma part ?

LA MARQUISE.

Non, monsieur.

VERNOUILLET.

Vous êtes trop polie pour en convenir ; mais je suis

bien sûr que vous me prenez pour un cœur desséché par les chiffres.

LA MARQUISE.

Je vous avoue que je n'ai pas d'opinion bien arrêtée à ce sujet.

VERNOUILLET.

C'est-à-dire que cela vous est fort égal. Cependant je vous suis tout acquis... n'êtes-vous pas un peu curieuse de connaître votre acquisition ?

LA MARQUISE.

Si cela peut vous être agréable...

VERNOUILLET.

Franchement, oui, j'y tiens. Trouvez-vous mauvais qu'ayant une place dans votre estime, je désire encore un coin dans votre sympathie ? Je n'en suis peut-être pas aussi indigne que vous pouvez le croire. Mon enseigne est trompeuse : je ne suis rien moins qu'un spéculateur.

LA MARQUISE.

Vous commencez à m'intriguer.

VERNOUILLET.

Vous le savez, le roman de l'ancien régime, c'était un roturier épris d'une fille de qualité, qui s'élevait jusqu'à elle en s'illustrant ; le roman de nos jours, c'est un jeune homme pauvre épris d'une fille riche, qui, pour rapprocher les distances, a cherché à s'enrichir.

LA MARQUISE.

C'est peut-être moins chevaleresque, mais, au fond, c'est toujours le même roman.

VERNOUILLET.

Eh bien ! madame, c'est toute mon histoire. J'aime, voilà le secret de mon ambition.

LA MARQUISE.

Et vous êtes aimé sans doute?

VERNOUILLET.

Non. Par une bizarrerie de mon caractère, celle que j'aime ne me connaît pas encore.

LA MARQUISE.

Vraiment?

VERNOUILLET.

Je ne voulais pas me présenter tant que je pouvais être pris pour un coureur de dot.

LA MARQUISE.

Mais si vous ne lui avez jamais parlé, comment l'avez-vous aimée?

VERNOUILLET.

En la voyant faire l'aumône... avec quelle grâce de cœur, je ne saurais vous le dire. C'était à une pauvre femme qui tenait dans ses bras un enfant demi-nu. Je glissai mon humble bourse dans la main de la mère, j'embrassai l'enfant et je suivis la jeune fille. — Mais je vous ennuie.

LA MARQUISE.

Au contraire, continuez.

VERNOUILLET.

Elle entra dans un hôtel de la Chaussée-d'Antin, au coin de la rue de la Victoire.

ACTE DEUXIÈME.

LA MARQUISE, vivement.

De la rue de la Victoire?

VERNOUILLET.

Et j'appris qu'elle était la fille d'un riche banquier.

LA MARQUISE.

De Charrier!

VERNOUILLET.

Vous la connaissez?

LA MARQUISE.

Depuis son enfance.

VERNOUILLET, suppliant.

Oh! madame! si vous vouliez...

LA MARQUISE.

Je vous entends. Eh bien, monsieur, nous verrons.

VERNOUILLET, à part.

Ça y est.

UN DOMESTIQUE, annonçant de la droite.

Mademoiselle Charrier.

LA MARQUISE.

La voici justement. Vous allez nous laisser seules.

SCÈNE VII

LA MARQUISE, CLÉMENCE, VERNOUILLET.

LA MARQUISE.

A la bonne heure! je commençais à croire que tu me boudais.

CLÉMENCE.

Ce n'est pas ma faute, va. Miss Griffith a été souffrante tout ce temps-ci, et, comme je n'ai qu'elle pour m'accompagner, j'ai été obligée de garder la chambre avec elle.

LA MARQUISE.

Elle est là?

CLÉMENCE.

Oui, marraine. Je l'ai laissée dans le salon. Elle regardera les albums et sera bien sage.

VERNOUILLET, à part.

Elle est gentille. (Haut.) Mademoiselle vous appelle sa marraine?

LA MARQUISE.

Parce qu'elle est ma filleule... et sur ce, monsieur, je vous mets à la porte. J'ai à causer sérieusement avec mademoiselle.

VERNOUILLET.

Adieu, madame... mademoiselle... (A part, en sortant.) C'est cent mille francs que ça me coûte... ça les vaut!

Il sort par la droite.

SCÈNE VIII

LA MARQUISE, CLÉMENCE, assises à gauche,
à côté l'une de l'autre.

CLÉMENCE.

Qui est ce monsieur?

LA MARQUISE

Un homme dont tu dois avoir entendu dire bien du mal, M. Vernouillet.

CLÉMENCE.

Tiens! mon frère et papa, en déjeunant ce matin, n'ont fait que se disputer à son sujet. Henri soutenait que c'est un coquin; papa le défendait.

LA MARQUISE.

Ton père avait raison. Ton frère en parle à la légère comme j'en ai parlé moi-même avant de le connaître : maintenant je te déclare que je le crois fort honnête.

CLÉMENCE.

Honnête! Sais-tu ce qu'Henri répondait à cela? Que l'honneur ne comporte pas de hasard, qu'il est perdu dès qu'il est joué.

LA MARQUISE.

Sans doute.

CLÉMENCE.

Eh bien, ton M. Vernouillet a mis le sien à l'aventure.

LA MARQUISE.

Si tu savais pourquoi, tu l'excuserais. Ce n'est pas pour faire fortune qu'il s'est jeté dans les affaires, c'est pour se rapprocher d'une jeune fille qu'il aime.

CLÉMENCE.

Oh! la vilaine preuve d'amour!

LA MARQUISE.

Mon Dieu! c'est la seule possible à notre époque.

CLÉMENCE.

Comme il te plaira, mais je ne serais pas fière d'en être l'objet.

LA MARQUISE.

Ne sois donc pas fière, car c'est toi qu'il aime.

CLÉMENCE.

Moi? Je ne l'ai jamais vu.

LA MARQUISE.

Mais il t'a vue, lui; il t'a vue faire l'aumône.

CLÉMENCE.

Et il vient me la demander.

LA MARQUISE.

Tu n'es pas plus touchée, à ton âge?...

CLÉMENCE.

Je ne suis pas même flattée.

LA MARQUISE.

Tu aimes donc quelqu'un?

CLÉMENCE, troublée.

Je t'assure que non.

LA MARQUISE.

Il ne faudrait pas rougir en me l'assurant. Voyons, mignonne; je suis ta marraine et tu n'as plus de mère! à qui te confieras-tu si ce n'est à moi?

CLÉMENCE.

Ne parlons jamais de cela, je t'en prie.

LA MARQUISE.

Quel mystère! est-ce que ton choix ne serait pas digne de toi?

CLÉMENCE.

Oh! si, mais il ne songe pas à moi.

LA MARQUISE.

Quoi! il n'a pas subi le charme de ta grâce, de ta jeunesse? Ce n'est pas possible; tu te trompes... Il t'aime ou il t'aimera.

CLÉMENCE.

Je l'ai espéré un instant; dans ma présomption j'en étais même sûre... à ce point qu'attribuant son silence à une juste fierté, car il est pauvre, j'avais chargé mon frère de l'enhardir...

LA MARQUISE.

Eh bien?

CLÉMENCE.

Il en aime une autre.

LA MARQUISE.

Une autre qui ne te vaut probablement pas. (L'attirant

dans ses bras.) Ma pauvre enfant! cette souffrance n'était pas encore faite pour toi!... Est-ce que je le connais? Comment s'appelle-t-il?

CLÉMENCE, très bas.

Sergine.

LA MARQUISE.

Sergine? Albert de Sergine? le journaliste?

CLÉMENCE.

Est-ce qu'il y en a un autre?

LA MARQUISE.

Et tu t'es crue aimée? Sur quel indice? quelle parole? quel regard? Ah! je suis folle de te demander cela. Est-ce qu'on sait à quoi l'on se sent aimée? à tout et à rien! Le cœur ne s'y trompe pas.

CLÉMENCE.

Tu vois bien que si.

LA MARQUISE.

Ton frère t'a-t-il dit qu'il en aime une autre ou seulement qu'il n'est pas libre?

CLÉMENCE.

Est-ce que ce n'est pas la même chose?

LA MARQUISE.

Oui, c'est vrai... cela revient au même pour toi... (Elle se lève, et après un silence.) J'ai des lettres à écrire, des lettres pressées.

CLÉMENCE.

Tu me renvoies?

LA MARQUISE.

Oui, mon enfant... Je te consolerais mal et tu m'en voudrais. J'ai eu dans ma vie, j'ai encore de tels chagrins, que les tiens me paraissent enviables.

CLÉMENCE.

Je t'ai fait de la peine ?...

LA MARQUISE.

Ah! ce n'est pas ta faute. Tu as rouvert une blessure que je croyais fermée. — Va, mon enfant; j'ai besoin d'être seule. Il n'y a pas de malheur irréparable à ton âge.

CLÉMENCE.

Oh! j'ai du courage.

LA MARQUISE.

Moi aussi. Adieu, mon ange.

CLÉMENCE.

Ma pauvre marraine!

Elle l'embrasse et sort par la droite.

SCÈNE IX

LA MARQUISE, seule.

Il l'aime. Que suis-je pour lui, moi? Une passion satisfaite, une habitude, une servitude!... L'ingrat! moi qui... (Riant amèrement.) moi qui tout à l'heure encore faisais des avances à un libertin de mauvais ton, au frère même de celle qu'il aime pour sa pureté et à laquelle il renonce à cause de moi ! — Allons, Charlotte d'Auberive, sois franche et juste ! celui que tu accuses vaut mieux que toi ; à sa place, tu romprais brutalement si cette liaison était une entrave pour toi au lieu d'être ta position. Pourquoi me le dissimulerais-je ? Au point où nous en sommes, il me fait aumône d'honorabilité, il m'entretient de considération... C'est ignoble ! rendons-lui sa liberté à ce pauvre garçon, et prenons bravement le parti de la retraite. — C'est dur, à mon âge ! Je croyais encore avoir quelques années devant moi... Bah ! les lâches ne sont jamais prêts... Un peu plus tôt, un peu plus tard, qu'importe ? le grand point est de ne pas faire pitié !

UN DOMESTIQUE, de la droite.

Monsieur le marquis demande si madame peut le recevoir.

LA MARQUISE.

Quel marquis ?

LE DOMESTIQUE.

Mais... M. le marquis d'Auberive.

LA MARQUISE.

Mon mari ?

LE DOMESTIQUE.

Oui, madame.

LA MARQUISE, à part.

Est-ce que... Ce serait le salut ! (Haut.) Faites entrer.

SCÈNE X

LA MARQUISE, LE MARQUIS

Après un silence la marquise indique du geste un siège au marquis.

LE MARQUIS.

Inutile, madame; je ne fais que passer. Je viens au sujet de la négociation dont vous avez chargé votre banquier.

LA MARQUISE.

Elle est désormais sans objet, monsieur, et j'allais prier M. Charrier de n'y pas donner suite. M. Vernouillet sort d'ici, tout est arrangé.

LE MARQUIS.

Puis-je vous demander dans quelles conditions?

LA MARQUISE.

Il me remet purement et simplement ma dette à titre de restitution.

LE MARQUIS.

Bah? Et qu'attend-il de vous en échange de cette largesse? La main de votre filleule?

LA MARQUISE.

Vous savez qu'il l'aime?

LE MARQUIS.

C'est moi qui le lui ai conseillé. Au point où il en est, un beau mariage serait un coup de maître qui forcerait les dernières résistances.

LA MARQUISE.

Mais alors il s'est joué de moi d'une façon indigne.

LE MARQUIS.

Indigne d'un galant homme ; mais ce petit Vernouillet est le roi des drôles.

LA MARQUISE.

Et vous l'aidez de vos conseils ? Vous vous intéressez à lui ?

LE MARQUIS.

Je ne m'y intéresse pas ; je m'en divertis. C'est un des pantins de la comédie que je me donne à moi-même depuis que je n'ai plus d'intérêt personnel à la vie. Je m'amuse à fomenter la corruption de la bourgeoisie... elle nous venge. Quoi qu'il en soit, vous allez renvoyer son argent à ce jeune escroc.

LA MARQUISE.

Mais si c'est en effet de l'argent volé ?

LE MARQUIS.

C'en est. Mais du moment qu'il ne rembourse pas toutes ses victimes, accepter une restitution de faveur, c'est passer du camp des dupes dans celui du fripon, c'est pactiser avec le vol. Je m'étonne que ma nièce ne l'ait pas compris tout de suite.

LA MARQUISE.

Et moi, j'en rougis.

LE MARQUIS, déposant un portefeuille sur la cheminée.

Voilà un bon de cent mille francs sur la Banque. Quant aux propositions dont vous aviez chargé M. Charrier, elles sont inacceptables. Vous continuerez à toucher intégralement votre pension.

LA MARQUISE.

Mais, monsieur, je ne puis consentir...

LE MARQUIS.

Je ne vous consulte pas; je suis seul juge du train de maison que doit avoir la marquise d'Auberive.

LA MARQUISE.

Cependant... n'avez-vous pas fait des pertes récentes?

LE MARQUIS.

Il est vrai; mon notaire m'a emporté une somme assez ronde; mais je n'ai pas besoin de représenter, moi : je suis garçon.

LA MARQUISE.

Vous êtes le plus noble et le meilleur des hommes.

LE MARQUIS.

Pas de reconnaissance, je vous en prie. Ce que j'en fais n'est pas pour vous, mais pour l'honneur de notre nom. Je lui ai déjà fait bien d'autres sacrifices.

LA MARQUISE.

Celui de m'épouser, d'abord.

LE MARQUIS.

Ce n'a pas été un sacrifice, cela, — mais la pire des folies.

LA MARQUISE.

Si vous avez souffert, vous êtes bien vengé.

LE MARQUIS.

Ah ! votre tour est venu ?

LA MARQUISE.

Hélas ! — Et mon existence aurait pu être si belle ! Ce rôle de femme et de fille à la fois était si noble et si attachant ! Vivre au bras d'un pur gentilhomme, se consacrer à l'honneur de ses cheveux blancs, n'était-ce pas là matière à mon humeur romanesque ?

LE MARQUIS.

Oui, ce rôle était beau. Vous ne l'avez pas compris, ou il vous a fait peur. J'avais compté, je l'avoue, sur plus d'intelligence ou plus de courage dans une d'Auberive.

LA MARQUISE.

Ah ! ce n'est pas le courage qui me manque. J'en dépense cent fois plus, cent fois plus de circonspection et de surveillance sur moi-même pour garder un peu de dignité dans une position fausse, que ne m'en eût coûté l'accomplissement de tous ces beaux devoirs ! Mais j'étais une enfant alors ! Je ne comprenais pas... et aujourd'hui la lumière vient trop tard.

LE MARQUIS.

Trop tard.

LA MARQUISE.

Je suis encore plus effrayée qu'excédée de ma situation. Vous me connaissez : je suis malheureusement une de ces natures violentes qui ont besoin d'une exaltation quelconque pour se défendre des dernières chutes, et je n'en ai plus. Tout ce qui soutient les autres femmes me manque : la maternité, l'amour et le devoir ! Je me suis surprise aujourd'hui même sur une pente honteuse... A quoi puis-je me retenir ? Que me reste-t-il ?

LE MARQUIS, la saluant profondément.

De mon temps on avait Dieu.

Il sort.

SCÈNE XI

LA MARQUISE, seule.

Il est inflexible. Dieu, oui, c'est le seul refuge. Brave Sergine! il ne s'attend guère à la bonne surprise que je lui prépare! — Et si je me tourmentais dans le faux? s'il ne pensait pas en effet à cette petite fille! Pauvre Charlotte! comme tu te raccroches à toutes les branches!

SERGINE, entrant par la droite en habit de soirée.

Me voici!

LA MARQUISE, à part.

Encore une tentative, mais que ce soit la dernière.

SCÈNE XII

LA MARQUISE, SERGINE.

SERGINE, allant à elle.

Vous ne direz pas que j'ai fait l'école buissonnière.

LA MARQUISE.

Le mot n'est pas heureux, mon ami.

SERGINE.

Pardon. Je ne me rappelle jamais que vous êtes sur le qui-vive avec moi.

LA MARQUISE.

Quelle toilette !

SERGINE.

N'allons-nous pas à l'Opéra ?

LA MARQUISE.

Je n'y pensais plus.

SERGINE.

Avez-vous eu des visites ?

LA MARQUISE.

Oui, une entre autres bien inattendue. Je vous la donne en mille. — M. Vernouillet !

SERGINE.

Qu'a-t-il affaire à vous ? Ah ! vos actions dans sa banque.

LA MARQUISE.

D'abord ; mais ce n'était que le prétexte. Sa visite avait un *post-scriptum*. Il est amoureux... pas de moi, rassurez-vous, et il me prie de m'intéresser à son mariage.

SERGINE.

J'espère bien que vous n'allez pas vous entremettre pour ce personnage ? Est-ce que son mariage dépend de vous ?

ACTE DEUXIÈME.

LA MARQUISE.

Pas précisément, mais je serai consultée. Il s'agit de ma filleule.

SERGINE, vivement.

Clémence?

LA MARQUISE.

Vous voulez dire mademoiselle Charrier.

SERGINE.

Et vous prêteriez les mains à cette alliance monstrueuse, vous?

LA MARQUISE.

J'avoue que je n'en vois pas bien la monstruosité.

SERGINE.

En vérité, madame, vous perdez le sens moral.

LA MARQUISE.

Vous vous oubliez, monsieur de Sergine!

SERGINE.

Non, madame. C'est vous qui avez besoin d'être rappelée à vous-même. Quoi! ce titre de marraine, cette autorité maternelle, vous l'emploieriez à jeter la noble enfant dans les bras d'un homme taré?

LA MARQUISE.

Rassurez-vous ; je n'en ai pas envie. C'était une épreuve. Je sais maintenant ce que je voulais savoir.

SERGINE.

Et quoi donc?

LA MARQUISE.

Vous aimez Clémence.

SERGINE, troublé.

Moi ! Où voyez-vous cela ?

LA MARQUISE.

Ne fût-ce qu'à votre emportement quand je veux la marier. C'est la première fois que vous me parlez durement, Albert. Je ne vous en veux pas, mon pauvre ami, mais n'allons pas plus loin. L'heure de la séparation a sonné. Je vous relève de vos serments et vous rends votre liberté.

SERGINE.

Mais je n'accepte pas cette rupture. Songez-vous ?...

LA MARQUISE.

A ce que dira le monde ? Je renonce au monde.

SERGINE.

Vous renoncez ? Non, Charlotte ! quand votre supposition serait fondée, et elle ne l'est pas... je ne vous abandonnerais jamais ! — Ne vous avais-je pas priée tout d'abord de ne pas vous mêler du mariage de Vernouillet ? Est-il étonnant que j'y aie mis plus de vivacité quand j'ai su qu'il s'agissait de la sœur de mon meilleur ami ? Vous êtes une enfant. Je n'aime et ne puis aimer que vous.

LA MARQUISE.

Soyez sincère, je vous en supplie, soyez brutal. J'aime mieux vous perdre que vous tenir de votre compassion... de votre charité. Je m'attendais à une résistance généreuse, vous me la deviez ; mais vous voilà en règle avec votre conscience ; vous en avez assez fait pour le devoir...

SERGINE.

On n'est quitte avec le devoir qu'après l'avoir rempli. Mais il n'a rien à faire ici.

UN DOMESTIQUE, venant de la gauche.

Madame est servie.

SERGINE.

Daignerez-vous accepter mon bras?

LA MARQUISE.

Vous le voulez? C'était bien la peine de tant me tourmenter pour arriver à ce dénouement.

Ils sortent par la gauche.

ACTE TROISIÈME

Un magnifique cabinet de travail chez Vernouillet. Porte d'entrée au fond ; porte dans un pan coupé à droite ; cheminée dans un plan coupé à gauche ; une grande table couverte d'un tapis vert sur le devant à gauche ; guéridon à droite près de la porte, sur lequel sont des flacons de liqueurs et des petits verres. Une causeuse sur le devant à droite.

SCÈNE PREMIÈRE

VERNOUILLET, étendu sur la causeuse. GIBOYER, dans un fauteuil, les pieds sur la cheminée.

VERNOUILLET.

Que diriez-vous, monsieur Anatole Giboyer, mon secrétaire et ami, si vous appreniez tout à coup que j'ai refusé les présents d'Artaxerce ?

GIBOYER.

Je dirais qu'Artaxerce est un pingre.

VERNOUILLET.

Il ne faisait pourtant pas mal les choses ; cent vingt mille francs sont un joli denier.

ACTE TROISIÈME.

GIBOYER, se levant.

La subvention du journal?

VERNOUILLET.

Elle-même, mon bon. J'ai écrit au ministre que le journal ne la recevrait plus. Comment trouves-tu ça?

GIBOYER.

Tu te railles de ma crédulité.

VERNOUILLET.

Non, sur l'honneur.

GIBOYER.

Alors quel est ton but?

VERNOUILLET.

De n'être aux gages de personne; de ne relever que de ma conscience; de marcher dans ma force et dans ma liberté! Que cherches-tu sous les meubles?

GIBOYER.

Le naïf pour qui tu poses.

VERNOUILLET.

C'est toi-même, mon bon ami.

GIBOYER.

Ah! tu t'exerces? je suis le mannequin? Va ton train.

VERNOUILLET.

Tâche donc de te prendre au sérieux, mon cher. Tu n'es plus un bohème, du moment que je t'attache à ma fortune.

GIBOYER.

Eh bien, sérieusement, est-ce que tu vas passer à l'opposition ?

VERNOUILLET.

Parbleu ! C'est l'A B C du métier.

GIBOYER.

Et tes abonnés ?

<small>Il va au guéridon au fond et se verse un verre de liqueur.</small>

VERNOUILLET.

Ils ne s'apercevront seulement pas du changement de front. Je ferai tout juste assez d'opposition pour que le pouvoir compte avec moi, au lieu de compter sur moi.

GIBOYER.

Et tes actionnaires ?

VERNOUILLET.

Est-ce que ça les regarde ? Pourvu qu'ils touchent leurs dividendes, ils n'ont rien à dire. D'ailleurs, je me suis réservé le droit de racheter leurs actions et je les rachèterai toutes.

GIBOYER.

Quand tu les auras fait baisser.

VERNOUILLET.

Non, dès que j'aurai triplé mes fonds à la Bourse, — ce qui ne sera pas long, étant à la source des renseignements.

GIBOYER, dégustant son petit verre.

Étant toi-même la source des renseignements. — Dire

ACTE TROISIÈME.

que je ne peux pas grapiller à ta suite, faute d'un petit capital.

VERNOUILLET.

Il ne tiendra qu'à toi de t'en faire un.

GIBOYER.

Sur mes économies?

VERNOUILLET.

Et sur tes frais de voitures. Tu m'en comptes quarante-huit heures par jour.

GIBOYER.

Le temps me paraît si long loin de toi.

VERNOUILLET.

Tu m'attendris. J'augmente ta position.

GIBOYER.

Oh! mon bienfaiteur!

VERNOUILLET.

Outre ta place de secrétaire de la rédaction, je te donne la chronique...

GIBOYER.

Des tribunaux?

VERNOUILLET.

Gourmand! non, des salons... quatre sous la ligne.

GIBOYER.

Je ferai l'article des modes?

VERNOUILLET.

Oui, et tu signeras *comtesse de Folleville*.

GIBOYER.

Bon! je m'habillerai dans les maisons recommandées.

VERNOUILLET.

Tu pourras aussi faire quelques incursions dans le monde des théâtres...

GIBOYER.

Et le critique du lundi ?

VERNOUILLET.

A propos des toilettes... à propos de ce public des premières représentations, souvent plus curieux que la pièce. Tu pourras même çà et là parler des actrices en vogue : ainsi ce soir on donne un nouveau ballet à l'Opéra...

GIBOYER.

Tu m'emmèneras avec toi?

VERNOUILLET.

Non, ma loge est pleine; mais tu éreinteras la petite Noémie...

GIBOYER.

Tiens! je la trouve charmante.

VERNOUILLET.

Moi aussi.

GIBOYER.

Compris. — Sardanapale, va !

VERNOUILLET.

Motus là-dessus. Je pense à me marier.

GIBOYER, plaintif.

Oh! pourquoi?

VERNOUILLET.

Il me faut bien un salon.

GIBOYER.

As-tu un parti en vue?

VERNOUILLET.

Oui.

GIBOYER.

Quels émoluments?

VERNOUILLET.

Cinq cent mille francs, et un beau-père bien posé.

GIBOYER.

La demoiselle a donc des engelures?

VERNOUILLET.

Elle est charmante, je l'ai vue.

GIBOYER.

Alors elle n'est pas pour ton nez.

VERNOUILLET.

C'est ce que nous verrons. La presse est un merveilleux instrument dont on ne soupçonne pas encore toute la puissance. Jusqu'ici, il n'y a eu que des râcleurs de journal : place à Paganini!

Un domestique apporte des lettres sur un plat d'argent, et sort.

VERNOUILLET, décachetant.

Encore des lettres! C'est fatigant! (A Giboyer qui tire une pipe de sa poche.) Une pipe! veux-tu cacher cela! Te crois-tu aux bureaux du journal?

GIBOYER.

C'est ma fille; je ne la quitte jamais.

VERNOUILLET.

On ne fume pas chez moi.

GIBOYER.

Alors je vais lui faire faire un tour au Palais-Royal.

VERNOUILLET, ouvrant une lettre.

Un autographe du ministre, en réponse à ma lettre d'hier.

GIBOYER.

Du ministre?

VERNOUILLET.

Écoute ça: (Lisant.) « Monsieur, la connaissance des
» hommes ne m'a pas laissé une grande estime pour
» l'humanité. Je n'en suis que plus heureux quand je
» rencontre un caractère. Vous en êtes un, monsieur; votre
» lettre m'a inspiré un vif désir de vous connaître. Vou-
» lez-vous me faire l'honneur de venir dîner demain au
» ministère? — Agréez, etc. » — Comment la trouves-tu?

GIBOYER.

Elle serait invraisemblable si elle n'était pas vraie.

VERNOUILLET.

Il y a des moments où ma puissance m'épouvante, ma

parole d'honneur ! Je finirai par n'oser plus froncer le sourcil de peur d'ébranler l'Olympe... Ah ! Giboyer, quelle admirable chose que la presse ! Que de bien elle peut faire !

GIBOYER.

Ne m'en parle pas, ça fait frémir ! Iras-tu à ce dîner ?

VERNOUILLET.

Parbleu ! et j'espère bien trouver la croix sous ma serviette. — De mon agent de change... Diable ! hausse d'un franc ! C'est demain la liquidation, et j'ai vendu cent mille... Je suis dans de beaux draps !

GIBOYER.

Pourquoi cette hausse ?

VERNOUILLET.

La visite de l'empereur de Russie à la reine d'Angleterre est démentie.

GIBOYER.

Ah ! oui, par le *Courrier de Paris*.

VERNOUILLET.

Belle autorité ! Faut-il que ces boursiers soient jobards !

GIBOYER.

Le *Courrier* est en général bien informé.

VERNOUILLET.

J'ai cent raisons de croire qu'il l'est mal aujourd'hui.

GIBOYER.

Tu en as même cent mille.

VERNOUILLET.

Cours aux bureaux du journal; fais-moi une correspondance de Saint-Pétersbourg : le tzar est parti. Nous rectifierons après la liquidation... s'il y a lieu.

GIBOYER, prenant son chapeau.

Il est toujours beau de confesser une erreur.

Il sort par la droite.

SCÈNE II

VERNOUILLET.

C'est un mauvais tour que me joue *le Courrier de Paris*,... le gredin est sans doute à la hausse! Je lui revaudrai cela.

UN DOMESTIQUE annonce du fond.

M. le marquis d'Auberive.

SCÈNE III

LE MARQUIS, VERNOUILLET.

VERNOUILLET.

Bonjour, monsieur le marquis. Quel bon vent vous amène?

LE MARQUIS.

Je viens vous faire mon compliment. J'ai de vos nouvelles, mon gaillard! Il paraît que vous vous conduisez avec le ministère comme un homme de Plutarque!

VERNOUILLET.

J'ai déchiré le pacte de servitude, voilà tout.

LE MARQUIS.

C'est très fort, mon cher, c'est très fort. Jusqu'ici on ne connaissait que deux sortes de presse, la presse indépendante et la presse vénale; l'une pauvre, l'autre discréditée : vous en créez une troisième qui réunit les avantages des deux autres sans leurs inconvénients.

VERNOUILLET.

Quoi! vous supposez...?

LE MARQUIS.

Ne jouez donc pas au fin avec moi; je ne suis pas bégueule, et j'admire le génie partout où je le rencontre. C'était, en apparence, un problème insoluble qu'un journal à la fois indépendant et vénal; vous l'avez résolu du premier coup; vous avez vu avec le coup d'œil de l'aigle, qu'il s'agissait tout simplement de retourner la spéculation, et de vendre au public votre influence sur le gouvernement, au lieu de vendre au gouvernement votre influence sur le public.

VERNOUILLET.

Je ne comprends pas...

LE MARQUIS.

Voyons, n'avez-vous pas vendu ce matin même la question du libre échange?

VERNOUILLET.

D'où savez-vous?...

LE MARQUIS.

Je sais tout, moi ! Vous êtes un grand homme, ami Vernouillet, et la presse entre vos mains va devenir une belle institution.

VERNOUILLET.

Je l'espère.

LE MARQUIS.

Et moi aussi. Quelle sera votre ligne politique ? C'est très important pour la prospérité de cette benoîte quatrième page, que vous ne méprisez pas, j'imagine ?

VERNOUILLET.

Non, certes.

LE MARQUIS.

La presse étant un sacerdoce, il faut bien pourvoir aux frais du culte.

VERNOUILLET.

J'y ai songé. Je résume tout mon programme dans cette simple formule qui servira d'épigraphe au journal : Plus de révolutions !

LE MARQUIS.

Magnifique programme, si vous le réalisez.

VERNOUILLET.

Oh ! pourvu que je réalise trente mille abonnés !...

LE MARQUIS.

C'est juste. — Courage, mon camarade ! Votre position grandit à vue d'œil. Suivez mon conseil, mariez-vous. Il faut faire souche.

VERNOUILLET.

J'ai commencé les démarches.

LE MARQUIS, à part.

Je le sais.

VERNOUILLET.

La première a été de me procurer la collection de la *Gazette des Tribunaux* et de rechercher le procès de Charrier, car, sans être rigoriste, je ne serais pas flatté de m'allier à un fripon.

LE MARQUIS.

Eh bien ?

VERNOUILLET.

Ma conscience est rassurée. Son procès est, comme vous me l'aviez dit, le pendant du mien : il n'y a pas de quoi fouetter un chat.

LE MARQUIS.

Pensez-vous que je vous aurais conseillé une mésalliance ?

VERNOUILLET.

Non, sans doute; mais, dans ces matières délicates, vous savez, on aime à s'assurer par soi-même...

SCÈNE IV

LE MARQUIS, VERNOUILLET, GIBOYER.

GIBOYER, de la porte de droite.

Le tzar est en route.

VERNOUILLET.

Chut!

GIBOYER, apercevant le marquis.

N'est-ce pas à monsieur le marquis d'Auberive que j'ai l'honneur...

LE MARQUIS.

A lui-même, monsieur.

GIBOYER, à Vernouillet.

Présente-moi donc !

VERNOUILLET.

M. Anatole Giboyer, un camarade de collège à moi, et le plus actif de mes collaborateurs.

LE MARQUIS.

Giboyer... Attendez donc... Non ! ce ne peut pas être cela.

GIBOYER.

C'est précisément cela, au contraire.

LE MARQUIS.

Quoi ! ce portier qui avait vendu son fils à un maître de pension ?...

GIBOYER.

C'était mon propre père, et je suis l'enfant prodige en personne.

VERNOUILLET,

Tu ne t'étais jamais vanté de cela, toi.

GIBOYER.

Nous autres philosophes, nous attachons si peu de prix au frivole avantage de la naissance ! Si je m'en targue aujourd'hui, c'est uniquement pour remercier M. le marquis de l'intérêt qu'il me témoigna dans cette circonstance. Après avoir attaqué de toutes les manières la fatale résolution de mon père, il lui donna son compte. Si le brave homme vous avait écouté, monsieur le marquis, je tirerais tranquillement le cordon chez vous à l'heure qu'il est, au lieu de tirer le diable par la queue.

LE MARQUIS.

Regretteriez-vous le bienfait de l'éducation?

GIBOYER.

Il m'a mené coucher loin!

LE MARQUIS.

Vous m'étonnez!

GIBOYER.

Tant qu'ont duré mes études, j'ai vécu comme un coq en pâte. Je remportais tous les prix, et les marchands de soupe se disputaient votre serviteur comme une réclame vivante; si bien qu'en philosophie j'avais obtenu de la concurrence une chambre à part, avec la permission de fumer et de découcher. Mais le lendemain de mon baccalauréat, il fallut en rabattre.

LE MARQUIS.

Votre bienfaiteur vous planta là?

GIBOYER.

Oh! non!... Il m'offrit une place de pion à six cents francs; mais il me supprima la chambre, la pipe et les permissions de dix heures. Ça ne pouvait pas durer; je lâchai l'enseignement, et je me jetai dans les aventures, plein de confiance en ma force et ne soupçonnant pas que ce grand chemin de l'éducation, où notre jolie société laisse s'engouffrer tant de pauvres diables, est un cul-de-sac.

LE MARQUIS, à Vernouillet.

Écoutons : ce n'est pas du style noble, mais c'est instructif. (A Giboyer.) Voudriez-vous qu'on le murât, ce cul-de-sac !

GIBOYER.

Oui, morbleu ! qu'on le mure si on ne peut pas le percer par l'autre bout !... Savez-vous comment j'ai vécu, moi qui pourrais soutenir une thèse, comme Pic de La Mirandole *de omni re scibili?*

LE MARQUIS, s'asseyant à gauche de la table.

Je serais curieux de le savoir. Contez-moi cela.

Vernouillet est auprès de la cheminée.

GIBOYER.

Est-ce que cela se raconte ? Vivant d'expédients, empruntant l'aumône, laissant une illusion et un préjugé à chaque pièce de cent sous, je suis arrivé à l'âge de quarante ans, le gousset vide et le corps usé jusqu'à l'âme.

LE MARQUIS.

Je ne suis pas un ardent défenseur de notre société ; permettez-moi cependant de vous dire que si vous n'aviez pas quelques vices...

GIBOYER.

Oui, parbleu ! j'en ai. Vous en avez bien, vous autres !... Croyez-vous que les privations soient un frein aux appétits ? Mais si je n'avais eu que mes vices, ils n'étaient pas bien coûteux, je me serais encore tiré d'affaire ; par malheur j'avais aussi une vertu, la seule qui ne fût pas restée en route : j'étais bon fils. Je ne voulais pas mettre mon père à l'hôpital... C'était un enfantillage... Que voulez-vous ? on n'est pas complet. Il a eu l'indiscrétion de vivre longtemps, et moi j'ai eu la simplicité de le pleurer. Si c'était à recommencer...

LE MARQUIS.

Bah! vous recommenceriez.

GIBOYER.

C'est possible. Je ne veux pas me faire plus fort que je ne suis. Mais c'est une grande duperie qu'une vertu dans une position où l'homme n'a pas trop de toutes ses forces et de tous ses vices pour se frayer un passage!

VERNOUILLET.

Laisse-nous donc tranquille! Le vrai mérite perce toujours. Je pourrais te citer vingt hommes éminents sortis comme toi des rangs du peuple.

GIBOYER.

Parbleu! je t'en citerais cinquante!

VERNOUILLET.

Alors, de quoi te plains-tu?

GIBOYER.

Je me plains de n'en pouvoir citer que cinquante; je me plains qu'il faille un mérite exceptionnel pour percer; enfin que ce soit l'exception et non la règle.

VERNOUILLET.

Ce n'est pas à moi qu'il faut t'en prendre, c'est au gouvernement.

GIBOYER.

Les gouvernements ne sont pour rien là-dedans; question sociale et non politique.

LE MARQUIS.

Ah! ah! monsieur est socialiste?

GIBOYER.

Si je le suis! jusqu'aux moelles! Et vous, monsieur le marquis?

LE MARQUIS.

Pas jusque-là... Mais je ne demande qu'à être catéchisé... Parlez.

GIBOYER.

Oh! c'était bon il y a vingt ans, quand j'étais jeune, aujourd'hui *non est hic locus.*

LE MARQUIS.

Encore du latin?

GIBOYER.

Voulez-vous du grec pour changer?

VERNOUILLET.

Tu n'es qu'un pédant.

GIBOYER.

Mon éducation me le permet.

LE DOMESTIQUE, annonçant.

M. Charrier.

SCÈNE V

Les Mêmes, CHARRIER.

LE MARQUIS.

Et vous, Charrier, — êtes-vous socialiste jusqu'aux moelles ?

CHARRIER.

Moi ! juste ciel ! je professe la plus profonde horreur pour cette abominable secte !

LE MARQUIS.

Alors, permettez-moi de vous présenter M. Giboyer de La Mirandole, membre des classes dangereuses de la société et mon ami.

CHARRIER, saluant.

Charmé, monsieur.

GIBOYER, saluant.

De rien, monsieur.

CHARRIER.

J'ai horreur des principes, non des personnes, et quand une conviction est sincère comme la vôtre, monsieur...

GIBOYER, très gracieux.

Mais elle ne l'est pas, monsieur. Tout ça m'est bien égal.

UN DOMESTIQUE, annonçant.

M. de Sergine.

VERNOUILLET, à part.

Ah! diable! le mari qui est là.

SCÈNE VI

Les Mêmes, SERGINE.

LE MARQUIS, après un instant d'embarras.

Comment se porte M. de Sergine?

SERGINE.

Et vous-même, monsieur le marquis?

LE MARQUIS.

Les hasards de la vie parisienne nous ont séparés comme ils nous avaient rapprochés; mais si j'ai perdu de vue votre personne, je n'ai pas perdu de vue votre talent. Au revoir, monsieur, c'est-à-dire à votre prochain article.

SERGINE, saluant.

Monsieur.

Le marquis sort.

GIBOYER, fredonnant entre ses dents.

Et voilà comme
Un galant homme
Évite tout désagrément.

SCÈNE VII

LES MÊMES, moins LE MARQUIS.

VERNOUILLET, à Sergine.

Vous m'apportez votre article?

SERGINE.

Non, monsieur. Je viens au contraire vous annoncer en deux mots que je ne fais plus partie de la rédaction du journal.

VERNOUILLET.

Hein?

SERGINE.

Je passe au *Courrier de Paris*.

VERNOUILLET.

Au moment où je vous offrais des avantages qu'aucun autre journal ne peut vous faire?

CHARRIER.

Quelle est cette folie, mon cher ami?

SERGINE.

Monsieur et moi nous avons des manières différentes d'envisager les choses.

VERNOUILLET.

En quoi donc?

SERGINE.

Je respecte la presse, vous la méprisez; j'en fais une tribune, vous en faites une boutique.

VERNOUILLET.

Une boutique? Où prenez-vous cela?

SERGINE.

N'avez-vous pas vendu, ce matin même, la question du libre échange à une société de maîtres de forges?

VERNOUILLET.

Eh bien?

SERGINE.

Votre journal est à vous et je n'ai rien à dire; mais quand on ne peut pas chasser les marchands du Temple, il faut en sortir soi-même. C'est ce que je fais. Adieu, monsieur.

VERNOUILLET.

Bonsoir.

Sergine sort.

SCÈNE VIII

CHARRIER, VERNOUILLET, GIBOYER.

GIBOYER, à part.

Il est honnête... il a donc de quoi?

VERNOUILLET, brusquement.

Trouve-moi un autre rédacteur.

GIBOYER.

Un autre rédacteur... ça ne se trouve pas dans le pas d'un cheval! — Ah! tu as de la chance! j'ai ton affaire; un brave garçon dont la misère a usé toutes les convictions.

VERNOUILLET.

Bon cela! Qui?

GIBOYER.

Un inconnu plein de talent, Jacques Morfaux : tu pourras le prendre à l'essai.

VERNOUILLET.

Amène-le-moi tout de suite.

GIBOYER.

C'est que je ne sais pas où il perche. Ah! il donne ses audiences au divan Lepelletier... Je l'y trouverai peut-être. (A Charrier.) Monsieur...

Il sort par la droite.

SCÈNE IX

CHARRIER, VERNOUILLET.

CHARRIER.

Est-il vrai que vous ayez vendu la question du libre échange à des maîtres de forges?

VERNOUILLET.

Eh bien, quoi? allez-vous me reprocher aussi de faire de mon journal une boutique?

CHARRIER.

Non, mais je n'en suis pas moins très fâché que vous ayez vendu la question.

VERNOUILLET.

Pourquoi? voyons, pourquoi?

CHARRIER.

Parce que je venais vous l'acheter... pour une société vinicole.

VERNOUILLET.

A la bonne heure! On peut s'entendre avec vous. Cet imbécile de Sergine!

CHARRIER.

C'est un fou qui ne comprend rien aux affaires.

VERNOUILLET.

Il finira mal, ce garçon-là.

CHARRIER.

Il finira sur la paille.

VERNOUILLET, à part.

C'est un homme de sens. Si je lui demandais sa fille séance tenante?

CHARRIER.

Combien avez-vous vendu?

VERNOUILLET.

Soixante-cinq mille cinq cents francs.

CHARRIER.

Singulier compte!

ACTE TROISIÈME.

VERNOUILLET.

C'est un enfantillage de ma part; j'ai tenu à compléter mon million.

CHARRIER.

Vous avez un million, vous?

VERNOUILLET.

Et je suis garçon. C'est une valeur, cela. Mais je ne compte pas ma main dans mon avoir. Je ne comprends que les mariages d'inclination.

CHARRIER.

Est-ce que vous auriez la folie d'être amoureux?

VERNOUILLET.

Ce n'est pas une folie : celle que j'aime, sans avoir la fortune à laquelle je pourrais prétendre, est encore un beau parti. Si j'apporte le dîner, elle apportera le dessert.

CHARRIER.

A la bonne heure! Et à quand le mariage?

VERNOUILLET.

Oh! ce n'est pas fait. Je crains des difficultés de la famille.

CHARRIER.

Et pourquoi?

VERNOUILLET.

La jeune personne n'a que dix-huit ou dix-neuf ans, et j'en ai près de quarante.

CHARRIER.

Qu'importe? vous n'avez jamais fait d'excès : vous êtes

bien conservé. J'avais vingt ans de plus que ma femme et elle a été parfaitement heureuse.

VERNOUILLET.

Et puis ce maudit procès n'est-il pas encore bien récent?

CHARRIER.

Bah! qui est-ce qui s'en souvient?

VERNOUILLET.

Il m'a fait du tort auprès de bien des gens.

CHARRIER.

Auprès de ceux qui n'ont pas su le fond des choses; mais vous avez des amis qui se font un devoir de l'expliquer.

VERNOUILLET.

Ainsi, vous trouvez que les parents auraient tort de me refuser?

CHARRIER.

Ils seraient archifous. — Ah çà !... on m'attend chez moi...

Il remonte la scène, et va prendre son chapeau qu'il a déposé en entrant à droite de la porte du fond.

VERNOUILLET.

Je suis enchanté de vous voir dans des sentiments aussi raisonnables; cela m'enhardit à vous faire ma demande.

CHARRIER.

Hein? Quoi? quelle demande?

VERNOUILLET.

C'est votre fille que j'aime, et j'ai l'honneur de vous demander sa main.

ACTE TROISIÈME.

CHARRIER, *descendant en scène.*

En vérité, mon cher ami, vous me prenez tellement à l'improviste...

VERNOUILLET.

Vous connaissez ma position de fortune...

CHARRIER.

Elle est superbe... Mais ma fille est bien jeune pour vous.

VERNOUILLET.

Vous aviez vingt ans de plus que madame Charrier, et elle a été parfaitement heureuse.

CHARRIER.

Oh! parfaitement?... Oui, mais elle courait une chance que je ne voudrais pas que ma fille courût. Et puis, franchement, votre procès vous a fait du tort.

VERNOUILLET.

Auprès de ceux qui ne savent pas le fond des choses; mais vous le savez, vous.

CHARRIER.

Oui... mais l'opinion publique... Je puis la braver pour moi-même... En ai-je le droit quand il s'agit de mon enfant?

VERNOUILLET.

L'opinion publique n'a jamais eu la mémoire longue, vous le savez aussi bien que moi; et elle l'a plus courte aujourd'hui que de votre temps.

CHARRIER.

Pardon, je ne comprends pas.

VERNOUILLET.

Nous nous comprenons parfaitement. (Charrier baisse les yeux.) Bref, j'ai à cœur, comme vous, de me justifier par mes actes, et j'y parviendrai comme vous, plus vite même. J'ai déjà commencé : j'ai refusé la subvention du ministère.

CHARRIER.

Ah !

VERNOUILLET.

Et voici la réponse du ministre. Lisez.

CHARRIER, après avoir lu.

C'est capital ! je vous en fais mon sincère compliment. Du reste, le ministre se connaît en hommes. Vous êtes un caractère, en effet ; je n'en veux pas d'autre preuve que le refus de la subvention. C'est un trait antique.

VERNOUILLET.

Vous êtes trop indulgent. En somme, vous trouvez en moi un gendre riche, influent, considérable et considéré... ou sur le point de l'être, qui aime votre fille et qui a traversé les mêmes épreuves que vous... Que voulez-vous de mieux ?

CHARRIER.

Tout cela est vrai... parfaitement vrai. Je ne vous dis ni oui ni non. Laissez-moi réfléchir.

VERNOUILLET.

Prenez votre temps. La marquise d'Auberive vous renouvellera ma demande dans quelques jours.

CHARRIER.

La marquise ?

VERNOUILLET.

Oui ; c'est un de mes plus zélés partisans. Elle est à moi à pendre et à dépendre.

CHARRIER.

Que ne disiez-vous cela?

VERNOUILLET.

Je vous certifie qu'avant un mois je serai maître de la situation.

CHARRIER.

Eh bien, ma foi !... venez chez nous sans affectation, faites une cour discrète... Je serai enchanté qu'elle réussisse. Je ne peux rien vous dire de mieux.

VERNOUILLET.

Je commencerai dès aujourd'hui.

CHARRIER.

C'est cela... Ah! diable, non! N'allons pas si vite, nous gâterions tout. Il vous faut d'abord gagner mon fils Henri, qui a beaucoup d'influence sur sa sœur et qui n'est pas très bien disposé pour vous, je ne vous le cache pas.

VERNOUILLET.

Soyez tranquille ; je me charge de lui, et ce sera bien le diable si je ne l'oblige pas à me remercier. Ceux que je ne tiens pas par l'intérêt, l'ambition ou la vanité, je les tiens par leurs plaisirs, et ce ne sont pas ceux que je tiens le moins.

UN DOMESTIQUE, annonçant.

Madame la marquise d'Auberive.

VERNOUILLET.

Que vous disais-je ?

SCÈNE X

VERNOUILLET, LA MARQUISE, CHARRIER.

LA MARQUISE, apercevant Charrier.

Tiens, Charrier.

VERNOUILLET.

Comme vous arrivez à propos, madame ! Ma demande est faite ; il ne vous reste plus qu'à l'apostiller.

LA MARQUISE.

Quelle demande ? Ah ! la main de Clémence ? Ce n'est pas ce qui m'amène. D'ailleurs Charrier sait ce qu'il a à faire et n'a pas besoin de conseils.

CHARRIER.

Pardonnez-moi, madame. Vous aimez trop Clémence pour n'avoir pas voix au chapitre quand il s'agit de son bonheur, et je vous avoue qu'en cette circonstance votre avis sera décisif.

LA MARQUISE.

Raison de plus pour que je ne le donne pas à la légère. Vous m'accorderez bien vingt-quatre heures de réflexion ?

CHARRIER.

D'après ce que m'a dit Vernouillet, j'aurais cru votre opinion toute faite.

ACTE TROISIÈME.

LA MARQUISE.

Venez me voir demain. Nous causerons plus sérieusement et plus commodément chez moi.

VERNOUILLET.

Remarquez, madame, que ce refus de répondre en ma présence équivaut à une réponse négative.

LA MARQUISE.

Peut-être bien.

VERNOUILLET.

Mais c'est la ruine de toutes mes espérances !

LA MARQUISE.

Vous en trouverez d'autres.

VERNOUILLET.

Fort bien ! Puis-je savoir en quoi j'ai démérité depuis hier que vous me promettiez votre entremise

LA MARQUISE.

Je n'ai rien promis.

VERNOUILLET.

Vous m'avez laissé espérer, du moins.

LA MARQUISE.

Je me serai mal expliquée.

VERNOUILLET.

Ou plutôt j'aurai mal compris. Mais mon erreur est

excusable ; je croyais avoir acquis des droits réels à votre protection.

LA MARQUISE, jetant un portefeuille sur la table.

Il y a cent mille francs dans ce portefeuille. Voilà l'objet de ma visite. J'avais hâte de ne plus rien vous devoir... vous me prouvez que j'avais raison.

VERNOUILLET.

Je crois comprendre, madame... Vous passez aussi au *Courrier de Paris.*

LA MARQUISE, avec une grâce ironique.

Quand vous me rencontrerez dans le monde, puisqu'on vous y tolère,... vous me ferez l'honneur de ne pas me reconnaître, n'est-ce pas ?

VERNOUILLET.

Prenez garde, madame ! C'est une déclaration de guerre !

LA MARQUISE, souriant.

Soit, monsieur ; s'il faut vous avoir pour ami ou pour ennemi, mon choix est fait.

VERNOUILLET.

En vérité, vous n'êtes pas prudente !

LA MARQUISE, toujours souriant.

Cela vous étonne de trouver un peu de bravoure en travers de votre chemin ? Si les hommes sont assez vils pour adorer votre puissance, une femme aura le courage de la braver. Adieu, monsieur. (D'un ton sérieux.) Votre bras, Charrier, jusqu'à ma voiture.

Elle remonte au fond.

VERNOUILLET.

Nous nous reverrons, mon cher ami !

CHARRIER.

Sans doute; mais diable ! diable ! voilà qui ne vaut rien.

Il sort avec la marquise.

SCÈNE XI

VERNOUILLET, seul.

Allons, voilà la crise que je redoutais, et elle se présente de la façon la plus désagréable ! Mais il n'y a pas à hésiter : je n'ai pas encore assez de racines pour qu'il me soit permis d'accepter un échec. Tant de gens se vengeraient avec délices des poignées de main qu'ils me donnent ! Tant pis pour la marquise : elle l'aura bien voulu !

SCÈNE XII

VERNOUILLET, GIBOYER.

GIBOYER.

J'ai découvert Moriaux.

VERNOUILLET.

Où est-il ?

GIBOYER.

A Clichy, le fat ! ni plus ni moins qu'un fils de famille.

VERNOUILLET.

Combien doit-il ?

GIBOYER.

Six cents francs, dont quatre cents de frais. Faut-il qu'un créancier soit rageur !

VERNOUILLET.

Il faut le faire sortir tout de suite. Voici l'argent. — Non, j'irai avec toi.

GIBOYER.

Cette confiance me flatte.

VERNOUILLET.

Bêta ! je veux faire son traité pendant qu'il est encore sous les verrous.

GIBOYER.

Simple et grand !

VERNOUILLET.

Partons. A propos, as-tu dans ton sac quelque bonne histoire pour molester une grande dame dans ta prochaine chronique?

GIBOYER.

Qu'est-ce qu'elle fait, ta grande dame ?

VERNOUILLET.

Séparée de son mari... une liaison à demi acceptée

par le monde... Il faudrait une anecdote amusante qui cassât les vitres.

GIBOYER.

J'en ai un assortiment : le Laquais terrible, le Chien compromettant, le Macaroni indiscret... Tu choisiras.

VERNOUILLET.

Tu me les conteras en route. Partons !

Ils sortent.

ACTE QUATRIÈME

Un petit salon chez madame d'Isigny. Une table de whist au fond à gauche. Porte ouverte au fond, par laquelle on voit une enfilade de salons éclairés pour le bal et pleins de monde. Un canapé sur le devant à droite. Une porte au deuxième plan à droite.

SCÈNE PREMIÈRE

LE BARON, LE GÉNÉRAL, GIBOYER, jouant au whist. UN QUATRIÈME JOUEUR tournant le dos au public. On entend la musique du bal.

LE BARON, à Giboyer.

Vous coupez mon sept ? Il était roi.

GIBOYER.

Ma foi, il n'en avait pas l'air.

LE BARON.

C'est la seconde fois que cela vous arrive.

GIBOYER.

Je vous ai prévenu que je n'étais pas de première force.

LE BARON.

Si vous étiez seulement de seconde !

GIBOYER, à part.

Il m'ennuie, cet homme-là.

LE GÉNÉRAL.

Le rubber est de huit, messieurs.

LE BARON.

Je demande qu'on retire.

GIBOYER.

Oh ! moi aussi.

On tire les places.

LE BARON.

Nous sommes encore ensemble ! C'est à vous de choisir les places.

GIBOYER.

Je reste où je suis.

LE GÉNÉRAL, pendant qu'on donne les cartes.

Avez-vous lu dans *la Conscience publique* l'histoire du Chien compromettant ?

LE BARON.

Elle est drôle.

GIBOYER, à part.

Je m'en flatte.

LE GÉNÉRAL.

Connaissez-vous les masques ?

LE BARON.

Dame, ils sont assez transparents : c'est la marquise d'Auberive et M. de Sergine.

LE GÉNÉRAL.

C'est agréable pour ma pauvre marquise !

LE BARON.

Qui est-ce qui signe comtesse de Folleville ?

LE GÉNÉRAL.

Quelque bégueule en disponibilité.

GIBOYER.

Que non pas ! c'est une petite femme charmante.

LE GÉNÉRAL.

Monsieur la connaît ?

GIBOYER.

Beaucoup ; mais je respecte la pudeur de son pseudonyme.

LE GÉNÉRAL.

Elle me fait l'effet de n'avoir que celle-là (Jouant.) Atout !

SCÈNE II

Les Joueurs, HENRI, CLÉMENCE.

CLÉMENCE.

On respire ici.

HENRI.

Assieds-toi.

Il la conduit au canapé à droite.

CLÉMENCE.

Quelle chaleur dans ce salon! J'ai cru que j'allais me trouver mal.

HENRI, à part.

Pauvre petite!

CLÉMENCE.

Ce n'était qu'un étourdissement. Voilà qu'il passe.

HENRI.

Veux-tu que je te ramène à la maison?

CLÉMENCE, avec une gaieté forcée.

Non, je m'amuse beaucoup; le bal est charmant.

HENRI.

Tu ne me donnes pas le change, ma pauvre Clémence. Tu as beau te bassiner les yeux avec de l'eau fraîche, je vois bien que tu as pleuré.

CLÉMENCE, sérieuse.

Qui te dit que je ne veuille pas me donner le change à moi-même? Je ne suis pas une enfant gâtée, mon cher Henri; j'ai beaucoup réfléchi depuis quelques jours, et j'ai compris que je n'ai pas le droit de me consacrer à ma tristesse. Si nous étions orphelins, ce serait différent; je me tiendrais pour veuve; je te demanderais de te marier le plus tôt possible et de recueillir chez toi le deuil de mes espérances. Mais je ne peux pas faire ce chagrin-là à notre pauvre père; mes rêves évanouis ne doivent pas détruire les siens, et comme je suis résolue à accepter le mari qu'il me choisira, je travaille à raffermir mon cœur.

HENRI.

Quoi ! tu te résignerais...

CLÉMENCE.

Il y a autre chose que l'amour dans la vie d'une honnête femme. J'estimerai mon mari et j'adorerai mes enfants.

HENRI.

Tu es une brave fille, Clémence.

Entre le vicomte par le fond.

LE VICOMTE.

Eh bien, monsieur Henri, voilà comme vous m'enlevez ma danseuse ?

CLÉMENCE.

J'étais venue respirer un peu.

LE VICOMTE.

Dépêchons-nous ; on se place.

Il l'emmène.

SCÈNE III

Les Joueurs, HENRI.

HENRI.

Pauvre chère enfant ! Quel courage et quel bon sens ! Quel beau couple elle aurait fait avec Sergine !... Ah !

je la déteste cette marquise ! Je ne suis pas très fâché que le Vernouillet lui ait lancé un pétard dans ses jupes.

Il va pour sortir par le fond et se croise sur la porte avec Vernouillet.

SCÈNE IV

Les Joueurs, VERNOUILLET, HENRI.

VERNOUILLET.

Monsieur Henri Charrier, je crois ?

HENRI.

Lui-même, monsieur ; et vous ?

VERNOUILLET.

Vernouillet.

HENRI.

Fondateur de la Banque territoriale ?

VERNOUILLET.

Et directeur de *la Conscience publique*.

HENRI.

Je ne doute pas que vous ne la dirigiez dans la voie du salut.

VERNOUILLET.

Avez-vous lu le feuilleton d'hier sur le nouveau ballet?

HENRI.

Certainement.

VERNOUILLET.

Mademoiselle Taffetas n'y est pas mal traitée.

HENRI.

Beaucoup mieux qu'elle ne mérite. Ce n'est pas une artiste, c'est une simple espiègle.

VERNOUILLET.

Tiens ! j'avais cru trouver une occasion de vous être agréable.

HENRI.

Très reconnaissant de l'intention, monsieur ; mais puis-je savoir à quoi je dois une bienveillance que je ne crois mériter en aucune façon ?

VERNOUILLET.

A l'amitié respectueuse que je porte à M. votre père. C'est un homme dont toute la vie est un exemple et un conseil : il m'est plus cher encore par le bien qu'il me fera faire que par le bien qu'il m'a fait. Malheureusement pour moi, par la hauteur même de sa position il échappe à ma reconnaissance ; je me dédommagerai en la reportant sur vous tout entière, si vous me le permettez.

HENRI.

Monsieur... (A part.) Je ne peux pourtant pas le rudoyer.

VERNOUILLET.

Je mets mon journal à votre disposition. Si vous avez quelqu'un à servir...

HENRI.

Je n'ai personne.

VERNOUILLET.

Tant pis, monsieur, tant pis. A propos, faites-moi le plaisir de me donner un renseignement. Vous connaissez, m'a-t-on dit, un jeune musicien nommé Paul Tremblay ?

HENRI.

En effet, c'est un de mes amis.

VERNOUILLET.

Il m'est recommandé ; on m'a raconté qu'il donne des leçons de piano pour soutenir sa famille. C'est très intéressant, mais ce n'est pas assez. A-t-il du talent?

HENRI.

Beaucoup. Il a écrit un magnifique opéra sur un libretto dont l'auteur est aussi pauvre et aussi obscur que lui-même, et il se ronge les poings sur ce chef-d'œuvre qui n'obtient pas même d'audition.

VERNOUILLET.

C'est bien ; votre recommandation me suffit. Je ferai entendre sa musique chez moi, et j'inviterai le directeur de l'Opéra.

HENRI.

Ma foi, vous ferez là une bonne action.

VERNOUILLET.

On le jouera, je vous en réponds. Si le directeur ne veut pas s'exécuter à l'amiable, je le ferai mettre en demeure par le feuilleton.

HENRI.

D'autant plus qu'il y a de bonnes choses à lui dire.

VERNOUILLET, lui prenant le bras.

Voulez-vous faire l'article vous-même?

HENRI.

Ce n'est pas mon état ; mais enfin, de deux choses l'une : ou l'Opéra n'est pas une institution nationale, et alors il ne faut pas lui donner de subvention ; ou c'en est une, et alors il doit aider à l'éclosion d'une école française en ouvrant ses portes aux jeunes gens.

VERNOUILLET.

C'est juste.

CHARRIER, entrant du fond.

Henri au bras de Vernouillet?

VERNOUILLET.

Je vous remercie d'avoir levé ce lièvre. Je suis toujours heureux de trouver des abus à combattre, des torts à redresser. Voilà la véritable mission de la presse, sa vraie grandeur.

HENRI, à part.

Me serais-je trompé sur son compte?

SCÈNE V

Les Mêmes, LA VICOMTESSE.

LA VICOMTESSE, entrant du fond.

Vous êtes aimable, monsieur Henri! La cinquième valse est commencée.

HENRI.

Oh! madame, que de pardons! Je me suis oublié à causer...

LA VICOMTESSE.

Avec cet homme épouvantable? Vous êtes bien osé.

ACTE QUATRIÈME.

VERNOUILLET.

En quoi donc épouvantable, madame?

LA VICOMTESSE, minaudant.

Fi! vous avez été féroce pour cette pauvre marquise. Votre histoire du Chien compromettant est une abomination.

VERNOUILLET.

Ah! ne m'en parlez pas; je suis au désespoir! L'article a passé à mon insu.

CHARRIER, à part.

A la bonne heure!

LA VICOMTESSE.

Bon apôtre! Avec tout cela, la pauvre femme n'ose plus se montrer; elle n'est pas venue ce soir, et en vérité j'en suis presque bien aise; sa présence serait un embarras pour tout le monde. Ah! il ne fait pas bon être de vos ennemis.

VERNOUILLET.

Elle en était donc?

LA VICOMTESSE.

Qu'il est candide! Allons, monsieur Henri, un tour de valse.

HENRI.

Est-ce que ça comptera?

LA VICOMTESSE.

Je vous dédommagerai au cotillon.

Elle sort avec Henri.

SCÈNE VI

Les Joueurs, CHARRIER, VERNOUILLET.

VERNOUILLET.

Eh bien, mon ami ! Cette grande dame qui faisait la pluie et le beau temps, je n'ai eu qu'à souffler dessus et elle a disparu. Sa présence serait un embarras pour ses meilleurs amis, vous venez de l'entendre... et vous avez vu par contre de quelles câlineries on m'entoure. En vérité, je vous le dis, l'appui de la marquise m'aurait moins établi que ne l'a fait cette petite exécution.

CHARRIER.

Ce n'est donc pas à votre insu ?...

VERNOUILLET.

Naïf !

CHARRIER.

Alors, vous avez été cruel.

VERNOUILLET.

J'ai les défauts de mes qualités : Si je suis un ami à toute épreuve, je suis un ennemi implacable. — Pourquoi la marquise a-t-elle choisi la guerre, quand je lui offrais la paix ?

CHARRIER.

N'importe ! Cela me fait beaucoup de peine. C'est une femme pour qui j'avais le plus grand respect.

VERNOUILLET.

Vous aviez... Donc vous n'avez plus.

CHARRIER.

J'ai toujours... Mais enfin...

VERNOUILLET.

Mais enfin... vous ne permettrez plus sa fréquentation à mademoiselle votre fille.

CHARRIER.

Sa liaison étant percée à jour, il est certain que les rapports deviennent...

VERNOUILLET.

Impossibles. Par conséquent elle n'a plus voix au chapitre pour le mariage de sa filleule et nous nous retrouvons dans les mêmes termes qu'auparavant.

CHARRIER, embarrassé.

Reste mon fils.

VERNOUILLET.

Ne nous avez-vous pas vus tout à l'heure bras dessus, bras dessous, comme de bons camarades que nous sommes?

CHARRIER.

Je ne dis pas...

VERNOUILLET.

Que dites-vous alors ? Que vous repoussez mon alliance... comme la marquise?

CHARRIER.

Non certes, non ! — Tout dépend de ma fille.

VERNOUILLET.

Bien entendu! Mais pour savoir si je suis agréé ou

non, il faut commencer par me présenter... La voici !... Présentez-moi !

SCÈNE VII

Les Mêmes, CLÉMENCE.

CHARRIER.
Ma chère Clémence, M. Vernouillet.

VERNOUILLET.
Voulez-vous m'accorder cette contredanse, mademoiselle ?

CLÉMENCE.
Volontiers, monsieur. Nous partirons ensuite, n'est-ce pas, père ? Je suis fatiguée.

Elle sort au bras de Vernouillet.

CHARRIER.
Oui, mon enfant. (A part et les suivant.) Après tout, il est bien, ce garçon-là... elle l'aimera !

Il sort.

SCÈNE VIII

LE BARON, LE GÉNÉRAL, GIBOYER.
Le Quatrième Joueur.

LE BARON, à Giboyer qui éternue.
Vous êtes enrhumé ?

GIBOYER.

Comme vous voyez. (A part.) Ça m'apprendra à me décolleter.

LE GÉNÉRAL, à Giboyer.

Vous gagnez vingt-cinq fiches, monsieur ; voici vingt-cinq louis.

GIBOYER.

Comment, nous jouions un louis la fiche ?

LE GÉNÉRAL.

N'est-ce pas votre jeu ordinaire ?

GIBOYER.

Si fait, si fait ! (A part, se levant.) J'irai souvent dans le monde !

Les joueurs se lèvent.

SCÈNE IX

Les Mêmes, LE VICOMTE.

LE VICOMTE.

Vous ne jouez plus, général ?

LE GÉNÉRAL.

Ma foi, non ; je perdrais mes culottes.

GIBOYER, pudique.

On a vingt-quatre heures pour payer.

LE VICOMTE, au baron.

Vous n'étiez pas hier au mariage de mademoiselle de Bauséant ?

LE BARON.

Je n'ai pas pu y aller.

LE GÉNÉRAL.

Elle a donc enfin permuté ?

LE VICOMTE.

Nous avons découvert son âge à la mairie. Elle se mariait précisément le jour anniversaire de sa trente-cinquième année : c'est assez piquant.

LE GÉNÉRAL.

Nous appelons cela passer à l'ancienneté.

LE VICOMTE.

Je vous assure qu'elle paraissait toute jeunette avec ses yeux baissés et sa fleur d'oranger.

LE GÉNÉRAL.

De la fleur d'oranger à trente-cinq ans !

GIBOYER.

Le fait est qu'elle avait droit à des oranges.

LE GÉNÉRAL.

Ah ! ah ! le mot est joli... je le répéterai.

LE VICOMTE.

Moi aussi.

GIBOYER, à part.

Et moi donc !

LE BARON, bas, au vicomte.

Comment s'appelle ce monsieur ?

LE VICOMTE, bas.

Je n'en sais rien, mais je soupçonne que c'est la comtesse de Folleville...

LE GÉNÉRAL, de même.

Canaille !

LE VICOMTE.

Oh ! général...

Il l'emmène au fond.

LE BARON, à part.

Un homme précieux ! S'il voulait dire un mot de mon salon ? (A Giboyer.) Je suis bourru au whist, monsieur, mais je ne le suis que là, et je serais très heureux que vous vinssiez vous en assurer à mes réunions du lundi.

GIBOYER.

Monsieur...

LE BARON.

Mon salon a la prétention d'être le conservatoire de la causerie ; vous y prendrez une place brillante.

GIBOYER.

A qui ai-je l'honneur ?...

LE BARON, tirant sa carte.

Baron de La Vieuxtour. Je compte sur vous, n'est-ce pas ?

GIBOYER.

Mille grâces !

LE BARON, lui donnant la main.

A lundi !

Il s'éloigne.

GIBOYER, à part.

Il n'y pas à dire : ces gens-là sont bien élevés !

LE VICOMTE, revenant à Giboyer.

Il paraît que vous avez été étourdissant d'esprit ?

GIBOYER.

Moi ? Je n'ai rien dit.

LE VICOMTE.

Vous vous figurez cela, nabab que vous êtes ! Mais nous ne sommes pas habitués à ces profusions-là, nous autres.

GIBOYER.

Monsieur le vicomte !

LE VICOMTE.

Ce n'est pas surprenant, d'ailleurs : vous êtes d'une famille de prodigues.

GIBOYER, interloqué.

D'une famille de prodigues ?

LE VICOMTE.

N'êtes-vous pas allié de très près à la comtesse de Folleville ?

GIBOYER.

Heu ! heu !

LE VICOMTE.

Sa chronique est ravissante ; elle a un succès fou. Tout

le monde voudrait connaître l'auteur... (Lui tendant la main.) et j'ai la modestie de dire que je ne le connais pas.

GIBOYER.

Oh! monsieur le vicomte! (A part.) Ils sont charmants!

SCÈNE X

Les Mêmes, LA VICOMTESSE.

LA VICOMTESSE, venant de la droite.

M. de Boisrobert vient d'arriver... courez donc!

LE VICOMTE.

M. de Boisrobert, un académicien!

Giboyer éternue.

LA VICOMTESSE, bas au vicomte.

Qui est ce monsieur?

LE VICOMTE, de même.

La comtesse de Folleville. Achevez de me le gagner.

LA VICOMTESSE, riant.

Présentez-le-moi.

LE VICOMTE, haut.

Permettez-moi, ma chère amie, de vous présenter un cousin germain de la comtesse de Folleville.

Il sort par le fond.

SCÈNE XI

GIBOYER, LA VICOMTESSE.

LA VICOMTESSE, s'asseyant sur le canapé.

Votre cousine est un peu méchante, monsieur ; mais j'aime passionnément l'esprit.

GIBOYER, se dandinant.

Alors craignez le sort de Narcisse.

LA VICOMTESSE.

Mon Dieu, non ; je ne suis pas spirituelle, et j'en suis bien aise : l'esprit est un attribut viril. Le seul reproche que je fasse à votre cousine, c'est d'être une femme.

GIBOYER.

Si elle le savait, elle s'empresserait de changer de sexe.

LA VICOMTESSE.

Dieu m'en garde !

GIBOYER.

Et pourquoi ?

LA VICOMTESSE.

Qui sait ? Votre cousin serait peut-être dangereux !

GIBOYER.

Pas tant que vous, je vous jure.

ACTE QUATRIÈME.

LA VICOMTESSE.

Comment l'entendez-vous, monsieur... (A part.) Je ne sais pas son nom. (Haut.) Est-ce que vous ne dansez pas ?

GIBOYER.

La danse n'est qu'un prétexte à la conversation et je ne connais personne ici.

LA VICOMTESSE.

Invitez-moi. Je vous donne... attendez... (Elle consulte son carnet de bal.) la quatrième contredanse. Écrivez votre nom là.

Elle lui donne le carnet.

GIBOYER, à part.

Écrirai-je Giboyer ?

Il écrit et rend le carnet.

LA VICOMTESSE, lisant.

Anatole de Boyergi... (Elle se lève.) Vous êtes des nôtres ! Je m'en doutais à vos manières, et je suis charmée de ne pas m'être trompée.

GIBOYER, à part.

Elle est encore fort bien ! Et puis... une femme du monde !

LA VICOMTESSE.

Je vous préviens que j'ai horreur de tous les révolutionnaires, quelle que soit leur nuance.

GIBOYER.

Ma foi, moi aussi, madame.

LA VICOMTESSE.

Nous nous entendrons.

<small>Giboyer éternue, tire son mouchoir et laisse tomber sa pipe.</small>

GIBOYER, à part.

Oh ! ma pipe !

LA VICOMTESSE.

Vous laissez tomber quelque chose.

GIBOYER.

Ce n'est pas à moi.

LA VICOMTESSE, se pinçant les lèvres pour ne pas rire.

A moi non plus.

<small>Elle sort par le fond.</small>

GIBOYER, seul, à sa pipe.

Je ne te mènerai plus dans le monde. (On entend la musique du bal.) Allons voir danser ces pantins.

<small>Il sort par le fond.</small>

SCÈNE XII

HENRI, SERGINE, entrant par la droite.

HENRI, regardant de tous côtés.

Personne ! — De quoi s'agit-il ?

SERGINE.

Tu as lu *la Conscience publique* d'aujourd'hui ? J'y suis attaqué personnellement, et la marquise y est insultée de la façon la plus odieuse.

HENRI.

Oh ! la marquise... tant pis pour elle.

SERGINE.

Henri, tu ne penses pas ce que tu dis.

HENRI.

Eh ! cette femme-là fait ton malheur et le nôtre !... Mais, après tout, tu as raison; ce n'est pas le moment de se joindre à ceux qui l'insultent. — Et elle, a-t-elle lu l'article ?

SERGINE.

Elle n'en avait pas connaissance quand je l'ai quittée avant dîner.

HENRI.

Elle l'aura lu depuis, car elle ne vient pas.

SERGINE.

Elle ne devait pas venir, elle était souffrante; j'espère qu'elle dort tranquillement. Mais tu comprends que je ne peux pas laisser passer cette gredinerie sous silence.

HENRI.

Parfaitement.

SCÈNE XIII

HENRI, SERGINE, puis LA MARQUISE.

SERGINE.

Tu vas prendre Vernouillet dans un coin, et tu arrangeras sans bruit une rencontre pour demain. (La marquise, voyant Sergine et Henri, s'avance sans bruit à deux pas derrière eux.) S'il voulait entrer dans des explications, tu lui dirais que je ne les accepte pas; par conséquent il n'y a qu'à régler les conditions du combat, ce qui peut se faire séance tenante. Je choisis le pistolet.

HENRI.

Très bien. Attends-moi là.

LA MARQUISE.

Restez, monsieur Henri.

SERGINE.

Vous ici ?

LA MARQUISE.

Oui. Au moment de me mettre au lit, j'ai reçu le numéro du journal avec une marque rouge à l'endroit qui nous concerne : une attention de M. Vernouillet sans doute. Mon premier mouvement a été tout de colère; je me suis habillée à la hâte; je comptais vous trouver ici et vous ordonner de le souffleter en plein bal. Cet éclat me perdait sans ressource; n'importe ! il me vengeait. Mais, chemin faisant, je me suis calmée. Le nom que je porte n'est pas à moi seule; l'homme qui a sacrifié à l'honneur de ce nom une vengeance autrement juste que la mienne, Albert, cet homme aurait le droit de me reprocher sévèrement un esclandre irréfléchi... C'est pourquoi vous ne vous battrez pas.

SERGINE.

Mais c'est l'article qui fait l'esclandre; un duel n'y ajoutera rien, au contraire. C'est la seule protestation possible contre cette ignoble agression, et si vous m'empêchez de protester, vous donnez partie gagnée à Vernouillet, vous invitez les plus lâches à vous attaquer, et vous me couvrez, moi, d'un ridicule... que j'accepterais, je vous le jure, s'il devait vous servir, mais qui, loin de là, vous désarme de votre dernière défense.

HENRI.

Il a raison, madame.

LA MARQUISE.

Non; il ne sera pas ridicule, il a fait ses preuves. On comprendra que nous reculons devant un aveu public, et on nous en saura gré.

SERGINE.

Nous sommes désignés si clairement!

LA MARQUISE.

Qu'importe? Du moment que nous ne nous reconnaissons pas, personne n'est obligé de nous reconnaître. Le monde n'en demande pas davantage, et son blâme retombera tout entier sur l'agresseur qui l'aura inutilement troublé dans son hypocrisie. Mais il faut régler la situation ici même pour ne pas laisser aux indécis le temps de se déclarer contre nous. Quand on verra que je fais face à l'orage, soyez sûr qu'il se détournera sur M. Vernouillet. Seulement, mon ami, votre présence me gêne; vous seriez vous-même assez embarrassé de votre contenance, quittez le bal, je vous prie, et laissez-moi le champ libre.

SERGINE.

Que penses-tu de tout cela, Henri?

HENRI.

Va-t'en.

LA MARQUISE.

En tout cas, il sera encore temps demain de bâtonner cet homme; permettez-moi aujourd'hui de gouverner la situation à ma guise. M. Henri voudra bien me donner le bras.

SERGINE.

A demain, soit. Je compte sur toi, Henri !

Il sort par la droite.

SCÈNE XIII

HENRI, LA MARQUISE.

LA MARQUISE.

Vous êtes un honnête homme, monsieur Henri. J'ai été un peu coquette avec vous; je vous en demande pardon.

HENRI.

Quelle plaisanterie !

<small>Deux dames paraissent à la porte du fond, et, apercevant la marquise, font signe à une troisième. La scène se remplit peu à peu pendant ce qui suit.</small>

LA MARQUISE.

C'était dans un moment de désœuvrement et d'ennui; presque tout le mal que nous faisons vient de là. Mais M. Vernouillet m'a créé de l'occupation. Savez-vous la cause de son inimitié ?

HENRI.

Il vous aura fait la cour ?

ACTE QUATRIÈME.

LA MARQUISE.

Non. Il veut épouser votre sœur...

HENRI.

Lui? ce drôle!... Qu'il y vienne! Je m'explique maintenant ses chatteries de tout à l'heure.

LA MARQUISE.

J'ai refusé de servir ses projets, de là sa colère.

HENRI.

Il ne sait pas quel camouflet vous lui avez épargné.

LA MARQUISE.

Clémence est ma filleule, et je m'en suis souvenue.

HENRI.

Et vous vous êtes généreusement exposée pour elle! vous lui avez sacrifié votre repos!

LA MARQUISE.

Je lui ferai peut-être encore d'autres sacrifices.

HENRI.

J'ai été inconvenant avec vous, je vous en demande pardon à mon tour. Vous êtes dans une crise où le moindre ami a son prix; comptez sur moi, madame. Si quelqu'un fait mine de ricaner, moi qui ne vous suis rien...

Il fait un geste menaçant.

LA MARQUISE.

Gardez-vous-en bien.

SCÈNE XIV

LE BARON, LE GÉNÉRAL, LE VICOMTE, HENRI, LA MARQUISE, LA VICOMTESSE, VERNOUILLET, GIBOYER, Invités.

LA MARQUISE, à la vicomtesse qui entre.

Bonjour, chère amie ; votre bal est charmant.

LA VICOMTESSE, froidement.

Comme vous venez tard, madame ! Nous commencions à ne plus compter sur vous.

LA MARQUISE.

Ne m'en parlez pas. Il m'arrive la chose la plus singulière : j'ai été un peu indisposée hier ; le bruit s'en est répandu, à ce qu'il paraît, car aujourd'hui, en revenant du Bois, j'ai trouvé trente cartes à ma porte ; et ce soir ç'a été une procession de visites dont j'ai cru que je ne sortirais pas.

LA VICOMTESSE, plus gracieuse.

Vraiment ?

LE VICOMTE, au général.

Quelle aisance !

LE GÉNÉRAL.

Quelle grâce !

GIBOYER, à Vernouillet.

Quel aplomb !

LA MARQUISE.

On dirait que tous mes amis s'étaient donné le mot pour m'accabler de leur intérêt. J'en étais touchée, mais gênée. (Aux dames qui l'entourent.) Je vous en prie, mesdames, démentez le bruit de ma mort s'il vient jusqu'à vous. Je ne me suis jamais si bien portée.

LE VICOMTE.

Et nous en sommes tous heureux, madame.

VERNOUILLET, bas à Giboyer.

Est-ce qu'elle reprendrait la corde, par hasard?

LA MARQUISE.

Ah! monsieur Vernouillet... charmée de vous voir.

LE GÉNÉRAL, à part.

Elle va attaquer; brave cœur!

LA MARQUISE, à Vernouillet.

Les oreilles ont dû vous tinter ce soir.

VERNOUILLET.

Pourquoi donc, madame?

LA MARQUISE.

On a beaucoup parlé de vous chez moi. J'avais quelques uns de vos amis, entre autres le président de la sixième chambre.

VERNOUILLET.

Lui!

LE GÉNÉRAL, à part.

En pleine poitrine!

VERNOUILLET.

Je le tiens pour mon ennemi personnel.

LA MARQUISE.

Quelle erreur! il a gardé de vous les meilleurs souvenirs. Je sais qu'il y a eu un peu de froid à la fin de vos relations, mais il espère bien vous revoir un jour ou l'autre.

Mouvement dans l'assistance. Chuchotements.

VERNOUILLET, à part.

Elle m'écrase.

LA MARQUISE, négligemment et par-dessus l'épaule.

A propos, je vous dois des remerciements; votre chronique des salons a achevé de dissiper ma migraine. Il y a une histoire de chien compromettant qui m'a fait rire aux larmes.

LE BARON, à part.

Voilà le coup de grâce.

VERNOUILLET.

Je suis heureux que vous ayez pris cette mauvaise plaisanterie pour ce qu'elle vaut. J'expliquais tout à l'heure à madame d'Isigny que l'article a passé à mon insu, et je me préparais à vous en faire mes très humbles excuses.

HENRI, à part.

Insolent!

LA MARQUISE, après avoir promené ses yeux sur les gens qui ricanent.

Vous êtes un lâche, monsieur; vous insultez une femme que personne n'a le droit de défendre, personne!

LE MARQUIS, qui était au fond, au milieu d'un groupe, s'avançant.

Excepté moi. (A Vernouillet.) — Quel est l'auteur de l'article, monsieur ?

VERNOUILLET, retenant Giboyer qui fait un mouvement.

Dès qu'il s'agit de responsabilité, c'est moi.

LE MARQUIS.

Bien, monsieur. — Venez, marquise.

Il offre son bras à sa femme et la promène de groupe en groupe ; on s'empresse autour d'eux, et la foule passe peu à peu dans le second salon.

GIBOYER, à Vernouillet.

Pourquoi as-tu pris ma place ?

VERNOUILLET.

Ce duel est une bonne fortune pour moi; il répare tout et au delà ! c'est un brevet de gentleman que me signe le marquis.

GIBOYER.

Oui, mais c'est toi qui fourniras le parchemin. Le marquis passe pour une fine lame.

VERNOUILLET.

C'est ce qui me rassure : il n'aura pas la maladresse de me tuer. Je me laisserai faire une égratignure qui me permettra de refuser toutes les provocations à venir.

GIBOYER.

C'est tout profit. Il faut monter ce duel avec luxe, te procurer des témoins ronflants !

VERNOUILLET.

Je les prendrai dans l'*Almanach de Gotha*, et je les défie de me refuser ! Tu me feras un compte rendu...

GIBOYER.

Aux truffes ! — C'est la soirée aux événements.

VERNOUILLET.

Que t'est-il arrivé ?

GIBOYER.

Le vicomte me fourre à une table de whist ; après avoir joué tranquillement pendant deux heures, j'apprends que je jouais un louis la fiche. Juge de mon émotion.

VERNOUILLET.

Combien perds-tu ?

GIBOYER.

Si je perdais, ça me serait bien égal !

ACTE CINQUIÈME

Le salon du premier acte.

SCÈNE PREMIÈRE

HENRI, il est assis à gauche sur un fauteuil; il se détire en bâillant; un domestique lui apporte une lettre sur un plateau et sort.

De la jeune Taffetas. (il lit.) « Chien-Chien chéri à sa biche, la vie est pleine de tristesses. J'étais si heureuse avec toi ! Pourquoi les journaux se sont-ils occupés de moi ? Le général Ratafieff vient de m'offrir un engagement de deuxième danseuse à Saint-Pétersbourg, avec des appointements fabuleux. Je n'aurai pas même la consolation de recevoir tes adieux, le général s'étant installé chez moi jusqu'au départ, de peur que l'Angleterre ne m'enlève à la Russie; mais, sois tranquille, mon adoré, je ne t'oublierai pas... » Elle fera un nœud à son mouchoir. « Ton inconsolable, — TAFFETAS. » Ça fend le cœur. — Me voilà sur le pavé. Chercherai-je une autre paire de pieds ? ou prendrai-je du service chez une femme du monde ? (Bâillant.) Ah ! je ferais aussi bien de me marier. Je mène une vie stupide. Quand je pense que sans mon

père je serais peut-être capitaine aujourd'hui et décoré !
Il sera bien avancé quand je serai... autre chose.

SCÈNE II

HENRI, SERGINE, venant de la droite.

HENRI.

Toi, ici ? Il y a donc du nouveau ?

SERGINE.

Oui, certes ! La marquise est réconciliée avec son mari

HENRI.

Quelle chance !

SERGINE.

Et ils partent tous deux pour l'Italie.

HENRI.

Conte-moi donc comment cela s'est passé.

SERGINE.

Le marquis s'est conduit avec une générosité et un tact parfaits. Après avoir donné ce matin un coup d'épée dans le bras au sieur Vernouillet...

HENRI.

Bon !

SERGINE.

Il a prié ses témoins de l'accompagner chez sa femme.

— « Vous êtes vengée, madame, lui a-t-il dit ; mais vous voyez à quelles calomnies vous expose votre isolement. Faites donc un sacrifice, non à moi qui ne le mérite guère, mais à l'honneur de votre nom. Oubliez mes torts et rendez-moi le droit de vous protéger... c'est le seul que je prétende de notre réconciliation. » Tout cela dit d'un ton qui n'amena pas le moindre sourire sur les lèvres des assistants. La marquise lui a tendu la main, et, restés seuls, ils sont convenus de passer un an à l'étranger pour faciliter leur contenance.

HENRI.

D'où sais-tu tous ces détails ?

SERGINE.

De la marquise elle-même, qui m'a fait ses adieux.

HENRI.

Ses adieux ! La scène a dû être assez embarrassante et embarrassée de part et d'autre ?

SERGINE.

Non. Elle a été sérieuse et franche comme il sied entre gens qui n'ont rien à se reprocher l'un à l'autre, et qui se restituent mutuellement à leurs véritables destinées. Deux existences confondues pendant cinq ans ne se séparent pas sans émotion et sans un tendre regret pour les jours heureux ; mais si nos voix ont tremblé dans les dernières paroles, si nos yeux se sont mouillés dans le dernier regard, nous avons feint de ne pas nous en apercevoir, et nous nous sommes quittés avec un sourire.

HENRI.

Vive la joie ! te voilà libre... et sans avoir manqué à aucun de tes devoirs. La marquise n'est pas sacrifiée, et j'en suis bien aise ; c'est une femme de cœur... Le Vernouillet nous a rendu un fier service ! Ne lui en sachons aucun gré. — Embrassez-moi, mon gendre.

SERGINE.

Brave ami !

HENRI.

J'ai broyé assez de noir depuis huit jours. — Il s'agit à présent de mettre le siège devant le père.

SERGINE.

Mais ta sœur consentira-t-elle ?...

HENRI.

Si elle consentira ! Mais la pauvre enfant ne demande qu'à suivre mes conseils en toutes choses. Je prends même là une responsabilité... Vous la rendrez heureuse, jeune homme ?

SERGINE.

Sois tranquille. Ce n'est pas un cœur flétri que je lui apporte.

HENRI.

Tu n'as pas besoin de me rassurer, je te connais.

SERGINE.

Mais ton père me connaît moins que toi, et j'ai peur que cette liaison...

HENRI.

Oh ! ce n'est pas là que le bât le blessera, si tant est qu'il le blesse. Au surplus, nous saurons bientôt à quoi nous en tenir ; je vais aborder la question tout de suite. Retourne chez toi ; dans une heure, je te porterai des nouvelles.

SERGINE.

C'est ma vie que tu as entre tes mains, cher Henri, songes-y bien! et... Adieu. (A part.) Je suis ému comme un enfant.

Il sort par la droite.

SCÈNE III

HENRI, seul.

J'ai failli lui dire que ma sœur l'aime... c'était au moins inutile. Mon père est le plus honnête et le meilleur des hommes; mais il a des idées étroites sur certains sujets. Il y aura de la résistance, je ne peux pas me le dissimuler.

SCÈNE IV

CHARRIER, HENRI.

HENRI.

Bonjour, père. As-tu bien dormi?

CHARRIER.

Et toi, mon ami? Tu es resté tard au bal, je suppose...?

HENRI.

Tu l'as quitté trop tôt! tu as perdu une scène des plus dramatiques.

CHARRIER.

Bah !

HENRI.

La marquise a apostrophé Vernouillet devant tout le monde.

CHARRIER.

Tiens ! à quel propos ?

HENRI.

A propos de l'article que tu sais bien. Le marquis a pris fait et cause pour elle, et voilà le mari et la femme rapatriés.

CHARRIER.

Tant mieux, j'en suis charmé pour la pauvre dame. Et Vernouillet ?

HENRI.

Le marquis lui a donné ce matin un coup d'épée.

CHARRIER.

Dangereux ?

HENRI.

Non, au bras.

CHARRIER.

A-t-il du bonheur, cet être-là ! Il est né coiffé : il arrivera à tout.

HENRI.

Excepté à l'estime des honnêtes gens.

CHARRIER.

Mais il y est arrivé, il y est en plein. Le coup d'épée du marquis le baptise. A l'heure qu'il est, Vernouillet est le plus beau parti de France.

HENRI.

Tu crois? Donne-lui donc ta fille.

CHARRIER.

C'est ce que je fais.

HENRI.

Hein! Tu plaisantes?

CHARRIER.

Non pas; les paroles sont échangées, et je venais te l'annoncer.

HENRI.

Tu donnes ta fille à Vernouillet, toi? A un homme taré?

CHARRIER.

Il ne l'est plus, te dis-je; il est accepté partout; tout le monde lui donne la main, toi comme les autres... Je t'ai vu.

HENRI.

Il m'avait entortillé.

CHARRIER.

D'ailleurs j'ai toujours promis à ta sœur de la laisser maîtresse de son choix, et elle accepte Vernouillet.

HENRI.

Allons donc! Elle en aime un autre.

CHARRIER.

Ce n'est pas possible! Pourquoi ne me l'aurait-elle pas dit?

HENRI.

Celui qu'elle aime n'était pas libre ; il l'est maintenant.

CHARRIER.

Sapristi, que c'est désagréable ! Me voilà dans un joli embarras vis-à-vis de Vernouillet. Je m'en ferais un ennemi déclaré.

HENRI.

Bah ! il ne peut rien contre toi.

CHARRIER.

Qui sait ? Il est puissant et retors.

HENRI.

En tout cas, il ne peut rien de pire que de faire le malheur de ta fille !

CHARRIER.

Je n'ai pas envie de la sacrifier, sois tranquille ! Puisqu'elle aime quelqu'un, elle l'épousera ; je ne suis pas un père dénaturé. — Ce monsieur avait bien à faire de devenir libre ! Comment l'est-il devenu, cet animal-là ? Qui est-ce ?

HENRI.

Sergine.

CHARRIER.

Sergine ? un journaliste ? un écrivain ? un homme sans état ?... Jamais ! jamais ! au grand jamais !

HENRI.

Puisqu'elle l'aime et que tu la laisses maîtresse de son choix...

CHARRIER.

A condition qu'elle aimera quelqu'un de riche !

HENRI.

Elle l'est assez pour deux.

CHARRIER.

Assez pour deux! Il suffit d'introduire cette petite phrase-là dans la maison la plus solide pour la ruiner en moins de trois générations. Non! non! j'ai tiré ma famille du néant par mon travail; n'espère pas que je prête jamais les mains à sa déchéance.

HENRI.

Mais si ce mariage la diminue d'un côté, il la relève de l'autre; Sergine a déjà un nom illustre, et toi-même tu tires vanité de le connaître.

CHARRIER.

C'est-à-dire que je suis bien aise de l'avoir à ma table et de l'offrir à mes convives. C'est un homme de mérite, je n'en disconviens pas, et sa fréquentation prouve que je ne suis pas moi-même un imbécile. Mais si j'en tire vanité, comme tu dis, c'est tout ce que j'en veux tirer. On admet ces gens-là dans son salon; dans sa famille, jamais! J'en suis fâché pour Clémence, elle n'avait qu'à mieux placer son affection. Je ne comprends même pas qu'elle se soit amourachée d'un homme en puissance de femme.

HENRI, vivement.

Elle n'a jamais rien su de sa liaison avec la marquise!

CHARRIER.

Comment alors se figurait-elle qu'il n'était pas libre?

HENRI.

C'est moi qui lui avais dit, pour couper court à toute

espérance, qu'il était amoureux d'une jeune fille du faubourg Saint-Germain.

CHARRIER.

J'espère que tu ne t'es pas permis de la tirer d'erreur sans me consulter?

HENRI.

Non.

CHARRIER.

Eh bien, laissons les choses comme elles sont. Tu as tranché dans sa racine un amour qui n'était encore qu'un bobo et qui aurait pu devenir un mal sérieux : la douleur est passée, ta sœur n'y songe plus, elle trouve un parti magnifique; tout est donc pour le mieux. Vernouillet peut m'être très utile ou très nuisible, entends-tu? Tu m'as vu tout prêt à rompre avec lui quand j'ai cru que ta sœur avait une inclination raisonnable; maintenant que cette rupture ne la conduirait à rien, tu trouveras bon que je n'en brave pas les conséquences de gaieté de cœur, et je te prie très sérieusement de ne pas m'y exposer.

HENRI.

Prends garde, cher père; tu n'es pas de bonne foi avec toi-même.

CHARRIER.

Quoi! Qu'est-ce à dire?

HENRI.

Oui, tu fais des capitulations de conscience. Tu te persuades que tu ne veux pas de Sergine pour te dispenser de rompre avec Vernouillet, dont tu ne redoutes rien, quoi que tu en dises, mais dont tu attends la pairie.

CHARRIER.

Tu es un imbécile... Je sacrifie ma fille à mon ambition, n'est-ce pas ?... Je suis bien bon de t'écouter. Je te défends d'influencer ta sœur, entends-tu ? Je suis meilleur juge que personne de ce qui lui convient, et quand je te dis qu'elle sera heureuse... Va te promener, tu m'ennuies à la fin des fins.

Il sort.

SCÈNE V

HENRI, seul.

Défends-moi tout ce que tu voudras... Je ne te laisserai pas mettre un remords dans ta vie.

UN DOMESTIQUE, annonçant de la droite.

M. Vernouillet.

HENRI.

Commençons par obtenir le désistement de ce galant homme.

SCÈNE VI

HENRI, VERNOUILLET, le bras en écharpe.

HENRI.

Ah! ah ! vous apportez l'étrenne de votre écharpe à ma sœur ? C'est fort galant.

VERNOUILLET.

Mon seul but est de la rassurer sur cette égratignure.

HENRI.

Si nous profitions de son absence pour causer un peu de choses et d'autres ?

VERNOUILLET.

Je serai charmé de faire plus ample connaissance avec mon futur beau-frère.

HENRI.

Asseyez-vous donc. (Ils s'asseyent.) Ah çà ! mon cher beau-frère, pourquoi voulez-vous épouser ma sœur ?

VERNOUILLET.

Pour une seule raison, qui vous paraîtra peut-être suffisante : je l'aime.

HENRI.

Dites-moi tout franchement que vous cherchez à vous marier, que la position de ma famille vous convient, que la dot de ma sœur ne vous semble pas déparée par sa personne... et je vous croirai.

VERNOUILLET.

C'est justement ce qu'on exprime dans le monde par le verbe *aimer*.

HENRI.

A la bonne heure. Ainsi votre cœur n'est pas plus intéressé dans l'affaire qu'il ne convient?

VERNOUILLET.

Où voulez-vous en venir ?

HENRI.

Dans votre position, vous n'êtes pas embarrassé de votre personne, et vous trouverez facilement un parti préférable à ma sœur.

VERNOUILLET.

Est-ce que monsieur votre père vous a chargé de me retirer sa parole ?

HENRI.

Non pas; j'agis de mon chef. J'ai d'autres vues sur ma sœur; et puisque vous n'êtes pas touché en plein cœur, je vous prie loyalement et en galant homme de vous désister de votre recherche.

VERNOUILLET.

Je suis très mortifié, monsieur, de contrarier vos projets; mais vous comprenez que ce n'est pas un motif suffisant de me retirer. La délicatesse ne m'en ferait un devoir qu'au cas où mademoiselle votre sœur ne m'épouserait pas de son plein gré.

HENRI.

C'est précisément le cas.

VERNOUILLET.

Permettez-moi d'en douter. Monsieur votre père m'a dit hier soir qu'elle agréait ma recherche; je lui ai moi-même déclaré mes sentiments, et elle a paru m'écouter sans la moindre répugnance.

HENRI.

C'est possible; mais j'ai eu ce matin avec elle un entretien qui a changé ses dispositions. Elle vous prie de renoncer à sa main, et par conséquent voilà votre délicatesse en demeure.

VERNOUILLET.

Fort bien, monsieur. Mais je vois, par ce que vous me dites, qu'elle n'obéit pas à son impression personnelle, mais à la vôtre ; ce n'est pas elle, en somme, qui me refuse, c'est vous, et je ne crois pas être indiscret en vous demandant pourquoi.

HENRI.

Je vous l'ai dit, j'ai d'autres vues sur elle.

VERNOUILLET.

Je ne peux pas me contenter de cette échappatoire ; vous êtes trop sérieux pour substituer vos convenances particulières à celles de votre sœur et de votre père, si vous n'aviez pas contre moi des objections graves.

HENRI.

Ne me mettez pas au pied du mur, je vous prie.

VERNOUILLET.

Pardonnez-moi ; j'espère encore qu'il n'y a entre nous qu'un malentendu : c'est le moins que vous m'admettiez à m'expliquer.

HENRI.

Ce n'est pas un malentendu, monsieur ; l'explication serait aussi désagréable qu'inutile : épargnez-nous-la à tous les deux.

VERNOUILLET, se levant.

C'est donc à mademoiselle votre sœur que je la demanderai en présence de votre père.

ACTE CINQUIÈME.

HENRI, se levant vivement.

Parbleu! j'aime mieux vous la donner moi-même, puisque vous y tenez. Je ne veux pas que vous épousiez ma sœur, parce que vous êtes... Si vous n'aviez pas le bras en écharpe, je vous dirais quoi.

VERNOUILLET.

Dites toujours.

HENRI.

Ou vous l'a dit assez publiquement.

VERNOUILLET.

Mon procès!

HENRI.

Oui, votre procès.

VERNOUILLET.

Mais, mon cher monsieur, il n'y a pas là de quoi fouetter un chat! Quand vous connaîtrez les affaires, vous saurez que ces choses-là arrivent aux plus honnêtes gens du monde.

HENRI.

Vous croyez?

VERNOUILLET.

Sans aller bien loin, je pourrais vous citer un homme dont personne ne conteste l'honorabilité, que vous respectez vous-même à juste titre...

HENRI.

Et qui a eu un procès analogue au vôtre?

VERNOUILLET.

Absolument identique. Je le relisais encore en venant ici, dans ma voiture ; il n'y a que les noms à changer.

HENRI.

Eh bien, si je respecte ce monsieur, je suis prêt à lui en faire mes excuses.

VERNOUILLET.

Prenez garde, jeune homme ! c'est votre père.

HENRI.

Vous en avez menti !

VERNOUILLET.

Qu'est-ce donc qui vous prend ?

HENRI.

Mon père n'a pas eu le procès que vous dites, monsieur ; c'est une infâme calomnie.

VERNOUILLET, tirant de sa poche un numéro de la *Gazette des Tribunaux* et le déposant sur la table.

Je n'invente rien ; lisez plutôt.

HENRI.

Sortez !

VERNOUILLET.

Monsieur !... (Froidement.) J'ai fait mes preuves, et, de votre part, rien ne peut m'offenser. Je reviendrai dans une demi-heure. Vous aurez compris qu'il ne faut pas commencer par se cracher au visage quand on doit finir par s'embrasser.

Il sort par la droite.

SCÈNE VII

HENRI, seul.

Impudent coquin!... quand il aura l'usage de ses deux bras, je lui infligerai une correction dont il se souviendra! Eh bien, il a laissé là son journal? (Prenant le journal.) Mon père a peur de lui... Pourquoi? — Allons donc! c'est impossible!... Je le saurais! (Regardant le journal.) 23 décembre 1833... Je n'avais que huit ans. — Non! je ne le lirai pas!... je ne ferai pas cette injure à mon père. Brûlons! (Il s'approche de la cheminée, regarde longtemps le journal et l'ouvre vivement.) Ayons-en le cœur net.

Il lit en silence, debout; il s'essuie le front avec son mouchoir, s'assied à droite de la table et continue sa lecture. Enfin il repousse le journal et éclate en sanglots accoudé sur la table, et la tête dans ses mains.

SCÈNE VIII

CHARRIER, HENRI, puis CLÉMENCE.

CHARRIER, à part.

Il pleure? (Il prend le journal sur la table.) 23 décembre 1833.

Il reste atterré, Henri lève la tête; leurs regards se rencontrent, le journal échappe des mains de Charrier; ils restent tous deux les yeux baissés. — Clémence entre par la gauche; Henri en la voyant se précipite sur le journal et le jette au feu.

CLÉMENCE, allant à Charrier.

Qu'as-tu donc, père? ta figure est bouleversée!

HENRI, descendant vers sa sœur.

Je viens de lui faire part d'une résolution qui l'afflige, mais qui est irrévocable. Je vais m'engager.

Charrier tombe sur une chaise, accablé.

CLÉMENCE.

T'engager... comme soldat?

HENRI.

Oui; c'est le seul métier qui me convienne. Je l'ai toujours aimé, tu le sais : et si je n'ai pas suivi plus tôt ma vocation, c'est par déférence filiale; mais aujourd'hui mon père lui-même me relève de l'obéissance.

CLÉMENCE, à Charrier.

Tu le laisses partir?

CHARRIER, d'une voix étranglée.

Il est le maître.

HENRI, prenant sa sœur dans ses bras.

Je reviendrai, ma chérie, et tu pourras être fière de moi. D'ici là tu chercheras mon nom dans les bulletins d'Afrique, entre ton mari et tes marmots, dont l'aîné s'appellera Henri, n'est-ce pas?

CLÉMENCE.

Mon mari?

HENRI.

Oui, ton mari, Sergine. C'est toi qu'il aime.

CLÉMENCE.

Moi?

ACTE CINQUIÈME.

HENRI.

Il n'a jamais aimé que toi... c'est un malentendu qu'on t'expliquera... plus tard.

CLÉMENCE, se tournant vers Charrier.

Et mon père consent?

HENRI, l'arrêtant par le bras.

Il consent! Sa seule objection sérieuse, c'était que tu n'es pas assez riche pour deux; je l'ai levée en te donnant ma dot.

CLÉMENCE.

Et toi?

HENRI.

Oh! moi... je suis un orgueilleux qui ne veux rien devoir qu'à moi-même.

CLÉMENCE.

Mais je ne veux pas...

HENRI.

Accepte, ma petite Clémence, je t'en supplie : tu me rendras bien heureux; d'ailleurs, c'est la condition que mon père met à ton mariage.

CLÉMENCE, à Charrier.

Est-ce vrai?

CHARRIER.

Puisque ton frère te le dit.

UN DOMESTIQUE, annonçant.

M. de Sergine!

SCÈNE IX

CLÉMENCE, CHARRIER, SERGINE, HENRI.

HENRI.

Tu as perdu patience?... Ce n'est pas ma faute... Voici ta femme. Remercie mon père.

SERGINE, à Charrier.

Ah! monsieur, que de reconnaissance!

CHARRIER.

Vous la rendrez heureuse, monsieur; vous êtes un honnête homme. Veillez scrupuleusement sur votre honneur! Vous allez être assez riche pour n'avoir souci d'amasser à vos enfants que l'héritage d'un nom sans tache.

HENRI, à part.

Pauvre père!

SERGINE.

Soyez tranquille, monsieur; si j'étais tenté de m'égarer, je me rallierais à votre exemple.

CHARRIER, rencontrant les yeux d'Henri, va à lui, et lui dit à demi-voix, les yeux baissés :

Henri, que veux-tu que je fasse? Veux-tu que je rembourse jusqu'au dernier sou tous ceux qui ont perdu dans cette affaire? Ce sera la moitié de ma fortune, mais je suis prêt.

HENRI, se jetant à son cou.

Merci!

ACTE CINQUIÈME.

CLÉMENCE.

Quoi donc?

CHARRIER.

Il m'avait arraché mon consentement pour être soldat, je viens de le lui donner.

SERGINE.

Tu vas t'engager?

HENRI.

Oui, mon cher. C'était le rêve de ma vie... (Serrant la main à son père.) Et maintenant j'ai le cœur léger comme un oiseau.

SERGINE.

Eh bien, je te fais mon sincère compliment... Il faut être quelque chose dans ce monde. Tu as perdu un peu de temps...

HENRI.

Mais je le rattraperai...

UN DOMESTIQUE, annonçant de la droite.

M. Vernouillet.

CHARRIER.

Je n'y suis pas.

HENRI.

Pourquoi donc? Il vient chercher une réponse. Faites entrer.

SCÈNE X

LES MÊMES, VERNOUILLET.

HENRI, vivement à Vernouillet.

Eh bien, mon cher monsieur, c'est vous qui aviez raison. La personne en question est parfaitement honorable. Elle rembourse tous ses actionnaires.

VERNOUILLET.

Tous ? Mais c'est absurde ! C'est la ruine !

HENRI.

Ou peu s'en faut. Ce renseignement vous suffit-il ?

VERNOUILLET.

Je vous remercie. (A part.) Si j'ai un fils, il me fera peut-être payer ses dettes, les miennes jamais. (Haut, à Clémence.) Votre frère, mademoiselle, m'affirmait tantôt que vous ne m'épousiez pas de votre plein gré... S'il est vrai, je connais mon devoir de galant homme. Dites un mot...

CLÉMENCE.

Mon Dieu, monsieur...

VERNOUILLET.

Il suffit. Je vous entends. (A Charrier.) Je vous rends votre parole, monsieur; mais je n'en reste pas moins tout à votre service. Je vous ferai pair de France quand je serai ministre. Adieu, messieurs.

Il sort.

SCÈNE XI

Les Mêmes, moins VERNOUILLET.

HENRI.

A-t-il assez d'aplomb, ce drôle-là! Ministre!

SERGINE.

Pourquoi pas? Nos pères n'avaient perdu que le respect, nous avons, nous, perdu le mépris : le monde est aux effrontés.

FIN DU TOME QUATRIÈME

TABLE DU TOME QUATRIÈME

LES LIONNES PAUVRES... 1
UN BEAU MARIAGE.. 135
LES EFFRONTÉS... 285

St-Denis — Imp. J. Dardaillon. — 492-4-29.

www.ingramcontent.com/pod-product-compliance
Lightning Source LLC
Chambersburg PA
CBHW070531230426
43665CB00014B/1642